Renate Hartwig
Scientology
Das Komplott und die Kumpane

Renate Hartwig

SCIENTOLOGY

Das Komplott und die Kumpane

Metropolitan Verlag
Düsseldorf · München

Renate Hartwig hat durch ihre couragierte, offensive Aufklärung und ihre Bücher »Scientology – Ich klage an!«, »Scientology – Die Zeitbombe in der Wirtschaft« bei vielen Menschen eine hochgradige Sensibilisierung gegenüber den Zielsetzungen und Machenschaften von Scientology bewirkt. Und die Zermürbungsstrategien und Verleumdungskampagnen der Scientology-Organisation gegen ihre Person halten sie keineswegs davon ab, weiterzumachen.
In diesem Buch zeigt Renate Hartwig, wie die Scientology seit Jahren systematisch an einem Komplott gegen unsere Freiheit und unsere Demokratie schmiedet. Und sie zeigt, daß sich Führungskräfte aus Wirtschaft und Politik, Anwälte, Richter, die christlichen Kirchen, Schulen, Polizeibeamte, Steuerberater, Ärzte etc. sowie zahllose unbekümmerte Privatpersonen – wissentlich oder unwissentlich – zum Kumpanen machen lassen. Ihre Forderung: Weil Scientology unsere Freiheit, unsere Demokratie und unser Rechtssystem gefährdet, muß die Diskussion um diese Organisation über die Einzelschicksalfrage hinaus auch auf einer anderen Ebene geführt werden: Scheintology ist ein gesamtgesellschaftliches, ein politisches und ein rechtliches Thema. Die Politik, die Justiz, die Kirchen, die Medien, die Unternehmen dürfen sich diesem Problem nicht nur dann, wenn Einzelne persönlich betroffen sind, stellen, sondern müssen ihre gesamtgesellschaftliche und politische Verantwortung wahrnehmen – wie jeder Einzelne in dieser Gesellschaft.
Renate Hartwig verfügt durch jahrelange Recherche, durch Informationen von Betroffenen und Ratsuchenden über das – wie Experten meinen – wohl umfangreichste Archiv außerhalb der Scientology über diese Organisation. Mit ihrem Mann Paul Hartwig gründete sie die Schutzgemeinschaft »Robin Direkt e.V.«, die Aussteiger und Betroffene, Unternehmer und Führungskräfte, Sicherheitsbeauftragte und Personalchefs berät: »Robin Direkt e.V.«, Postfach 44, 89282 Pfaffenhofen.

Hartwig, Renate: Scientology – Das Komplott
und die Kumpane. – Düsseldorf; München:
Metropolitan-Verl., 1995
ISBN 3-89623-049-2

ISBN 3-89623-049-2

Verlagsverzeichnis schickt gern:
Metropolitan Verlag,
Uhlandstraße 50, 40237 Düsseldorf

Inhalt

Vorwort

Was hast du denn davon?

Müßte ich heute einen Abriß über meine Biographie abgeben, über mein Leben, über meine Erfahrungen in den von mir gelebten 47 Jahren, dann würde sich darin wohl wie ein roter Faden die an mich gestellte Frage durchziehen: »Renate Hartwig, was hast du denn davon?«
Heute interessieren sich die meisten nur für ihre eigenen Gartenzaun-Belange und nicht mehr für die Gemeinschaft. Daß Scientology expandieren kann, liegt auch daran, daß wir in dieser Gesellschaft inzwischen nur aufstehen und uns auflehnen, wenn uns etwas persönlich betrifft. Wir sind nicht mehr bereit, für das Ganze aufzustehen und zu sagen: »Das ist für uns alle eine Gefahr, und gegen die müssen wir uns gemeinsam wehren«. Wenn jemand sagt: »Achtung, da ist einer, der will dir dein Auto klauen«, reagieren wir schneller, als wenn jemand sagt, »Achtung, da will dir jemand deine Freiheit, deinen freien Willen stehlen«.
Doch auch das gehört für mich zum Leben und zur Demokratie: Die Möglichkeit, miteinander streiten zu können. Aber selbst dies würde uns in einem scientologischen Staat verwehrt werden, weil es dann keine Auseinander-

setzungen mehr geben würde. Dann würde nämlich selbst der Streit kontrolliert werden.

»Warum ich es tue? Weil Sie es nicht tun!«

Tatsächlich habe ich mir, egal was ich tat, niemals selbst die Frage gestellt, sondern ich habe es ganz einfach getan. Warum und wieso bestimmten zum Großteil Situationen in meinem Leben, die mich dazu trieben, etwas zu unternehmen, ohne daß die Frage überhaupt aufkam,was ich davon habe. In den letzten Jahren, in denen ich mich darum bemühe, über das System Scientology aufzuklären, und versuche, die Strategien und Vorgehensweisen dieser Organisation transparent zu machen, damit man die Gefahren erkennt, die da für uns alle lauern, wurde ich auch oft mit einer Mischung aus Bestätigung und Verwunderung mit dem Satz angesprochen: »Also wir finden es toll, was Sie da machen, aber eigentlich wollen wir auch wissen, warum machen Sie es?«
In einer großen Aufklärungsveranstaltung zum Thema Scientology, in der ich referierte, stand am Schluß ein Politiker der Stadt auf und fragte mich: »Ich bin hier der gewählte Landtagsabgeordnete und ich finde Ihre Arbeit sehr wichtig für die Gesellschaft, aber ich möchte ganz persönlich doch noch wissen, warum tun Sie es?« Ich war gewissermaßen entsetzt über diese Frage, warum ich es tue, und dementsprechend fiel auch die Antwort aus. Ich sagte in das Mikrophon: »Ganz einfach, Herr Landtagsabgeordneter, weil Sie es nicht tun!«
Ich weiß heute nicht mehr, ob ich den Beifall von Hunderten von Menschen an diesem Tag für die schlagfertige Antwort bekam oder ob vielleicht wenigstens einige der Applaudierenden verstanden hatten, daß die Frage an sich, was ich davon habe, einfach absurd ist. Ich wäre noch

niemals auf die Idee gekommen zu fragen, was die Menschen in der ehemaligen DDR davon hatten, daß sie erst einzeln und dann gemeinsam und dann in immer größer werdenden Gruppen Kerzen anzündeten, um erst still und dann laut gegen das unmenschliche totalitäre sozialistische System zu rebellieren. Genauso absurd ist die Frage, was hatten denn die Geschwister Scholl (die Menschen, die ich am allermeisten bewundere und verehre) davon, daß sie Flugblätter gegen das Wahnsinnsregime des Adolf Hitler und dessen Nationalsozialismus verteilten. Oder man müßte die Frage stellen, was hatten all die Studenten davon, daß sie in China demonstrierten, ebenfalls gegen Unmenschlichkeit, Ungerechtigkeit und totalitäre Auswüchse.

Wofür ich kämpfe

Immer wieder, wenn ich so eine Frage gestellt bekomme, was hast du denn davon, diskutiere ich mit meiner Familie und mit meinen Freunden darüber, an was es wohl liegen mag, daß zu dem Kampf selbst auch noch hinzu kommt, daß man sich dafür rechtfertigen muß, daß man ihn überhaupt führt. Es ist ein Irrtum, daß ich nur immer gegen was bin, ich bin für was. Ich bin dafür, daß eine wehrhafte Demokratie funktioniert und daß es möglich ist, auch den Anfängen von totalitären Strukturen und menschenverachtenden Systemen entgegenzustehen. So ein System ist Scientology. Und genau deshalb tu ich es, weil ich dafür bin, damit wir alle und unsere Kinder und auch unsere Nachfahren die Möglichkeit haben, in demokratischen Verhältnissen zu leben, uns zu entwickeln und vor allem in Verhältnissen zu leben, in denen es auch möglich ist, daß der Schwächere ein Recht hat, eben nicht nur Mensch zu sein, sondern auch als solcher behandelt zu werden.

Wir können nicht alle stark sein, wir können auch nicht alle gleich sein, und das ist richtig so, aber wir sollten einfach ein bißchen mehr tun als uns nur hinzusetzen und abzuwarten, bis ein anderer etwas tut. Das gilt übrigens nicht nur in der Aufklärungsarbeit gegen das System Scientology, sondern das gilt für alle gesellschaftlichen Belange, die uns betreffen.

Schwimmen gegen den Strom

Sicher bin ich auch geprägt von Lebenssituationen, denen ich nicht davongelaufen, sondern durch die ich mitten hindurch gegangen bin. Vielleicht ist es deshalb auch so schwer, in Kreisen verstanden zu werden, in denen es zur Tagesordnung gehört, mit dem Strom zu schwimmen. Das Schwimmen gegen den Strom ist ein Bestandteil meiner Biographie. Mein Vater hat einmal zu mir gesagt: »Schwimm gegen den Strom, denn nur so kommst du an die Quelle«. Er hatte damals recht – und würde er heute noch leben, dann hätte ich sicher von ihm auch heute noch die Unterstützung und den Zuspruch, weiterzumachen und aufzustehen und NEIN zu sagen, wenn es um Entwicklungen geht, die menschenverachtend und totalitär sind.
Auf die Frage, was hast du denn davon, kann ich sehr wohl ein paar Antworten geben: Der Kampf gegen die Organisation Scientology hat mein Leben sehr stark verändert. Ich habe davon, daß wir eine Mauer um unser Haus und Grundstück ziehen lassen mußten, ich habe davon, daß weltweit gegen mich von der Scientology-Organisation eine Rufmordkampagne in Gang gesetzt wurde, die ihresgleichen sucht; ich habe davon, daß diese Rufmordkampagne selbst vor unserem minderjährigen Sohn nicht halt macht. Und ich habe davon, daß bestimmte Sektenkriti-

ker aus Gründen, die mir bis zum heutigen Tag unbegreiflich sind, sich über mich und meinen Kampf in einer Weise äußern, daß Scientology davon profitiert.

Ich mach weiter

Die Liste all dessen, was ich »davon habe«, ließe sich beliebig fortsetzen. Einen Punkt sollte ich allerdings auf keinen Fall vergessen: Ich habe davon, daß ich inzwischen von der Scientology-Organisation und von einzelnen Scientologen sowie von Strohleuten und Kumpanen dieser Organisation in juristische Schlachten (anders kann man das nicht nennen) verwickelt werde, um mich auf dieser Schiene endlich mundtot zu bekommen. Aber all denen, die mich einmal fragten, kann ich auch sagen, daß es noch viele andere Dinge gibt, die ich davon habe: Ich habe von diesem Kampf auch etwas gelernt. Ich habe davon, daß sich die Freunde, die nie welche waren, enttarnten, und daß in diesem Fall die Spreu vom Weizen getrennt wurde. Und ich habe davon, daß ich viele neue Freunde dazugewonnen habe. Ich habe hunderttausende Leser meiner Bücher, die ich auf diesem Weg aufklären konnte zum Thema Scientology, und ich habe jeden Tag etwas Wunderbares davon: nämlich das Gefühl, daß in einer intakten, hervorragenden Familie jeder Kampf zu bestehen ist. Und egal wie ich von Scientology oder von Kumpanen der Scientology, ja selbst von Leuten aus der Kritikerszene zerrissen werde, das eine haben alle anderen davon: Ich mach weiter.

Renate Hartwig
30. September 1995

Was ist Scientology?

Über Scientology wurde viel publiziert, sei es nun in den Medien oder in Büchern. Immer wieder ging es um die Frage: Was machen sie, welche Probleme entstehen für den einzelnen Menschen? Und doch wird mir in jedem meiner Vorträge über Scientology klar, daß das Thema nur angekratzt ist. In mühevoller Kleinarbeit versuche ich tagtäglich, auch durch Gespräche mit Journalisten, endlich so weit zu kommen, daß im Zusammenhang mit Scientology nicht mehr über eine Sekte gesprochen wird. Diese irreführende Formulierung ist meiner Meinung nach der Grund, warum Scientology bis zum heutigen Tag nicht wirklich demaskiert wurde.
Ich habe lange überlegt, ob es wirklich auch in diesem Buch wieder notwendig ist, bei dem Punkt anzufangen, wie Scientology entstanden ist. Daß dies notwendig ist, zeigen die Tausende von Briefen, in denen dokumentiert ist, was intensive Aufklärung bewirken kann, aber auch, wie schädlich die Begriffsverwirrung sein kann. Leider wurde Scientology auch in Publikationen immer wieder im Sektenkontext behandelt, und aus diesem Grund war es auch so schwer einen Durchbruch zu schaffen dahin, daß jeder einzelne in dieser Gesellschaft erkennt, daß Scientology eben weder Sekte noch Kirche und schon gar

nicht Religion ist, sondern eine Bedrohung für jeden demokratischen Rechtsstaat, für jeden einzelnen Bürger, für die ganze Gesellschaft.
Die Chronologie der Scientologen ist schnell erzählt. Der Science-Fiction-Schreiber L. Ron Hubbard schrieb das Buch »Dianetik«. Mit diesem Buch versuchte er eine sogenannte Selbsthilfe ins Leben zu rufen, in der jeder nach einem ganz bestimmten Strickmuster, das in seinem Buch beschrieben sein soll, zu sich selber findet und frei wird von allen Zwängen dieser Welt. Bei Erscheinen dieses Buches im Jahr 1950 erkannten die Leser, daß in diesem Buch eine Terminologie angewendet wird, die mit einem normalen Sprachgebrauch nichts zu tun hat. Es gab Rückfragen, die den Autor L. Ron Hubbard, dazu veranlaßten, sogenannte Hilfstrupps einzusetzen, die dieses Buch erklärten. Diese Trupps wurden von Hubbard straff organisiert und sogar militärisch strukturiert. Er selber sah sich verfolgt von Psychiatern und Psychologen, bei denen er mit seiner obskuren Auffassung der Selbstfindung nicht landen konnte. So projizierte er ein Feindbild auf den Berufsstand der Psychiater und Psychologen, das bis heute, 45 Jahre nach dem Erscheinen des Buches »Dianetik«, wie ein roter Faden weltweit durch alle Scientology-Organisationen gezogen ist.
1954 hatte sich Hubbard bereits so weit mit seinen Mitläufern organisiert, daß der amerikanische Staat auf ihn aufmerksam wurde und er damit rechnen mußte, daß er Steuern für seine Einnahmen bezahlen sollte. Er verwirklichte die Idee, die er bereits 1948 anläßlich eines Autorenkongresses in Amerika einmal aussprach: »Wer wirklich Geld machen will, der gründet eine eigene Religion.« Und so gründete L. Ron Hubbard, der Science-Fiction-Schreiber, aus dessen Biographie hervorgeht, daß er nichts ausgelassen hat auf dem Weg vom Schriftsteller zum Führer einer kriminellen Ideologie, 1954 mit seinem Fußvolk

»Church of Scientology California«. Marketing-Experten schufen den theoretischen Überbau, um nach außen hin als »Church« aufzutreten. Aus internen Unterlagen geht eindeutig hervor, daß diese Gründung der »Church of Scientology California« ausschließlich aus steuerlichen Gründen durchgeführt wurde. Auch Hubbards Sohn Ron de Wolf sagte, daß sein Vater die Religion lediglich als Mittel zur Lösung steuerlicher Probleme geschaffen habe. Und er vertrat in der St. Petersburg Times am 15. 10. 1993 die Meinung, daß sein Vater Lafayette Ron Hubbard sich nur auf eine Sache verstand, und das war Menschen zu zerstören.

Hubbard selbst bereitete mit seinem auf Kadavergehorsam gedrillten Führungsstab ab 1954 eine geistige Weltrevolution vor, deren Zielsetzung darin bestand, daß die Führer dieser Welt irgendwann Scientologen sein werden. Strategisch wurde die Organisation ausgebaut, und von Amerika aus begann man über England ganz Europa mit nach außen hin eigenständigen Organisationen zu durchsetzen, die aber im Innenverhältnis ganz straff an die Führungslinien in Amerika gebunden waren und es bis heute sind.

So entstand ein Netz, daß sich inzwischen über den gesamten Erdball gespannt hat, und wie eine fette Spinne agierte L. Ron Hubbard bis Anfang der 80er Jahre als alleiniger Herrscher in seinem diktatorischen Scientology-Staat.

In der Führungsebene der Organisation entspann sich ein Machtkampf, der besonders von David Miscavige, dem jetzigen Führer der Scientology lanciert wurde. Die Karten im Führungskader wurden neu gemischt durch diesen Mann, Anfang 30, der von Geburt an nichts anderes erlebt hatte als Scientology. Seine Machtgier und seine Intrigenspiele führten dazu, daß die Führungsebene auseinanderbrach und er nach dem offiziell bekanntgegebenen Tod von

The Command Chart of SCIENTOLOGY

- Die Kommandostruktur der Scientology-Organisation -

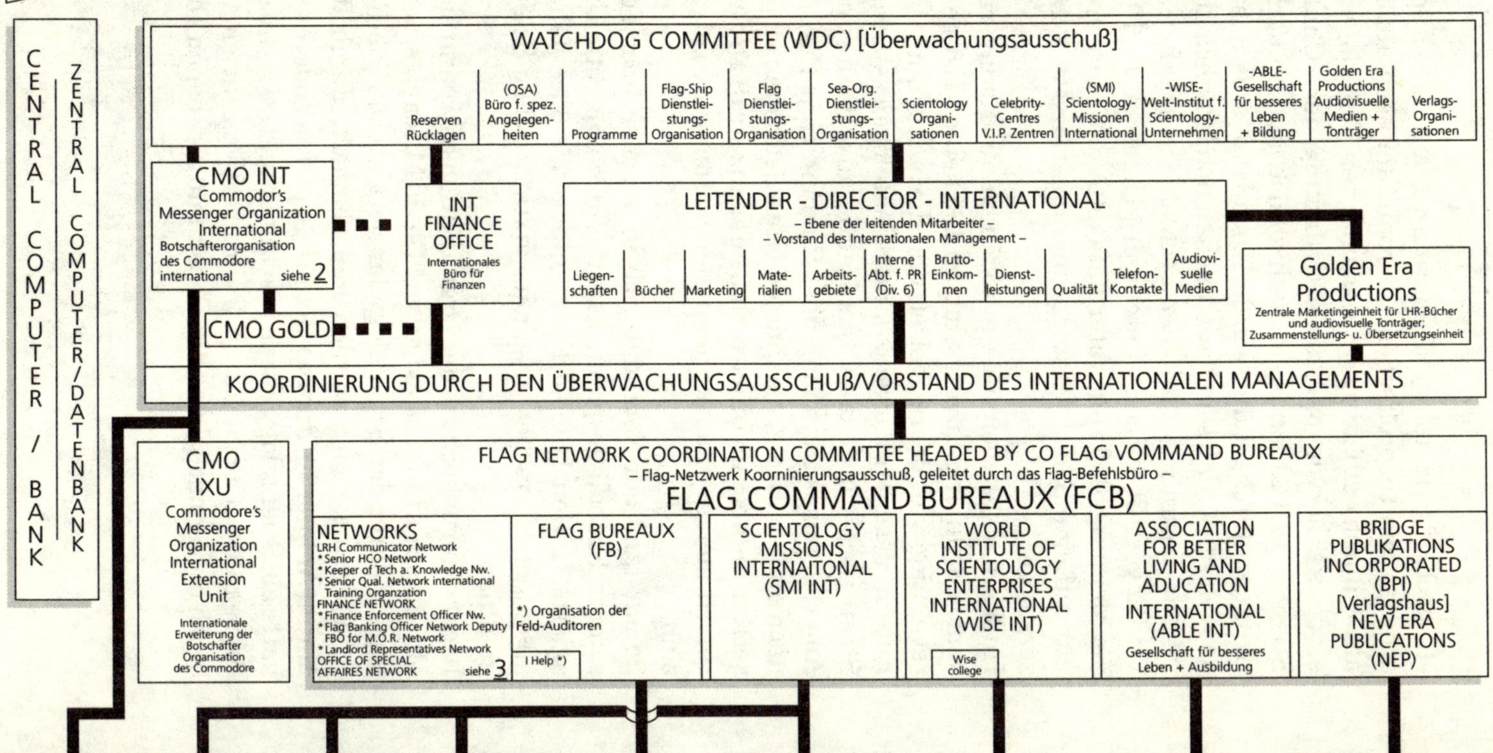

AL NETWORK COORDINATION COMMITTEE HEADED BY CO-CONTINENTAL LIAISON OFFICE
– Koordinierungsausschuß Kontinentales-Netzwerk, geleitet durch das Co-Kontinentale Verbindungsbüro –

CMO CONT
Commodore's Messenger Organization Continental
Aufsichtsrat
Kontinentale Untereinheiten der Botschafter Organisation des Commodore

EXECUTIVE COUNCIL – FSSO
Flag Ship Service Organization
Aufsichtsrat
Flag-Schiff Dienstleistungs Organisation

EXECUTIVE COUNCIL – FSO
Flag Service Organization
Aufsichtsrat
Flag-Schiff Dienstleistungs Organisation

EXECUTIVE COUNCIL – CC INT
Celebrity Centre International
Aufsichtsrat
Zentrum für V.I.P.'s; bekannte und berühmte Persönlichkeiten

CONTINENTAL LIAISON OFFICE (CLO)
– Kontinentales Verbindungsbüro –

NETWORKS
LRH COMMUNICATOR NETWORK
* Senior HCO Network
* Keeper of Tech and Knowledge Network
* Senior Qual. Network Continental Training Organization
FINANCE NETWORK
* Finance Enforcement Officer Network
* Flag Banking Officer Network Deputy FBO for M.O.R.E Nw.
* Landlord Representatives Nw.
OFFICE OF SPECIAL AFFAIRES NETWORK siehe 3

FLAG OPERATIONS LIAISON OFFICE (FOLO)
Verbindungsbüro für Flag Operationen
I HELP Continental

SCIENTOLOGY MISSIONS INTERNATIONAL – CONTINENTAL (SMI CONT)
Kontinentales Büro der Internationalen Scientology Missionen

WORLD INSTITUTE OF SCIENTOLOGY ENTERPRISES – CONTINENTAL (WISE CONT)
Kontinentales Büro von - WISE -

ASSOCIATION FOR BETTER LIVING AND ANDUCATION – CONTINENTAL (ABLE CONT)
Kontinentales Büro von - ABLE -

CONTINENTAL PUBLIKATIONS LIAISON OFFICE (CPLO)
Kontinentales Verbindungsbüro für Publikationen

EXECUTIVE COUNCIL AUFSICHTSRAT – SEA ORG SERVICE ORGANIZATIONS
Dienstleistungsorganisation für SEA-ORG-Mitarbeiter

EXECUTIVE COUNCIL AUFSICHTSRAT – CELEBRITY CENTRE ORGANIZATIONS
Zentrum für berühmte Persönlichkeiten

EXECUTIVE COUNCIL AUFSICHTSRAT – CLASS IV ORGANIZATIONS
Organisation zur Ausbildung von Audoren bis zur Klasse IV. Personen auditieren bis zum Zustand „CLEAR"

ERGÄNZENDE ERLÄUTERUNGEN

1 RTC, Generalinspektor Netzwerk, auch zuständig für Vollmachten, Nachprüfungen, Bestätigungen, Korrekturen und Verweise.

2 CMO INT, beinhaltet das Büro des Obersten Fallüberwachers International, weiterhin das Büro des LRH-Persönlichen Beauftragten für PR (Öffentlichkeitsarbeit) International.

3 Netzwerk der LRH-Kommunikatoren: (LRH = L. Ron Hubbard)
* Oberstes HCO Netzwerk (HCO = Hubbard Kommunicationsbüro)
* Bewahrer der Technologie und Richtlinienkenntnis Netzwerk
* Oberstes Netzwerk der Qualifikationsabteilungen und der Internationalen Ausbildungsorganisation.

Finanznetzwerk:
* Finanz Durchsetzungsbeauftragter-Netzwerk
* Flag Finanzbeauftragter Netzwerk (FBO = Flag Banking Officer) Unter-Netzwerke: Stellvertr. FBO-Netzwerk für M.O.R.E.
* Netzwerk der Hauseigentümervertretungen

Office fo Special Affairs (OSA) Network, Büro für spezielle Aufgaben Netzwerk (u.a. Geheimdienst)

4 GUNG HO = wichtiger, verdeckt gehaltener politischer Arm Scientology's

Hunderte von ORGANISATIONEN, MISSIONEN, DIANETIK- und AUDITING-GRUPPEN, FELDAUTITOREN, STADTBÜROS, WISE-EINHEITEN und GRUPPEN FÜR SOZIALREFORM, die auf der Grundlage von L.R.H.s Richtlinien arbeiten und sich der Lieferung von L.R.H.-Technologie an die Öffentlichkeit widmen, bilden das Herz der Internationalen Scientology.

Alle Führungseinheiten existieren einzig und allein, um deren Zukunft und wachsendes Wohlergehen durch die standardgemäße Anwendung von L.R.H.s Technologie und Politik zu garantieren.

„Der einzige Existenzgrund der Organisationen ist der Verkauf und die Lieferung von Materialien und Dienstleistungen an die Öffentlichkeit und die Verbreitung in dieser, um weitere Verkäufe und Lieferungen zu erzielen."

Zitat L. Ron Hubbard

FIELD GROUPS
Gruppen; die außerhalb der Org's in der Gesellschaft arbeiten:
– auditoren
– co-auditoren
– dianetik studium
– ot-komitees
– gung ho siehe 4

MISSIONS
MISSIONEN

WISE CHARTER COMMITTES & MEMBERS
WISE - LIZENZNEHMER KOMITEE UND MITGLIEDER

SOCIAL REFORM ACTIVITIES
SOZIALE REFORM AKTIVITÄTEN

ZU DIESER TAFEL

Diese Tafel führt Sie in die Organisationen und Befehlswege der „Internationalen Scientology" ein, sie zeigt verschiedenen Führungsebenen in Scientology und ihre Befehlswege. Jede Organisation hat ihren eigenen, seperat aufgestellten Organisationsplan, der die inneren Befehlswege und den kompletten Aufbau der jeweiligen Organisation beschreibt.
Als Mitarbeiter stehen SIE auf dieser Rafel. Es ist sehr wichtig, daß Sie mit den Befehlswegen und den grundlegenden Organisationen der Internationalen Scientology vertraut werden, damit Sie die verschiedenen koordinierenden Teile der Gesamtgruppe verstehen und wissen, was von jeder Einheit und Ebene als Arbeitsergebnis erwartet wird. Diese Rafel muß zusammen mit dem Heft „Die Befehlswege der Scientology" studiert werden, um vollständiges Verstehen zu erreichen.
Mit jedem Posten, jeder Einheit und jeder Organisation, die irhe Aufgaben voll erfüllt und L.R.H.s-Technologien und -Richtlinien exakt anwendet, werden wir diesen Planeten CLEARen.

LEGENDE

LINIEN UND KANÄLE

BEOBACHTUNGS- UND DURCHSETZUNGSLINIE:
Eine Beobachtungs-/Durchsetzungslinie stellt die Verbindung dar, die von den CMO-INT und CMO-CONT-Einheiten benutzt werden, um die Befolgung von Befehlen des Überwachungskomitees durchzusetzen und zu kontrollieren.

BEFEHLSKANAL:
Ein Befehlskanal stellt die Verbindung dar, über die die internationalen Scientology Organisationen Authorität ausüben - Kanäle, durch die Programme, Empfehlungen und Befehle zu den Stellenfließen, die mit der Durchführung beauftragt sind.

(Übersetzung des Plans von Scientology America)

Hubbard im Jahr 1986 komplett die Zügel an sich riß. Er wurde Chef des Technologie-Zentrums (RTC) und begann systematisch, das bereits weltweit bestehende Netz von Scientology mit Knotenpunkten auszustatten, damit sein Plan, einmal Führer dieser Welt zu sein, über die Strategie, sich offiziell als Religion zu verkaufen, durchgesetzt werden kann.

Aus dem uns vorliegenden Befehlsstrukturplan geht eindeutig hervor, daß bei Scientology durch eine Führungsebene, deren Kopf David Miscavige heißt, alle anschließenden Unterorganisationen kontrolliert werden – mittlerweile auch über ein extra dafür aufgebautes Datennetz. Scientology ist nach meinem heutigen Wissensstand ein weltweites Wirtschaftssyndikat, das sich nach eigenen Gesetzgebungen bereits seit Jahrzehnten ungehindert etablieren konnte. Nach der Übernahme der Führerposition von David Miscavige wurde die wirtschaftliche Unterwanderung in Form von eigenständigen Lizenznehmern ebenfalls weltweit aufgebaut. Die sogenannten WISE Lizenznehmer (WISE World Institut Scientology Enterprises) sind vertraglich an die Organisation Scientology gebunden und führen an diese auch sogenannte Franchisegebühren ab. So ist es seit inzwischen fast einem Jahrzehnt möglich, daß Unternehmen mit der Hubbard-Ideologie, die als »Management Technologie« verkauft wird, über Seminaranbieter, Unternehmensberater usw. unterwandert werden. Das Ziel ist, über wirtschaftliche Macht zu erreichen, daß nur derjenige eine Staatsbürgerschaft oder Bürgerrechte verliehen bekommt, der nach den Richtlinien der Scientology ausgebildet ist und sich den sogenannten scientologischen »Ethikanweisungen« unterordnet.

Vergleichbar mit einer militärischen Offensive wird hier versucht, 25 Prozent der Gesellschaft über die persönliche Eigenwerbung von einzelnen Personen mit der Scientology-Ideologie zu infiltrieren. Ein eigens aufgebautes Kursnetz bleibt nicht nur der Gründerdevise von Hubbard treu: »Mach Geld. Mach mehr Geld. Laß andere Leute produzieren, um Geld zu machen.« (Anweisung vom 9. 3. 72, R I) In diesen Kursen werden Scientologen trainiert, damit sie wiederum in ihrem eigenen Umfeld, sei das nun in der Familie oder im geschäftlichen Bereich, wie bei einem Schneeballsystem Scientology-Mechanismen, die man »Hubbard Technologie« nennt, weiterverbreiten.

Auf der anderen Seite des Strategieplans wird über unzählige Tarnorganisationen versucht, 75 Prozent dieser Gesellschaft zu erreichen, indem man für jedes einzelne Klientel eigene Strukturen aufgebaut hat bzw. aufbaut. Für die Wirtschaft ist die Dachorganisation WISE verantwortlich, im sozialen Bereich unserer Gesellschaft sorgt ABLE für die Unterwanderung.

Das Netz der Scientology läßt keine Klientel aus, auch nicht Behörden und Politik. Im politischen Bereich haben ausgebildete Scientologen die Aufgabe, über eine sogenannte Gong-ho-Gruppe Schlüsselpositionen zu besetzen, um Macht und Einfluß zu gewinnen.

Wenn man die ungehinderte Expansion der Scientology-Organisation in den letzten 25 Jahren in Deutschland betrachtet, braucht man keine Phantasie, um real einschätzen zu können, welche Positionen inzwischen von der Organisation strategisch besetzt wurden. Auch dadurch wird die wirkliche Aufklärung über die Machenschaften und die Zielsetzungen dieser Organisation, die wie mit großen Krakenarmen in alle Bereiche unserer Gesellschaft vorstößt, erschwert. Leider muß ich nach fünf Jahren intensiver Arbeit in diesem Thema und nach unzähligen Recherchen feststellen, durch die anhaltend falsche Aufklärungsstrategie, in der ausschließlich auf den Aspekt »gefährliche Sekte« abgehoben wird, können sie mit Tarnorganisationen in der Wirtschaft und mit laufenden Um-

strukturierungen ihrer Tarnorganisationen ungehindert weiter ihr Ziel verfolgen. Auf Deutschland bezogen heißt dieses Ziel »Clear Deutschland«, auf Europa bezogen »Clear Europa«, auf die Welt bezogen »Weltclearing«.
Die Mechanismen des Hubbardismus haben inzwischen eine Form erreicht, daß es völlig fruchtlos ist, darüber zu diskutieren, ob jemand Mitglied bei Scientology ist. In 41 Jahren hat Scientology bewirkt, daß die gefährliche »Technologie« des L. Ron Hubbard weltweit über Tarnorganisationen verbreitet wurde. Die Diskussion muß dahin führen, daß wir über die Gefährlichkeit des Hubbardismus und der Ideologie reden, denn nur dann ist es möglich, die Expansion nicht nur zu stoppen, sondern den Wahnsinn Scientology aufzudecken.

Tatort Pfaffenhofen – »Ich klage an« und die Folgen

Der Vatikan bekommt täglich eine riesige Menge Post. Kein Wunder, schließlich befindet sich hier die Schaltzentrale der Katholischen Kirche. In den zahlreichen vatikanischen Büros, Ämtern und Abteilungen trifft man Menschen aus aller Herren Länder. Kleriker unterschiedlichster Nationalitäten tun hier ihren Dienst. Francis Arinze, der Chef des sogenannten »Pontificium Consilium Pro Dialogo Inter Religiones«, also des Päpstlichen Rates für den Interreligiösen Dialog – wie eine der vielen Abteilungen im Vatikan heißt, ist z. B. ein gebürtiger Afrikaner. Er ist ein hochrangiger Kirchenmann, er ist Kardinal. Das heißt, er hat die zweithöchste Stufe der Karriereleiter erreicht, die ein katholischer Kleriker überhaupt erklimmen kann. Über den Kardinälen gibt es in der Spitze der römisch-katholischen Führungsetage nur noch den Papst.

»Unrecht, das in Deutschland geschieht«

Auf dem Schreibtisch von Kardinal Francis Arinze in der Via dell' Erba in Rom landet eines schönen Tages ein Brief. Der Brief hat das Datum 11. Mai 1994 und kommt aus Amerika. Als Grund, weshalb dieser Brief an den Vatikan geschrieben wurde, gibt der Absender an: »Ich schreibe diesen Brief (Sie werden schon wissen, an wen im Vatikan er weiterzuleiten ist), damit Unrecht, das in Deutschland geschieht, ausgemerzt werden möge.« Nun geschieht gewiß tagaus tagein auf der ganzen Welt und natürlich auch in Deutschland eine Menge Unrecht, von dem man hoffen und wünschen darf, es möge möglichst bald und möglichst gründlich beseitigt werden. Aber welches Unrecht meint der Briefschreiber konkret? Der Briefschreiber meint ein Buch. Mein Buch. Allein die Tatsache, daß »Scientology – Ich klage an« im März 1994 erschienen ist, war in den Augen des Briefschreibers jenes »Unrecht«, das mithilfe des Vatikans »ausgemerzt« werden sollte. Daß dieses – so der Briefschreiber wörtlich – »äußerst voreingenommene« Buch, das »eine gewisse Frau Hartwig gegen meine Kirche und Mitglieder meiner Kirche verfaßt hat«, überhaupt erscheinen konnte, ist aus seiner Sicht »entweder eine unselige Tragödie« oder aber »die planvolle Absicht einer Handvoll irregeleiteter Priester, welche die verfassungsmäßigen und religiösen Rechte deutscher Scientology-Gemeindemitglieder in Deutschland zu vernichten suchen«. Wer ist der Schreiber des Briefes? Der Mann, der am 11. Mai 1994 diesen Brief an einen hochrangigen Mann in der katholischen Kirche geschrieben hat, ist selbst ein hochrangiger Mann in einer – wie er behauptet – »Kirche« bzw., wie ich viel zutreffender und wahrheitsgemäßer sage und zu sagen nicht müde werde: In einer Organisation, die nichts anderes ist als staatlich geduldeter, von der Justiz nicht verfolgter, von Prominenten, Künstlern und Medien verharmloster Terror. Niemand geringerer als Heber Jentzsch, der Präsident von Scientology International, war es, der neun Wochen nach dem Erscheinen meines Buches gleichsam im Vorzimmer des Papstes gegen »Scientology – Ich klage an« zu intervenieren versuchte.

Ein Scientologen-Boß schreibt dem Vatikan

Liest man seinen Brief als unvoreingenommener Bürger und kennt nicht das dahinterstehende System Scientology, dann hat man den Eindruck, eine Führungspersönlichkeit einer weltweiten »Kirche« schreibt hier an einen Kollegen, der die gleichen Interessen hat wie er selbst. »Wir haben die gleichen gesellschaftlichen Probleme, daher sollten wir sie gemeinsam lösen«, behauptet der Scientologen-Boß und schlägt dem römisch-katholischen Kardinal vor: »Wir müssen vereint marschieren.« Fast könnte man meinen, zwischen den beiden bestehe ein geradezu inniges, vertrautes Verhältnis, wenn Heber Jentzsch den afrikanischen Kardinal an frühere Gespräche und Begegnungen erinnert: »Eure Eminenz, es ist schon einige Zeit her, daß wir uns getroffen und geschrieben haben. Ich hoffe, daß dieser Brief Sie bei guter Gesundheit und in froher Stimmung erreicht. Ich erinnere mich noch gut an unseren Besuch und Ihre Güte, mir Informationen über die verschiedenen religiösen Praktiken und Bräuche der Bantustämme in Afrika zu geben. Ebenso erinnere ich mich an unser beider Sorge über Drogen und Analphabetentum und an Ihre Feststellung, daß diejenigen, die mit ihrer Arbeit diese Tragödie im Leben der Menschheit kurieren, Gottes Arbeit verrichten...«
Die Realität sieht freilich ein wenig anders aus. Als ich mich im Zuge meiner Recherchen bei Kardinal Arinze selber über die Hintergründe dieses Heber-Jentzsch-Schreibens erkundigte, erhielt ich die Auskunft, es sei richtig, daß Mister Jentzsch den Kardinal getroffen habe. Dies bedeute jedoch nicht, daß zwischen ihnen beiden ein »vertrautes« Verhältnis bestehen würde. Im übrigen habe Heber Jentzsch nicht bloß in dem mir bekannten Brief vom Mai 1994, sondern »bei mehreren Gelegenheiten« versucht, eine Intervention gegen mein Buch zu erreichen.

PONTIFICIUM CONSILIUM
PRO
DIALOGO INTER RELIGIONES

00120 CITTÀ DEL VATICANO

9 June 1995

Prot.No.1438/95

Dear Mrs Hartwig,

On behalf of Cardinal Arinze, who is away at this time, I am replying to your letter of 9 May.

You have asked for some clarification about the relations of this Pontifical Council for Interreligious Dialogue with Mr Hebert Jentzsch, President of the Church of Scientology. You have seen a copy of a letter from Mr Jentzsch to Cardinal Arinze referring to a meeting in this office. It is true that Mr Jentzsch met with the Cardinal, but this does not mean that a relationship of "familiarity" exists. The doors of the Pontifical Council for Interreligious Dialogue are open to all.

On several occasions Mr Jentzsch has tried to obtain the intervention of this Office with regard to the publication of your book "I Accuse". He has been informed that it is not of the competence of this Office to make investigations and to intervene with regard to matters which conern the Catholic Church in another country. We therefore advised him to address himself to the German Episcopal Conference.

It would be useful for us to have a copy of your book for our own documentation.

Note has been taken of your request for a statement regarding the incompatibility of the Christian faith and adherence to Scientology.

Your Sincerely,

+ Michael L. Fitzgerald

+ Michael L.Fitzgerald
Secretary

Mrs Renate HARTWIG
Schutzgemeinschaft
Robin Direkt e.V.
89282 Pfaffenhofen - Postfach 44
GERMANIA

Adresse Postale - Postal Address
00120 CITTÀ DEL VATICANO
Tel. 698.84321 - 698.83648
FAX: 698.84494

Bureaux - Office
VIA DELL'ERBA, 1 - 00193 ROMA

Man habe ihn jedoch darüber informiert, daß der Päpstliche Rat für den Interreligiösen Dialog nicht dazu da sei, solche Interventionen vorzunehmen.
Inzwischen weiß man mit Sicherheit auch im Vatikan, daß Heber Jentzsch ein Mann ist, gegen den in Spanien wegen einer Reihe von Verbrechen vor Gericht Anklage erhoben wurde, so daß der Staatsanwalt in seiner Anklageschrift im Frühjahr 1995 nicht weniger als 30 Jahre Haft für ihn forderte. Davon wird später noch ausführlicher die Rede sein.

Die Sache mit der »geschändeten« Christusfigur

Der Vorwurf, mein Aufklärungsbuch über Scientology sei ein »Unrecht«, war allerdings nicht das einzige, was Heber Jentzsch in seinem Brief an den Vatikan gegen mich ins Treffen führte. »Kurios ist auch«, führte der Scientologen-Präsident weiter aus, »daß Frau Hartwigs Sohn an der Schändung einer Jesusstatue, deren Hände er zerschlug, beteiligt war«. Noch kurioser ist allerdings, daß diese Geschichte sich im Frühjahr 1995 auf einem Flugblatt mit Schwarzer Propagada gegen mich wiederfand, das die Scientologen in hoher Auflage drucken ließen, großflächig verschickten und eifrig an das Publikum verteilten, das zu meinen Vorträgen kam. So wurde dieses Flugblatt, für dessen Urheberschaft im Sinne des Pressegesetzes Georg Stoffel von der Scientology-»Org« in der Münchner Beichstraße verantwortlich zeichnet und das sich nichtsdestotrotz frischfröhlich »Unabhängige« Nachrichten aus München (Ausgabe Nr. 7) nennt, quer durch die Republik zwischen Hamburg und Kempten vor meinem Vorträgen verteilt. Bis zum Spätsommer 1995 sind neun solcher Flugblätter erschienen. Von der Optik her erweckte dieses Flugblatt (»Unabhängige Nachrichten aus München«, hgg.

von »Scientology Kirche Deutschland e.V.«, München) – genauso wie alle anderen vorher und nachher im Rahmen dieser gezielten Schmutzkübelkampagne erschienenen Flugblätter, die sich allesamt mit mir bzw. mit dem Verein »Robin Direkt« und unserer offensiven Aufklärungsarbeit über Scientology beschäftigen – den Eindruck, als hielte man die Fotokopie eines Artikels aus einer großformatigen seriösen Tageszeitung in Händen. Alles, um die Leser zu täuschen. Das klar erkennbare Ziel der Rufmordkampagne war es, mich mundtot zu machen und meine offensive Aufklärungsarbeit über Scientology zu stoppen. Da es ihnen auf andere Weise nicht gelungen war, an mich ranzukommen, hatten sie sich diesmal in einer Art Sippenhaftung den jüngsten, noch minderjährigen Sohn unserer Familie vorgeknöpft und zur Zielscheibe ihrer Angriffe gemacht. Und nun kramten sie – genauso wie ihr in Amerika sitzender Oberscientologe Heber Jentzsch bereits ein knappes Jahr zuvor in seinem Brief an den Vatikan – die Geschichte von einer sogenannnten »Schändung« einer Christusfigur hervor, die unserem Sohn zur Last gelegt wurde. Mehr noch: Auf diesem Flugblatt – das von Scientoloy München übrigens noch im September 1995 vorrätig gehalten und auf den nächsten Flugblättern zur Bestellung angeboten wurde! – war ausschnittsweise eine diesbezügliche Anklageschrift der Staatsanwaltschaft im Faksimile abgebildet. Gegen dieses und andere Flugblätter haben wir Klage eingereicht.

Wie kommt ein Aktenstück der Staatsanwaltschaft auf ein scientologisches Flugblatt?

In meinem Vortrag nahm ich auf dieses von Scientology verteilte Pamphlet bezug und sagte ungefähr folgendes: »Meine Damen und Herren, Sie haben heute von den

Scientologen Flugblätter bekommen. Und siehe da, die Flugblätter handeln nicht nur von mir. Die Scientologen, die immer so scharf auf das Persönlichkeitsrecht sind, freilich immer nur auf das eigene, haben diesmal sogar Sippenhaftung betrieben. Sie haben sich unseren jüngsten Sohn vorgenommen. Ich sage Ihnen, was Sie bei diesem Flugblatt beachten müssen. Ich habe Ihnen etwas mitgebracht, was Sie lesen sollten, nämlich eine Einstellungsverfügung. Bitte, sehen Sie sich die an und machen Sie sich selber ihr Bild.« Sodann zeigte ich den Leuten eine Kopie des betreffenden Dokuments – einer ganze zwei Sätze langen Einstellungsverfügung des Jugendrichters vom Amtsgericht Neu-Ulm vom 3. 11. 1993 / Aktenzeichen: 1 Ds 30 Js 23783/93 jug.v.V. – und fuhr fort: »Die Scientologen sagen Ihnen auf diesem Flugblatt, daß gegen unseren Sohn Anklage erhoben worden ist – übrigens wissen wir bis heute noch nicht (der Vortrag fand, wie bereits erwähnt, am 23. April 1995 statt), von wem eigentlich die Anzeige stammt, aufgrund derer es zu dieser Anklage vor zwei Jahren kam. Was Ihnen die Scientologen aber nicht sagen ist, daß das Verfahren vom Gericht in Neu-Ulm eingestellt wurde. Weiter will ich dazu gar nichts sagen, Sie können sich selber ein Bild machen. Scientology benutzt meinen jüngsten Sohn, um mit Schmutz auf mich schmeißen zu können, das ist die Geschichte.«
Abgesehen davon, daß hier in übelster Weise Schmutzpropaganda gegen eine Familie betrieben und auf dem Rükken eines minderjährigen Jugendlichen ausgetragen wurde, wäre zu fragen, wie es eigentlich in einem Rechtsstaat der Fall sein kann, daß eine Organisation wie Scientology an eine Anklageschrift eines Staatsanwalts kommt, die nachweislich – das heißt nach Aussage von Oberstaatsanwalt Dr. Wolf in Neu-Ulm – die Staatsanwaltschaft nur in Richtung Amtsgericht Neu-Ulm verlassen hat. Noch dazu handelt es sich in diesem Fall um eine Akte, in der es um

einen Minderjährigen geht. Die Veröffentlichung der Anklageschrift ist also schlicht illegal; schließlich haben wir ein Jugendstrafgesetz und ein Jugendschutzgesetz! Gegen unseren Sohn hat nie eine öffentliche Verhandlung stattgefunden – wie kommt Scientology an interne Unterlagen der Staatsanwaltschaft? Wenn wir uns klar machen, was das bedeutet, dann sind wir bereits mitten im Thema Scientology. Die Stasi ist bekanntlich an solche Unterlagen rangekommen, die Gestapo ist an solche Unterlagen rangekommen, der sowjetische KGB genauso – und jetzt auch Scientology.

Ein Buch trifft ins Schwarze

Wie sehr ich mit »Scientology – Ich klage an« ins Schwarze getroffen hatte, kann man schon allein daran erkennen, daß dieses Buch einen der ranghöchsten Scientologenbosse (Heber Jentzsch ist als Präsident von Scientology International immerhin so etwas ähnliches wie die rechte Hand von David Miscavige, dem Nachfolger des Gründers der Organisation!) dermaßen in Harnisch gebracht hat, daß er sogar den Vatikan um Schützenhilfe gebeten hat. Übrigens ist auch Sabine Titzel, Pressesprecherin von Scientology Hamburg, aus dem gleichen Grund in ähnlicher Weise tätig geworden und hat – wohl um ihre Statistikpunkte nach oben zu bringen – den deutschen Bischöfen »einige Informationen über Frau Hartwig zukommen lassen«. Mit anderen Worten, die Scientologen müssen vor diesem Buch eine unglaubliche Angst gehabt haben. An und für sich war zu erwarten gewesen, daß sie sofort nach Erscheinen des Buches zum Kadi laufen würden, um zu versuchen, über einstweilige Verfügungen diesen Stein des Anstoßes aus dem Verkehr zu ziehen. Doch interessanterweise gab es zunächst einmal eine Art Lähmungserscheinung bei den Scientologen. Eines schönen Abends sagte ich zu meinem Mann: »Was meinst du, was sie jetzt machen? Ich würde wetten, daß die Leute von der OSA (d. h. vom Geheimdienst von Scientology) bereits mit ihren Juristen zusammensitzen und fieberhaft an einer Strategie basteln, um das Buch vom Markt zu knallen.« Mein Mann Paul, der übrigens ein hervorragender Schachspieler ist, sagte: »Machen wir doch ein Schachspiel. Sehen wir uns an, was geschehen wird, wenn wir diesen Zug machen – welcher Gegenzug oder welche möglichen Gegenzüge sind zu erwarten?«

Machen wir ein Schachspiel ...

Paul wußte, was zu erwarten war: »Da erscheint nun ein Buch, das sich nicht nur in Deutschland, sondern weltweit als das bislang schärfste Anklagebuch gegen das System Scientology erweist, das das Klassenziel, die flächendeckende Aufklärung über Scientology, erreicht hat. Was wird geschehen? Scientology wird erst einmal fragen: ›Wer hat das geschrieben? Wer hat das rausgebracht, wer befördert das zu den Lesern – und vor allem: wo kann ich angreifen?‹ In der Scientology gilt die Devise, zerstörerische ›Gegenabsichten‹ aus der Welt zu schaffen. Deshalb werden sie sich systematisch und strategisch überlegen, wie sie in puncto Medien am besten verfahren werden, um uns fertig zu machen, uns mundtot zu machen, uns mit Schwarzer Propaganda zu überschütten noch und noch. Fangen wir einmal an mit dem Medium Fernsehen. Sie werden sagen: ›Wie machen wir es mit den Talkshows, wer geht in die Talkshows rein und wie agieren wir dort? Zweitens die Printmedien. Was machen wir, daß in den Zeitungen Berichte erscheinen, die dieses Buch in einem dubiosen Licht erscheinen lassen?‹ Drittens die Gerichte. Sie

werden jeden Buchstaben und jedes Komma auf diesen 288 Seiten umdrehen, um etwas zu finden, wogegen sie juristisch vorgehen können und sei es noch so lächerlich und sei es auch noch so sehr an den Haaren herbeigezogen. Wir dürfen ja nicht vergessen, daß dies dezidiert die Richtlinie ist, die sie haben: ›Wir klagen nicht, um zu gewinnen, sondern um den Gegner zu zermürben.‹«
Wie recht Paul mit seinen Schachspiel-Überlegungen hatte, hat sich mittlerweile gezeigt. Exakt so sind sie vorgegangen, Zug um Zug. Das Erscheinen des Buches, das Scientology nach wie vor ein Dorn im Auge ist, war nicht zu verhindern. Und schon gar nicht war zu verhindern, daß das Buch zu einem Bestseller wurde. Wäre mein Buch tatsächlich jenes Lügengebäude, als das es die Scientologen immer wieder hinzustellen versuchen, dann hätte Scientology nicht viereinhalb Monate – nämlich bis zum 19. Juli 1994 – gebraucht, bis die erste Einstweilige Verfügung (beim LG München I) von Scientology eingereicht wurde. Das hätte schon am 8. März geschehen können, denn am 7. März war das Buch erschienen. Warum kam das Verfahren so spät? Es ist anzunehmen, daß Scientology erst den juristischen Kampf aufnahm, als sie erkannten, welche Auswirkung mein Buch für sie hat – nämlich intensive Aufklärung.
Zunächst aber ging eine Rufmordkampagne ungeahnten Ausmaßes über die Bühne, die so angelegt war, daß man häppchenweise über Flugblätter mit Schmähkritik und Verleumdungen bis hin zu veritablen Beleidigungen den Namen Hartwig desavouieren und mich als Kritikerin unglaubwürdig machen wollte. Hilfestellung bekam Scientology dabei von ungewohnter Stelle. Ausgerechnet Sektenbeauftragte und ach so seriöse Kritiker der Scientologen machten sich zu vermeintlichen Kronzeugen gegen mein Aufklärungsbuch.

Der Lieferwagen ist unterwegs

Übrigens waren meine Familie und ich nicht die einzigen, die wegen des Erscheinens von »Scientology – Ich klage an« Schwierigkeiten bekamen. Natürlich wurde auch der Verlag, in dem das Buch erschienen war, zur Zielscheibe für Angriffe und Einschüchterungsversuche. Das strategische Ziel ist dabei völlig klar. Es geht um die Frage: Was können wir machen, um zu erreichen, daß der Verlag nie wieder ein Buch zu diesem Thema macht, daß er Schaden davon hat, daß er Spott davonträgt und daß die entsprechenden Protagonisten mürbe gemacht, verunsichert und eingeschüchtert – kurzum »bestraft« werden. So geriet z. B. auch Bernhard Meuser in die Schußlinie der Scientologen. Der Augsburger Verlagsleiter, der die Publikation mit großem Engagement betreut hatte, mußte es sich gefallen lassen, daß er öffentlich attackiert wurde – vom Flugblatt bis hin zur gerichtlichen Strafanzeige. Aber auch im privaten Bereich konnte er in mancherlei Hinsicht blaue Wunder erleben, sobald der erfolgreiche Titel in den Regalen der Buchhändler war. Anonymer Telefonterror war nur die unterste Stufe in der nach oben hin offenen Belästigungsskala. Eine ganz besonders ekelhafte Geschichte war die Sache mit dem Lieferwagen. Eines schönen Sonntagsmorgens läutet im Hause Meuser das Telefon. Am anderen Ende der Leitung meldet sich ein Türke. Er ist Geschäftsführer eines Restaurants und teilt dem Verlagsleiter mit freundlicher Stimme mit: »Ich lasse Ihnen jetzt die Sachen bringen, der Lieferwagen ist unterwegs.« – »Wieso Lieferwagen?« fragt Meuser ein wenig irritiert: »Ich hab doch nichts bei Ihnen bestellt.« Der Wirt ist verdutzt. »Sie haben doch eine Festgesellschaft ...« Wie sich dann herausstellt, hatte ein unbekannter Anrufer im Namen des Verlagsleiters an dessen Privatadresse eine Riesenladung Speisen geordert. Massenweise Gyros und

Pizza und Getränke für eine große Gesellschaft. So hat ein anonymer Anrufer, um einen meiner Mitstreiter zu schaden, in Kauf genommen, daß ein Unbeteiligter geschädigt wurde.

»Unterdrücker aus dem Weg schaffen«

Wie die Scientologen bei ihrer Zermürbungs-, Zersetzungs- und Vernichtungskampagne gegen Kritiker vorgehen, haben sie in den letzten Jahrzehnten vielfach bewiesen. Es bleibt einem einfach die Spucke weg, wenn man sich ansieht, was Scientology gegen seine Kritiker bis heute ungestraft unternommen hat. Es gibt ganz klare Richtlinien, an die sie sich dabei halten. Diese Richtlinien werden natürlich immer wieder eingepaukt, und die, die sie anwenden und in die Tat umsetzen sollen, müssen immer wieder für neue konkrete Aufgaben geschult und »gedrillt« werden. Auf dem Scientology-Schiff »Freewinds«, dem schwimmenden Stützpunkt der Sea Org, fand sogar eigens eine »Deutschland-Woche« statt, für die beim scientologischen Fußvolk mit folgenden Worten geworben wurde: »Bekomme das sichere Gefühl, daß wir Deutschland handhaben werden! Bei der Deutschland-Woche auf der Freewinds. Vom 4. August bis 11. August 1994.« (Inserat mit Referenz Petra Ellinger von der »Scientology-Kirche Stuttgart«) Im Spätherbst des Jahres trafen sich – wiederum an Bord der »Freewinds« und wiederum eine ganze Woche lang – die PR-Leute von Scientology und andere »professionelle Scientologen« zu der »Internationalen Public Relations Tagung 1994«. Auf dem Lehrplan dieses einwöchigen Schiffaufenthalts vom 28. Oktober bis 4. November 1994 stand eine Reihe von Lernzielen, die hier in »Live-Action-Workshops« eingeübt und »gedrillt« wurden. In der Liste dieser Lernziele findet sich auch das folgende: »Wie Sie Schwarze PR, gegensätzliche Ansichten, Antagonisten und Unterdrücker handhaben und wie Sie sie aus dem Weg schaffen.« (Einladung zur Internationalen Public Relations Tagung 1994 an Bord der Freewinds, S. 1). Eingeladen zu diesem Treffen, das von den Scientologen als besonders wichtig eingestuft wurde, weil es »unsere längerfristigen PR-Strategien und unsere zukünftige Expansion betrifft«, wurde ausdrücklich »auch jeder, der einmal an externen OSA-Projekten mitgearbeitet hat«.

Die Scientologen sind Wiederholungstäter

Als Paulette Cooper anfang der siebziger Jahre in den USA ein kritisches Buch über Scientology geschrieben hat, hat Scientology die Verbreitung dieser äußerst brisanten Kritik mit allen Mitteln zu verhindern versucht. Tragischerweise ist der Organisation durch – auch gerichtlich festgestellte – kriminelle Machenschaften ein schwerer Schlag gegen Autorin und Verlag gelungen. Vergleicht man den Kampf, den die Scientologen gegen mich führen und dessen Zielsetzung natürlich immer heißt, Gegner aus dem Weg räumen, mit dem, was sie seinerzeit mit Paulette Cooper gemacht haben, dann sieht man, daß sie Wiederholungstäter sind. Wer das scientologische Gedankengut kennt, findet die Anweisung von Hubbard auf Punkt und Komma befolgt: »Wenn Sie von irgend jemand oder irgend etwas oder irgendeiner Organisation an einem wunden Punkt angegriffen werden, dann finden oder schaffen Sie immer genügend Drohung gegen sie, um sie dazu zu bringen, daß sie um Frieden betteln.« (Scientology-Anweisung vom 15. August 1960, »Abteilung für Regierungsangelegenheiten«). Man muß sich klarmachen, daß es sich bei der massiven Kampagne, die Scientology gegen mich führt, um keinen Einzelfall handelt, sondern daß dies die Strategie ist, die sie seit Jahrzehnten verfolgen und in allen Bereichen anwenden, egal ob sich eine Privatperson mit ihnen anlegt oder ob sie von Politikern unter die Lupe genommen werden. Die Strategie ist immer die gleiche. Sowohl der Scientology-Präsident Heber Jentzsch als auch der kleine Scientologe, der auf der Straße Zettel verteilt, hat ausschließlich nach den gleichen vorgegebenen Richtlinien zu handeln. Das heißt, er kann nicht von sich aus sagen, das mache ich nicht, sondern da ist ein Befehl, der von oben vorgegeben ist und bis ins letzte Glied durchgeführt wird. In einem 1995 sogar im Internet verbreiteten Artikel von Ron Newman über die Geschichte der scientologischen Angriffe auf Buchautoren kann man nachlesen, wie es George Malko, Paulette Cooper, Cyril Vosper, Robert Kaufmann, Roy Wallis, Russell Miller, Jon Atack, Bent Corydon und anderen Autoren ergangen ist, die es wagten, kritische Bücher über Scientology zu verfassen. Hier nur einige der von Ron Newman belegten Fakten:

- Praktisch jeder Kritiker mußte »belästigende Gerichtsverfahren« über sich ergehen lassen.
- Gegen Russell Miller, der eine Hubbard-Biographie mit dem Titel »Der schamlose Messias« zu Papier gebracht hatte, wurde der Versuch unternommen, ihn wegen des Mordes an einem Privatdetektiv im südlichen London anzuschwärzen.
- Im November 1979 schoß ein von Scientology angeworbener Detektiv auf einen Reporter der Sunday Times.
- Während einer Vortragstour im Jahr 1987 wurde Bent Corydon – Autor eines kritischen Buchs über L. Ron Hubbard – dreimal in einer Woche körperlich bedroht.
- Als ein zwei Meter großer Mann in schwarzer Lederjakke und mit Handschuhen an den Arbeitsplatz von Bent Corydon trat, um ihn tätlich anzugreifen, dieser aber gerade nicht da war, schlug der Mann stattdessen Cory-

dons Assistenten mit den Worten »Du stehst der Brücke von Ron im Weg!« ins Gesicht und schubste ihn herum.

– Eine amerikanische Zeitung, die eine Buchbesprechung über Corydons Buch veröffentlichen wollte, erhielt von Scientology einen Drohbrief, in dem es hieß: »Wenn Sie eine seiner Lügen veröffentlichen, werden Sie sich wegen Verleumdung und Beleidigung im Gerichtssaal wiederfinden und auch wegen Verschwörung gegen die Bürgerrechte. Wenn Sie überhaupt etwas darüber schreiben, müssen Sie sich vielleicht ebenfalls vor Gericht verantworten ... Wir wissen viel mehr über Ihre Institution und Ihre Motive als Sie ahnen.«
– Verleger haben Angst vor Scientology. Bent Corydons Kommentar: »Die Armee der Scientology aus Geheimagenten, gedungenen Schlägern in Lederjacken und gutbezahlten Anwälten, die Hubbards Richtlinien zur Verfolgung durch leichtfertiges Klagen eifrig ausführen, hat eine Wirkung.«
– In einem Gerichtsurteil gab ein amerikanischer Richter namens Luis L. Stanton den Scientologen recht, die das Manuskript eines kritischen Buches vor der Veröffentlichung einsehen wollten und ordnete dessen Aushändigung an.
– Der Verlag, in dem Robert Kaufmanns Buch »Inside Scientology« erschienen war, sollte durch gefälschte Dokumente fertiggemacht werden. Laut Aussage des Verlags wurden auch Druckfahnen des kritischen Buches gestohlen und Akten in den Räumen des Verlags durchsucht.
– In einer live ausgestrahlten Radiosendung mit Robert Kaufmann rief ein Mann an und behauptete, er sei Pfleger in einer psychiatrischen Klinik gewesen, wo Kaufmann als Patient war. Auch sagte er, er habe dessen Psychiatrieakte gesehen, derzufolge bei Kaufmann eine

»paranoide Schizophrenie mit Kastrationsängsten sowie homosexuelle Tendenzen« diagnostiziert worden seien.

- Cyril Vosper – Autor des Buches »Die Kopfverdreher« – bekam nach eigener Aussage während seines Spanienurlaubs Schwierigkeiten mit der Polizei, weil man ihn an seine Urlaubsadresse ein Päckchen mit obszönen Karikaturen über General Franco geschickt hatte.
- Der spektakulärste Fall in diesem Zusammenhang ist allerdings Paulette Cooper, die ein Buch mit dem Titel »Der Skandal Scientology« veröffentlicht hatte. Auf das, was sie erlebt hat, werde ich in einem anderen Kapitel ausführlicher zu sprechen kommen. Was mich selber betrifft, so weiß jeder, der mich kennt, daß ich schon von meinem Temperament und von meiner Persönlichkeitsstruktur her nicht der Typ bin, klein beizugeben. Das werden auch die Scientologen spätestens mit Erscheinen dieses Buches begreifen.

(Vgl. Ron Newman: Die Geschichte der Scientology in ihrer Verfolgung von Buchautoren. Artikel im Internet, 1995)

»Das war die Hartwig!«

Im Lauf der Jahre, die ich nun schon meine Aufklärungsarbeit betreibe, habe ich mich längst daran gewöhnt, daß meine Person zu einem Feindbild für Scientologen geworden ist. Für manche von ihnen muß ich geradezu eine Art Schreckgespenst sein. Mein Mann Paul und ich haben diesbezüglich schon einiges erlebt. In Stuttgart z. B. sind wir einmal zusammen mit zwei Ex-Scientologen durch die Fußgängerzone gelaufen. Da begegnete uns ein Mann, der Dianetikbücher verkaufte. Nebenan war das Gebäude, in dem die Scientologen zu der Zeit ihr Büro hatten. Die Fen-

ster waren erleuchtet. Eine Frau schaute aus einem geöffneten Fenster und beobachtete den Typ mit den Büchern, wie der in der Fußgängerzone hin und her lief und die Leute anzuquatschen versuchte. Da kommt er auf uns beide zu und spricht die Angelika an. Mich bemerkt er gar nicht. Und dann sagt er sein eingelerntes Sprüchlein auf: »Wissen Sie, daß Sie nur 10 % Ihres geistigen Potentials benützen?« Da sagt die Angelika: »Wenn ich nach euch gegangen wär, dann wären es noch weniger Prozent, denn ich war schon einmal ›clear‹.« Da der Typ: »Warum sind Sie das heut nicht mehr?« Da fängt sie zu lachen an und sagt: »Weil ich ausgestiegen bin. Vielleicht willst du ja auch raus. Die Hilfe hab ich dir gleich mitgebracht. Dreh dich mal um!« Ich steh hinter ihm, und er dreht sich, das Dianetikbuch in der Hand, nach mir um, sieht mich und erstarrt zur Salzsäule. Im gleichem Moment ruft die Frau vom Fenster oben: »Komm sofort rauf! Sofort rauf!« Er rast ins Haus – Achtung, die Hartwig ist in der Fußgängerzone! – und oben gehen alle Rolläden runter.
Einige Zeit später waren wir wieder in Stuttgart. Ich hielt einen Vortrag. Mein Mann Paul ging durch die Fußgängerzone, und wiederum war da einer unterwegs mit seinen Dianetikbüchern und quatschte jeden an. Er kam zu Paul und eben, als er meinem Mann das Buch anbieten wollte, kam einer vorbei und sagte zu meinem Mann: »Guten Abend, Herr Hartwig!« Der Dianetik-Verkäufer hört den Namen Hartwig und macht eine Kehrtwendung um 180 Grad. Ehe er sich davonmacht, sagt der noch: »Ich denke, Sie sind heute in Ulm.« Da Paul todernst: »Ich bin auch in Ulm. Das, was Sie hier sehen, ist lediglich meine Materie, wie Ihr das nennt.«
Ein geradezu grotesker Fall, der aber typisch ist für die Art und Weise, wie alle negativen Erfahrungen auf ein Feindbild projiziert werden, war das Verhalten einer jungen Scientologin, von dem mir ihre Angehörigen berichtet

haben. Als sie dringend in ihrer »Org« anrufen wollte und ihr Autotelefon nicht funktionierte, gab es für sie nur eine einzige Erklärung für diese elektronische Panne: »Das war die Hartwig!«
Die gleiche Reaktion gab es, als sie in einem Möbelhaus ein Regal in einer bestimmten Farbe kaufen wollte. Der Verkäufer teilt ihr bedauernd mit, daß das von ihr gewünschte Regal in der Farbe, in der sie es gerne haben wollte, derzeit leider nicht vorrätig sei, denn das letzte dieser Art habe er gestern Abend kurz vor Ladenschluß noch an eine Kundin verkauft und es sei im Moment noch kein neues auf Lager. Da sagte die betreffende Scientologin: »Das war die Hartwig!« Und der Verkäufer, der natürlich keine Ahnung hatte, was sie damit eigentlich sagen wollte, glaubte ein Mißverständnis aufklären zu müssen und erwiderte ihr: »Da müssen Sie sich ganz bestimmt irren, wir haben nämlich gar keine Kundin namens Hartwig!«

Scientology wird nervös

Auch von Aussteigern wurde mir bestätigt, was für ein massives Feindbild von mir in den Köpfen der Scientologen herumspukt bzw. systematisch aufgebaut wird. Ein Ex-Scientologe hat mir eines Tages, nachdem er schon längere Zeit mit mir Kontakt hatte, gesagt: »Weißt du, Renate, der eigentliche Hammer für mich war, daß ich, als ich dich näher kennenlernte, einsehen mußte, daß du gar nicht so bist wie die immer sagen, daß du seist.« Ich frage mich: Wie kann man dieses massive Aufbauen von Feindbildern – nicht nur gegen mich – anders erklären denn als eine Reaktion, die aus einer ungeheuren Angst heraus geschieht? Wenn die Scientology nicht eine solche Angst davor hätte, daß ihre üblen Machenschaften und ihre kriminellen Praktiken durch kritische Bücher und offensive

Aufklärung ans Tageslicht kommen, wieso führt die Organisation dann einen so verbissenen Kampf gegen ihre Kritiker? Wenn die Scientology keine Angst hat, wieso muß sie dann selber so viel Angst machen und so viel Terror verbreiten? Wenn sie alle eine reine Weste hätten und wirklich jene Unschuldslämmer wären, als die sie sich gern präsentieren, wären doch die Anschuldigungen der Kritiker ganz leicht zu widerlegen; wozu dann dieser ungeheure Aufwand an Schwarzer Propaganda, wozu Flugblattaktionen und Psychoterror und warum dieser Rattenschwanz von Prozessen mit immer länger werdenden Schriftsätzen? Wenn die Scientology keine Angst hat, warum dann diese ganze Zermürbungstaktik, nicht nur gegen Kritiker, Verlage und Buchhändler, sondern auch gegenüber Behörden und intern?

Die große Wut des Tom Buchwald

Flugblätter mit Schmutzpropaganda, Einschüchterungsversuche bei Verlagsleuten und Buchhändlern, Interventionsversuche in den Chefetagen der Katholischen Kirche, einstweilige Verfügungen und Prozesse vor Gericht. Zu den Registern, die die Scientologen im Kampf gegen mich zogen, kam ein neues. Eines, das besonders schrill tönte. Sein Name: Tom Buchwald. Ein von Herrn Buchwald verfaßtes, 1994 in Berlin erschienenes Buch, das sich zu großen Teilen mit mir beschäftigt, gehört neuerdings zur Grundausstattung der ideologischen Kampfmunition der Scientologen. Es ist beinahe schon zum Ritual geworden, daß Scientologen sich bei meinen Vorträgen zu Wort melden und dann dieses, schon von der Optik her an das Hubbardsche Dianetikbuch erinnernde Pamphlet hochheben, das übrigens auch von der Münchner Organsation vertrieben und zur Lektüre empfohlen wird. Die Triebfeder des Autors,

ein Buch wie dieses zu schreiben, war nichts weiter als Wut. Das gibt Tom Buchwald selber zu. Er spricht von »Wutträ-nen«, die ihm in die Augen steigen, und wenn er mich, Renate Hartwig, sieht, dann möchte er »schreien vor Wut«.
Kritischen Journalisten, die sich mit diesem Pamphlet auseinandergesetzt haben, ist natürlich sofort aufgefallen, was hier gespielt wird. Indem Tom Buchwald nämlich in immer tollkühner werdenden Formulierungen gegen mich vom Leder zieht und meine Argumente gegen Scientology vor allem dadurch zu widerlegen versucht, daß er mich mit Dreck bewirft, leistet er mit jenen Methoden, die L. Ron Hubbard angewendet wissen wollte, genau jene Drecksarbeit für Scientology, die die Organisation zu ihrer Schadensbegrenzung benötigt. Über sich selber freilich versucht Buchwald den Anschein zu geben, nichts mit Scientology zu tun zu haben.
Für mich zählt Buchwald zur Sorte der üblen Kumpane von Scientology: ein Journalist, der nach außen hin nichts mit Scientology zu tun hat, aber zumindest sehr verbunden ist mit Scientologen, und der Publikationen verfaßt, die für Scientology nützlich sind. Das paßt sehr gut in die Strategie der Scientologen. Denn die wissen sehr wohl, daß Veröffentlichungen, die Scientology macht, von der Presse gar nicht mehr ernst genommen werden. Tom Buchwald macht übrigens auch folgendes: Er sucht eine als scientologenkritisch bekannte Firma auf und gibt sich dort als freier Journalist, der eine Reportage machen will, aus ... Auch das ist eine Methode, um an Informationen zu kommen. Man muß die Frage stellen, wie unabhängig dieser »unabhängige« Journalist wirklich ist. Im Frühjahr 1995 haben Journalisten und Kritiker von Scientology in Sachen Buchwald recherchiert, und einer von ihnen hat bei den Scientologen in Berlin angerufen und den Herrn Buchwald am Telefon verlangt. Dann hat es geheißen: »Der Herr Buchwald ist im Moment im Ausland. Können

Sie uns bitte Ihre Nummer dalassen, sobald er zurückkommt, ruft er Sie an.« Darauf ruft der Mann die Scientology-Organisation in Zürich an, und dort wurde ihm gesagt: »Der Herr Buchwald ist im Moment außer Haus.« Da kann sich jeder seinen eigenen Reim darauf machen.

»Ich klage an« hat etwas bewirkt

Trotz aller vehementen Versuche ist es den Scientologen nicht gelungen, meine Aufklärungsarbeit zu stoppen. Im Gegenteil, nach dem März 1994 wurde mein Beweismittelarchiv nur noch größer. Wir haben inzwischen nicht nur Hunderte, sondern Tausende von Briefen bekommen, und zwar von Menschen aus allen Schichten der Gesellschaft – vom Jugendlichen bis zur Oma. Es sind Briefe, die uns ermuntern, die uns danken und die uns auffordern weiterzumachen.

An dieser Stelle ein Danke an alle, die uns geschrieben und damit dokumentiert haben, daß wir in diesem Kampf nicht allein sind.

Immer wieder haben mich Freunde und Bekannte gefragt, wie ich denn persönlich damit umgehen könne, daß auf der einen Seite meine Bücher so ein Erfolg wurden, aber demnach auch die Angriffe dieses Scientology-Imperiums massiv auf mich hereinprasselten. Und ich habe gesagt: »Es ist schon eigenartig. Auf der einen Seite wirst du hochgehoben und sie machen aus dir eine Mutter Courage, auf der anderen Seite ziehen sich die Leute dann zurück, nur damit sie selber nicht in irgendeiner Weise in die Schußlinie von Scientology kommen.« Sehr bezeichnend finde ich übrigens in diesem Zusammenhang die Aussage eines Sektenbeauftragten, der einen Vortrag über Scientology gehalten hatte und sich dann anschließend von seinen Zuhörern die einigermaßen erboste Frage gefallen lassen mußte, wieso sie eigentlich durch seinen Vortrag so viel weniger über Scientology erfahren hätten als durch das, was sie bereits in Renate Hartwigs Büchern gelesen hätten. Der Sektenbeauftragte war immerhin so ehrlich, einfach zuzugeben: »Weil ich nicht so leben möchte wie die Hartwig.«

Mir und meiner Familie blieb freilich gar nichts anderes übrig als »so zu leben wie die Hartwig«. Für unseren jüngsten Sohn, der – wie bereits erwähnt – ebenfalls in die direkte Schußlinie von Scientology geraten war, hatte dies einen Ortswechsel zur Folge, der mit einer neunstündigen Flugreise verbunden war. Man riet uns nämlich, ihn aus Sicherheitsgründen außer Landes gehen zu lassen. Thorsten war daraufhin sieben Monate im Ausland. In einer sicheren Schule. Wir fanden das freilich alles andere als in Ordnung – mein Mann Paul, die älteren Kinder und ich. Für uns war es unfaßbar, aber wir fühlten uns veranlaßt, unseren Sohn außer Landes zu schicken, damit er in Ruhe zur Schule gehen und sich altersgemäß entwickeln konnte.

Was mich an der ganzen Angelegenheit allerdings am meisten ärgert ist, daß sehr viele Leute immer noch meinen, ich würde einen »Privatkrieg« gegen Scientology führen, und daß selbst Leute, die eigentlich meine Mitstreiter sein müßten, immer noch nicht die gesellschaftspolitische Brisanz dieser Auseinandersetzung begriffen haben – geschweige denn realisieren, daß sie selber so wie alle Bürger unseres Rechtsstaats die Betroffenen sind, um deren Freiheit und deren Zukunft es geht.

Wenn ich daran denke, daß es selbst nach fünf Jahren Aufklärungsarbeit durch mich und den Verein Robin Direkt immer noch so ist, könnte ich manchmal aus der Haut fahren. Vielleicht hat ein guter Bekannter, der bei uns zu Gast war und mit dem wir zu später Stunde über dieses Problem diskutierten, tatsächlich den Nagel auf den Kopf getroffen, als er sagte:

»Weißt du, Renate, ich denke, es läuft hier einfach der gleiche psychologische Mechanismus ab wie beim Sündenbockphänomen, nur mit umgekehrten Vorzeichen. Die Leute erfahren durch dich, was Scientology ist und daß man dagegen was machen muß. Und sie erfahren dich auch als eine, die was dagegen macht. Das erleben sie als eine Art Entlastung – die Hartwig macht eh was! Dadurch bist du so etwas ähnliches wie ein positiver Sündenbock. So wie der negative Sündenbock dazu dient, daß man auf ihn seine Schuld projiziert und sich dadurch von den eigenen Schuldgefühlen befreit, projizieren die Leute die Verantwortung, die sie eigentlich selber wahrnehmen müßten, zu ihrer eigenen Entlastung auf dich, um sich die Last zu ersparen, selber etwas tun, selber Zivilcourage beweisen zu müssen.« Ich kann nichts anderes tun als zu versuchen, die Leute für die Bedrohung ihrer demokratischen Interessen und Rechte in ihrer ganzen Tragweite zu sensibilisieren.

Fast immer erlebe ich es so: Wer zum ersten Mal von Scientology und dem, was wirklich dahinstersteckt, hört, ist in der Regel ganz geschockt und sagt: »Das kann doch gar nicht sein!« Die Wahrheit aber ist: Es kann nicht nur sein, es ist so! Ein typischer Dialog nach meinen Vorträgen: »Was Sie uns da erzählt haben, Frau Hartwig, das ist doch ein Skandal – wir leben doch in einem Rechtsstaat, wir haben doch Recht und Ordnung in unserem Land. Das darf doch nicht wahr sein, daß die das schaffen, was sie schaffen! Wir leben doch nicht in einer Bananenrepublik!«

Darauf muß ich sagen:

»Die Strategie der Scientologen ist so aufgebaut, daß für Außenstehende die Zielsetzung nicht faßbar wird. Ohne in das innere Labyrinth der Richtlinien und Anweisungen einzutauchen, kann die Maske nicht durchschaut werden, hinter der sich Scientology verbirgt. Das ist genau das Problem!«

Es geht nicht darum, wie sich die Scientologen organisiert

haben im Sinne von Organisation; es geht darum, daß die Zielsetzung so utopisch klingt und daß diese Utopie so weit überzogen ist, daß man sie gar nicht mehr wahrnimmt. Ich möchte es vergleichen mit dem Schrei einer Fledermaus. Wenn die schreit, nehmen wir es mit unserem Gehör nicht mehr wahr. Genauso ist es mit Scientology. Wir sind in einer Gesellschaft, die von sich aus gar nicht mehr wahrnimmt, welche Gefahren durch dieses antidemokratische System auf sie lauert.

Das Imperium schlägt zurück ...

Bislang letzter Mosaikstein in dem von Scientology geführten Krieg gegen mich: ein von Scientology erwirktes Gerichtsurteil, über das jeder Jurist, mit dem ich bisher darüber gesprochen habe, nur den Kopf schüttelte.

Wie sagte doch L. Ron Hubbard?

> »Das Gesetz kann sehr leicht zur Belästigung benutzt werden, und genügend Belästigung wird bei jemandem ... normalerweise ausreichen, um sein berufliches Ende zu bewirken. Runieren Sie ihn natürlich gründlich, wenn es möglich ist.«

(Aus: Technische Bulletins der Scientology, Band II, Seite 156, Ability Major 1, 1955, ca. Mitte März, das Magazin von Dianetik und Scientology)

Seit dem Frühjahr 1994 hat Scientology mit allen erdenklichen juristischen Tricks versucht, wenigstens phasenweise die Verbreitung meines Buches zu stoppen, von dem der Wiener Publizist Peter Lingens bereits bei einer der ersten Talkshows über »Scientology – Ich klage an« im Österreichischen Fernsehen gesagt hat, wenn dieses Buch

auf dem Markt bleibe, dann handle es sich um keine »Anklageschrift«, sondern um eine Verurteilung.
Nicht nur einzelne Scientologen, sondern auch Randfiguren des Scientology-Systems wurden aktiv.
Trotz der Bekämpfung durch Rufmordkampagnen scheint das Buch eine Eigendynamik entwickelt zu haben.
Strategisch eingesetzte Aktionen zur Schaffung von Indizienketten laufen an. Mitbeteiligt an diesen Konstruktionen: Rechtsanwalt Blümel. Die Strategie ist unter Scientologen auf der ganzen Welt anscheinend durchgängig die gleiche: »Sprich nie über uns – sprich immer über andere!«
Nachdem über Monate hin eine Indizienkette konstruiert wurde, wird am 19. 7. 1994 ein Unterlassungsanspruch der Scientology, vertreten durch RA Blümel, beim LG München I geltend gemacht. Es finden mehrere Verhandlungstermine statt, in denen die Scientology mit Bergen von Papier über ihren Anwalt Blümel die juristische Kriegsführung lanciert. Nach dem Wahlspruch »Wir klagen nicht, um zu gewinnen, sondern um den Gegner zu zermürben«, fährt die Scientology von Verhandlung zu Verhandlung immer neue Attacken gegen die Berichterstattung. Scientologen verbreiten quer durch die Republik, das Buch sei verboten oder vom Markt genommen. Das Buch ist nicht verboten. Und ungeachtet aller Angriffe bleibt der Titel auf den Bestsellerlisten. Auch die Versuche des Präsidenten von Scientology International scheitern. Er wollte im Vatikan Stimmung gegen die Autorin machen, ohne auf Fakten im Buch einzugehen. Spätestens ab diesem Zeitpunkt war klar, daß sogar Scientology Amerika alarmiert war und sich eingeschaltet hatte, um diese Publikation und vor allem die Autorin zu stoppen. Klar war auch für jeden Kenner des Systems, daß es sich hier nicht mehr um eine normale zivilrechtliche Auseinandersetzung drehen würde, sondern um eine Schlacht. Die Scientology würde diese Schlacht wegen ihrer strategi-

Aus: Hubbard-Richtlinie vom 23. 12. 1965 RA,
überarbeitet und neu herausgegeben 10. 9. 1983,
Organisations-Führungs-Kurs, Ergänzungsband

**Unterdrückerische Handlungen,
Unterdrückung von Scientology und Scientologen**

...

18. Öffentliches Sich-Lossagen von Scientology oder von Scientologen, welche bei Scientology-Organisationen in gutem Ansehen stehen.

...

22. Gegenüber staatlichen oder öffentlichen Anfragen gegen Scientology aussagen, um sie zu unterdrücken.

...

53. Das Informieren von anderen Mitarbeitern über die Tatsache, daß man die Mitarbeit kündigen wird, wird hiermit korrekterweise zur unterdrückerischen Handlung erklärt.

...

62. Es ist ein Schwerverbrechen, sich öffentlich von Scientology abzuwenden.

L. Ron Hubbard

(Hervorhebungen durch die Autorin.) Durch solche Befehle werden Scientologen zum Schweigen, zur Aussageverweigerung, zum Verharmlosen und zum Lügen angehalten.

schen Bedeutung um jeden Preis führen, koste es was es wolle. Was jedoch besonders interessant ist: Sämtliche Berichte in dem Buch über kriminelle Machenschaften blieben seitens der Organisation Scientology unwidersprochen. Lediglich einzelne Passagen des Kapitels »Bei Auftrag: Mord?« wurden von der Scientology angegriffen. Und der Angriff kam erst, als das Buch auf der Bestsellerliste erschien – und blieb. Es ging und geht um 17 Worte, die mir in der ersten Instanz vom LG München untersagt

wurden. Es geht um den Verlust der Pressefreiheit und der Möglichkeit, die Scientology-Organisation wegen ihrer Zielsetzungen öffentlich zu kritisieren.
Gegen das Urteil vom 5. 7. 95 wurde Berufung eingelegt. Der Ausgang der Berufungsverhandlung war zum Zeitpunkt der Drucklegung dieses Buches noch nicht bekannt.

Der Kampf geht weiter

Wenn wir zulassen, daß die scientologische Kriegsführung so weit geht, daß sogar die Paragraphen der Zivilprozeßordnung eines deutschen Gerichtes nicht mehr greifen, daß sozusagen Boykottaufrufe gegen das Buch »Ich klage an« in unserem Land möglich sind, daß Anwälte sich für Einschüchterungstaktiken hergeben – dann ist »Clear Deutschland« nicht mehr weit. Dramatisch macht diese Situation der Umstand, daß scientologische Strategien vor Gericht nicht durchschaut werden. Nochmals: es geht hier nicht um zwei, drei Sätze in einem Buch; es geht um den Verlust der Pressefreiheit und um eine »kontrollierte« und damit zensierte Berichterstattung über das Thema Scientology.

Die Gretchenfrage muß gestellt werden – Warum Scientology keine Kirche sein kann

10. April 1994 in Zürich. Herr Peter Thalmann, ein Mittelschullehrer und langjähriger Scientologe, schreibt einen Brief. Adressiert ist das Schreiben an die Pfarrer und Religionslehrer der Stadt. Es beginnt mit den Worten: »Da ich bis heute keine Antwort von Ihnen erhalten habe, erlaube ich mir, nochmals an Sie zu gelangen ...« Offensichtlich haben die Zürcher Pfarrer und Religionslehrer auf seinen ersten Brief, den er bereits Anfang Februar geschrieben hat, nicht so reagiert, wie er es sich erwartet hat. Darum versucht er, sie nun nochmals, in die Züricher Badenerstraße einzuladen und das Scientology-Zentrum der Stadt zu besuchen. Gleichzeitig hat er ihnen angeboten, im Religionsunterricht Vorträge über Scientology zu halten. Wer Religionsunterricht erteilt, sei sicherlich daran interessiert, Fragen von Schülern über Scientology »nicht nur einseitig beantworten zu können«, argumentiert der Scientologe, der seit 1991 an der Kantonsschule Wiedikon als Lehrbeauftragter I unterrichtet, und weist darauf hin, daß »Konkurrenzangst in keiner Weise angebracht« sei. Denn die meisten Scientologen hätten ihre Zugehörigkeit zu ihrer Landeskirche beibehalten, und die »Scientology-Kirche« sei daran interessiert, die religiöse Natur des Menschen zu betonen, und im übrigen kämpfe sie »gegen

die Abkehr vom Glauben und die stetig überhandnehmende Vergötterung des Materiellen der heutigen Gesellschaft«. Die Menschen würden Religion in jeder Form ins Lächerliche ziehen, meint der Hubbard-Anhänger, daher ist es für ihn nur noch eine Frage der Zeit, bis »auch große Religionen als Sekte bezeichnet werden«. Der Brief, dem der Einfachheit halber gleich ein Antwortcoupon beiliegt, schließt mit den Worten: »Es würde mich nun sehr freuen, wenn ich Sie persönlich zu einem Besuch in unserem Zentrum empfangen dürfte.« (Vgl. Züricher Tages-Anzeiger 19. 4. 95)

»Mir kommt die Galle hoch ...«

Thalmanns Briefe haben ein Nachspiel. Einer der von Herrn Peter Thalmann angeschriebenen Religionslehrer, der diesen Brief als Belästigung empfand, weil er »nicht dauernd mit Post bombardiert werden« möchte, wollte wissen, wie der Scientologe eigentlich an seine Adresse gekommen sei. Die Erwiderung des Briefversenders, es gebe schließlich Kataloge, nimmt er nicht hin. Wie jeder Lehrer weiß, liegen solche Verzeichnisse nur in den Lehrerzimmern aus. Laut Bericht des Tages-Anzeigers ist sich der Zürcher Scientologe bewußt, daß seine Aktion für ihn als Mittelschullehrer heikel ist. Er habe sie nur als Privatmann gemacht, sagt er: »Ich kämpfe für meine Kirche, auch wenn ich damit ein Risiko eingehe«. Ein anderer Religionslehrer mockiert sich noch über etwas anderes: »Im Schreiben wird eine vermeintliche Gemeinsamkeit zwischen den Landeskirchen und Scientoloy beschworen, die es nicht gibt. Und wenn ausgerechnet Scientologen, die ihren Anhängern das Geld aus der Tasche ziehen, von der Vergötterung des Materiellen sprechen, kommt mir die Galle hoch«. Mir übrigens auch. Der Fall Thalmann wird auch auf der politischen Ebene aufgegriffen. Roland Tschaeppeler, ein engagierter Jung-Politiker aus Zürich, fordert Thalmanns Vorgesetzten, Prof. Dr. Studer, Rektor an der Kantonsschule Wiedikon, zu einer Stellungnahme auf. Thalmann habe sich in der Öffentlichkeit vor allem dadurch profiliert, daß er »andere in den Dreck zog«, unter anderem auch Tschaeppeler und seine Partei. »Verhält sich so ein Mittelschullehrer von einer Kantonsschule?« fragt der Politiker und gibt dem Schulvorstand einen offenbar notwendigen Nachhilfeunterricht in Sachen Scientology: »Die Scientology-Organisation ist eine antidemokratische Bewegung, die unsere freiheitliche Demokratie gefährdet. Ihre Rädelsführer können als Kriminelle bezeichnet werden. Thalmann ist so ein Rädelsführer«. Rektor Studer faßt sich kurz. Er habe erst durch Tschaeppelers Brief von Thalmanns Mitgliedschaft bei Scientology erfahren und sehe seinerseits keinen Handlungsbedarf, zumal Thalmann versichert habe, »daß er mit Schülerinnen und Schülern unserer Schule nie über die Ideen der Scientology gesprochen hat und ihnen auch nie gesagt hat, daß er zu dieser Organisation gehöre.« Der Züricher Jung-Politiker ist empört. »Da haben große demokratische Parteien mit Zehntausenden von Mitgliedern Unvereinbarkeitserklärungen mit der gleichzeitigen Mitgliedschaft in der Scientology-Organisation beschlossen. Mitgliederlisten werden kontrolliert, weil es nicht dieselben Personen sein können, die die zutiefst menschenverachtenden Praktiken der Organisation vertreten und die gleichzeitig die demokratischen Grundsätze einer Partei vertreten«, hält er dem Rektor der Kantonsschule Wiedikon vor, »und da höre ich von Ihnen als Rektor mit vielleicht einer Handvoll Lehrkräften, für Sie sei das kein Thema.« Mit seiner Haltung stelle der Rektor dem Scientologen Thalmann noch »den Persilschein« aus (Briefwechsel zwischen Roland Tschaeppeler und Rektor Studer von der Kantonsschule Wiedikon, Zürich: Brief Tschaeppeler vom 2. 5. 95. – Antwortbrief Studer vom 4. 5. 95. – Replik Tschaeppeler vom 8. 5. 95).

Scientology im Religionsunterricht?

Das Züricher Beispiel ist nicht der einzige Versuch von Scientology, über die Klassenzimmer unserer Schulen in die Hirne junger Leute vorzudringen. Auch in Deutschland ist z. B. ein Scientologe namens Fritz Krummeck, der sich auf seiner Visitenkarte als »Geistlicher der Scientology-Kirche« bezeichnet, an der Grundschule in Schwabenheim bei der Schulleitung vorstellig geworden, um ein Gespräch mit den Schulkindern zu erreichen. Und im Freistaat Bayern hat Scientology Schulen angeboten, im Rahmen des Religionsunterrichts Scientologen auftreten zu lassen und auch eigenes Infomaterial zur Verfügung zu stellen. Diesen Versuch, nicht nur ein Podium für eigene Werbung zu bekommen, sondern auch noch ein Image als angebliche »Glaubensgemeinschaft« aufzubauen, hat der bayerische Kultusminister Zehetmair unterbunden. Er bezeichnete eine Öffnung von Schulen für Werbeveranstaltungen der Scientology als unzulässig. Und die anderen 15 Bundesländer? – (Siehe dazu auch Kap.: »Scientology in der Schule«.)
Auch in der Schweiz haben die Behörden reagiert, als Scientology über die Schule ihre Infiltration der Gesellschaft fortsetzen wollte. Dort haben sich die Erziehungs- und Regierungsräte der Kantone Aargau und Zürich geweigert, der Scientology-Organisation ZIEL die Bewilligung zur Führung einer Privatschule zu erteilen. Der Erziehungsrat und der Regierungsrat des Kantons Zürich argumentierten, das Ansuchen sei abzulehnen, weil sich ZIEL aus Anhängern von Scientology zusammensetze,

welche die totale Freiheit seiner Anhänger mit totalem Gehorsam und totaler Disziplin anstreben wolle. Ein Kind, das dem Hubbardschen Lerntraining ausgesetzt werde, sei zu bedauern. Das Schweizer Bundesgericht bekräftigte im Dezember 1994 diesen Behördenbescheid. Sein Argument: Wegen der personellen Verflechtung mit Scientology sei die ZIEL-Stiftung nicht vertrauenswürdig. Ähnlich das Verwaltungsgericht des Kantons Aargau, das Scientology als eine Organisation einstufte, die mit äußerst aggressiven, fragwürdigen und rücksichtslosen Methoden und Mitteln Mitglieder werbe und ihnen teure Kurse aufdränge (Vgl. Züricher Tages-Anzeiger 19. 4. 95).

Die Gretchenfrage an die Kirchen

Das Argument des Züricher Scientologen Peter Thalmann, eine »Konkurrenzangst« der christlichen Kirche gegenüber der »Scientology-Kirche« sei in keiner Weise angebracht, da die meisten Scientologen ihre Zugehörigkeit zu ihrer Landeskirche beibehalten hätten (laut Angaben von Scientology sind übrigens 27,3 % ihrer Mitglieder Protestanten und 26,0 % Katholiken. – Vgl. »Was ist Scientology?«, Kopenhagen 1993. S. 477), verdient es meiner Meinung nach, näher unter die Lupe genommen zu werden. Ich bin zwar keine Schauspielerin – und wenn ich eine wäre, wäre die Rolle des Gretchen in Goethes »Faust« ganz bestimmt nicht meine Traumrolle. Und ich bin ganz bestimmt auch kein Martin Luther, der gesagt hat »Hier stehe ich und kann nicht anders«. Trotzdem kann ich nicht anders, als für einen Moment in die Rolle des Gretchen zu schlüpfen und ihre berühmt gewordene Frage »Nun sag, wie hast du's mit der Religion?« aus gegebenem Anlaß zu stellen. Scientology behauptet bekanntlich seit Jahrzehnten, sie sei eine »Kirche«. Das kann allerdings jede Organisation tun, da der Begriff Kirche kein geschützter Titel ist. Mit dem gleichen Recht könnte sich die Mafia eine Kirche nennen. Für jeden, der sich genauer mit der Organisation beschäftigt, ist allerdings klar, daß die Rede von einer »Scientology-Church« lediglich eine Schutzbehauptung ist, die aus Gründen der Steuerersparnis in die Welt gesetzt wurde, um leichter an den Status der Gemeinnützigkeit zu kommen und unter dem Deckmantel der Religionsfreiheit agieren zu können. Für Institutionen wie die katholische oder die evangelische Kirche stellt sich dann allerdings eine Gretchenfrage, die – aus welchen Gründen auch immer – bis heute weder diskutiert geschweige denn beantwortet wurde. Diese Gretchenfrage an die Kirchen lautet:

- Nun sagt, wie haltet ihr es mit Scientology?
- Genügt es, daß ihr lediglich Sektenbeauftragte einsetzt?
- Ist diese Organisation für euch eine Kirche oder ist sie keine?
- Warum kann ein Katholik, ein Protestant oder ein orthodoxer Christ ein Scientologe sein?
- Warum darf ein Mitglied eurer Kirche gleichzeitig Scientologe und weiterhin innerhalb eurer Kirche aktiv sein und die Sakramente empfangen?
- Hat es überhaupt schon jemals eine Diskussion über diese Fragen gegeben?

Ganz in weiß mit einem Blumenstrauß...

»Treulich geführt, ziehet dahin...« Es muß nicht immer der Brautchor aus Richard Wagners Lohengrin sein, wenn ein Mann und eine Frau in festlichem Rahmen den Bund fürs Leben schließen möchten; es kann auch der Hochzeitsmarsch von Mendelssohn sein. Manche mögen's weiß, manchen wiederum ist eine Braut in einem roten Hochzeitskleid lieber. Über Geschmack läßt sich nicht streiten. Es sind auch schon Brautpaare unter Wasser, hoch in den Lüften, auf dem Gipfel eines Berges oder um Punkt Mitternacht getraut worden. Trauungen in allen Variationen. Der Phantasie sind keine Grenzen gesetzt – vorausgesetzt, man findet einen Pfarrer, der mitmacht. Ein Pfarrer ist zum Heiraten allerdings nicht unbedingt notwendig. Niemand ist gezwungen, kirchlich zu heiraten, wenn er das nicht will. Für das rechtskräftige Zustandekommen einer Ehe genügt es, vor dem Vertreter der staatlichen Behörde den Ehewillen zu bekunden. Und der Staat ist dann gegebenenfalls auch für die Scheidung zuständig. Die Kirchen sehen das natürlich ein wenig anders. Katholiken zum Beispiel bleiben laut geltendem Kirchenrecht mit dem Partner, zu dem sie vor dem Traualtar ja gesagt haben, ihr Leben lang verheiratet. Nach römisch-katholischem Eheverständnis ist eine kirchlich geschlossene Ehe »unauflöslich«. Daher ist nur der Tod ein Scheidungsgrund. Nicht umsonst heißt es bei Friedrich Schiller: »Drum prüfe, wer sich ewig bindet...« Lassen sich kirchlich getraute Katholiken trotzdem scheiden und geht einer von ihnen mit einem anderen Partner wieder zum Standesamt, gilt er in den Augen der Amtskirche ab sofort als ein »wiederverheirateter Geschiedener« und ist nicht zu den Sakramenten zugelassen. Das ist allgemein bekannt und wurde seitens der Amtskirche erst neuerdings wieder nachdrücklich in Erinnerung gerufen. Keiner, der vor den Traualtar tritt, kann sich herausreden, daß er nicht gewußt hätte, worauf er sich einläßt, wenn er mit dem Segen der katholischen Kirche heiratet. Interessant wird die Sache natürlich, wenn man sieht, daß offensichtlich auch Scientologen ohne weiteres kirchlich heiraten können.

Anfrage an den Vorsitzenden der Bischofskonferenz

Was hat z. B. den Scientologen Clear Nr. 42191 Bernd Kollmus aus Ravensburg dazu veranlaßt, demonstrativ und spektakulär in einer katholischen Kirche eine Scientologin zu heiraten? Warum hat Pfarrer Mohn die beiden getraut, obwohl ihm bekannt war, daß die beiden bekennende Scientologen sind? Kann es daran liegen, daß es seitens der Institution Kirche keine Vorschrift gibt, die das verhindert? Ich wollte es genau wissen. Darum habe ich dem Vorsitzenden der Deutschen Bischofskonferenz – also dem Mainzer Bischof Karl Lehmann – den folgenden Brief geschrieben.

»Sehr geehrter Herr Bischof,
da uns immer wieder Anfragen erreichen, ob es denn nicht mit dem Selbstverständnis der katholischen Kirche unvereinbar ist, jemandem, der Mitglied einer Sekte ist, ein Sakrament zu spenden, erlaube ich mir, Sie um eine Stellungnahme zu dieser Frage zu bitten. Ich darf die Frage an folgendem konkreten Fall festmachen. Da hat sich in Ravensburg ein Unternehmer namens Bernd Kollmus, der nicht nur Mitglied bei Scientology ist, sondern dies auch öffentlich bekennt, z. B. indem er in seinen Inseraten dezidiert mit dem Spruch wirbt, er suche Mitarbeiter, die keine Angst vor Scientology haben, vom katholischen Pfarrer kirchlich trauen lassen. Durch die öffentliche Diskussion über die Zielsetzungen und Machenschaften der Scientology, wie ich sie in meinen Vorträgen, in meinen Büchern und in meiner Arbeit im Verein ›Robin Direkt e.V.‹ Tag für Tag führe, wird laufend auch die Frage nach dem Standpunkt der Kirche zu diesem Thema gestellt. Um noch einmal auf den Fall Kollmus zurückzukommen: Für das normale Volksempfinden wäre es völlig unverständlich, wenn ein Mitglied der Zeugen Jehovas zum

Tisch des Herrn gehen und die Kommunion empfangen dürfte – oder wenn ein Protestant katholisch heiratet, ohne vorher aus der evangelischen Kirche ausgetreten und in die katholische Kirche eingetreten zu sein. Als ebenso unverständlich, ja unvereinbar wird es freilich auch empfunden, wenn nun – wie im Fall Kollmus – zwei bekennende Scientologen nach katholischem Ritus getraut werden, wo doch a) die Scientologen beharrlich behaupten, sie wären eine »Kirche«, und in diesem Zusammenhang immer auf die im Grundgesetz verankerte Religionsfreiheit pochen, und ferner b) sich auch jeder Katholik fragen muß, wie es zugehen mag, daß wiederverheirateten Geschiedenen die Sakramente verweigert werden, jedoch Leuten, die einer Organisation angehören, die von der Kirche selber zumindest als ›Sekte‹ eingestuft wird, das Sakrament der Ehe nicht verweigert wird. Nicht zuletzt war die Empörung über den Fall Kollmus damals auch Anlaß für manche Gläubige, einen Kirchenaustritt in Erwägung zu ziehen. Eine Frau erklärte mir, ihr reiche es jetzt; wenn die katholische Kirche so etwas macht, dann trete sie aus. Mir persönlich ist es völlig unbegreiflich, daß die Frage der Unvereinbarkeit oder Vereinbarkeit von Kirchenmitgliedschaft und Mitgliedschaft bei Scientology bis heute von den hauseigenen Sektenbeauftragten der Kirche nicht aufgegriffen wurde, zumal sie sich doch tagtäglich mit dieser Problematik auseinandersetzen müssen. In der Hoffnung, von Ihnen ein klärendes Wort zu bekommen, verbleibe ich mit den besten Grüßen.«

Und die Antwort? Auf die warte ich immer noch. Und dabei hätte ich in der Zwischenzeit schon wieder Grund genug gehabt, dem obersten Chef der deutschen Katholiken zu schreiben und anhand von weiteren Fällen die Beantwortung meiner Gretchenfrage einzufordern.
(Bis zur Drucklegung dieses Buches habe ich von Bischof

Lehmann noch keine Antwort auf meine Anfrage erhalten. Auch im Vatikan habe ich angefragt und von dort – immerhin bereits einen Monat später – wenigstens die Bestätigung erhalten: »Ihre Anfrage nach einer Stellungnahme zur Unvereinbarkeit des Christlichen Glaubens mit Zugehörigkeit zur Scientology wurde zur Kenntnis genommen.«)

Katholischer Geistlicher will Auditor werden

Scientologen weisen immer auf ihre Kirchenmitgliedschaft hin – je nach Bedarf hängen sie den Christen raus oder den Scientologen:

- Die Scientologin Roswitha Hollas aus Elchingen bei Ulm beteuert am 6. 4. 93, sie gehöre einer christlichen Kirche an.
- Die Scientologin Inge Schuhböck aus Trostberg bekennt sich im Mai 1994 als eine Katholikin, die seit 22 Jahren Scientologin ist und aus eigener Erfahrung sehr gut Bescheid weiß.
- Aber nicht nur das Bekenntnis zur katholischen oder evangelischen Konfession wird von Scientologen immer wieder als Argument angeführt. Auch die dazugehörenden Sakramente werden in Anspruch genommen. Dazu gehört wie die kirchliche Trauung auch die Taufe der Kinder. Eine evangelische Pastorin erzählte mir, daß ein Scientologe bei ihr seine Kinder taufen ließ und sich erst später, als sie sich gegen Scientology kritisch äußerte, enttarnte, indem er Scientology verteidigte, deren Zielsetzungen propagierte und mit dem Hinweis auf das Dianetik-Buch seine Argumente unterstützte. Daß der Scientologe beruflich im LKA (Landeskriminalamt) als Beamter tätig ist, spielt in diesem Zusammenhang vielleicht nur eine untergeordnete Rolle – oder?

– Georg Stoffel, Mitglied des Scientology-Geheimdienstes OSA und Pressesprecher der Scientology-Organisation München und als solcher unter anderem für den Inhalt der Flugblätter mit der schwarzen Propaganda gegen mich verantwortlich, kündigt aus Protest gegen das Erscheinen meines Buches »Scientology – Ich klage an« seinen Austritt aus der katholischen Kirche an.
  Da kann ich nur sagen, diese Ankündigung überrascht mich weniger als die Tatsache, daß er immer noch katholisches Kirchenmitglied gewesen ist!

Die Liste von Scientologen, die sich in der Öffentlichkeit als evangelische oder katholische Christen ausgeben, könnte beliebig fortgesetzt werden. Und schließlich dieses: In einer Stuttgarter scientologischen Zeitschrift namens »College« findet sich in der Rubrik »Scientology Weltweit« unter anderem die folgende kleine Notiz: »Der katholische Geistliche ... aus Fulda studiert zur Zeit in Heilbronn den Dianetics-Auditor-Kurs« (»College – Zeitschrift des Stuttgarter Dianetic College e.V.« Nr. 11). Es geht hier nicht um Einzelne, deshalb tut der Name hier nichts zur Sache. Es geht um den Beleg, daß Scientology in ihrer Zeitschrift mit katholischen Geistlichen warb. Da wäre es doch auch sehr interessant zu wissen, was eigentlich die Kirche dazu sagt, wenn einer ihrer Priester eine scientologische Ausbildung macht. Denn was Scientology dazu sagt, wissen wir ohnehin. Die Scientologen brüsten sich ja geradezu damit, daß angeblich sogar Bischöfe christlicher Großkirchen zu ihren Mitgliedern zählen. Im sogenannten »Handbuch für den Ehrenamtlichen Geistlichen« – einer der dicken Schwarten von Scientology (Autor: L. Ron Hubbard) – kann man wörtlich lesen: »Die Scientology zählt Leute aller größeren Konfessionen zu ihren Mitgliedern, einschließlich vieler Priester, Bischöfe und anderer ordinierter Kirchenmitglieder der größeren Konfessionen« (Vgl. »Handbuch für den

Ehrenamtlichen Geistlichen« [»The Volunteer Minister's Handbook« First Printing 1976] New Era, Kopenhagen 1980. Vorwort, S. XIII). Ich finde es jedenfalls ein starkes Stück, daß Scientology schon seit vielen Jahren so etwas behaupten darf, ohne daß sich die Kirchen oder die Sektenbeauftragten darüber aufgeregt haben. Als in Österreich am 1. August 1995 vier katholische Bischöfe vom Vorsitzenden einer Homosexuellen-Initiative als Männer mit angeblich homosexuellen Neigungen »geoutet« wurden, verstanden die betroffenen Kirchenbosse keinen Spaß und erstatteten postwendend Strafanzeige. Und wenn Scientology Bischöfen unterstellt, Scientologen zu sein, läßt das die Hierarchie kalt? Oder sollte der Grund sein, daß die Kirche nicht reagiert hat, weil es am Ende wahr ist, was da behauptet wird? Wenn mir das auffällt, obwohl ich keine Expertin für theologische Fragen bin, dann ist die Diskussion unumgänglich, warum in den letzten Jahrzehnten diese Fragen nicht von den dafür bezahlten Sektenbeauftragten der Kirche gestellt wurden. Ich kann mir jedenfalls nicht vorstellen, daß es eine Kirche gibt, die sagt: Okay, du bist bei uns Mitglied, aber du kannst ohne weiteres auch noch einer anderen Kirche angehören! Was hat ein Kirchenaustritt dann überhaupt für einen Sinn? Wozu gäbe es dann die Formalität eines Übertrittes von der einen Kirche in eine andere Kirche, wenn es sowieso egal ist, welcher Kirche man angehört, und wenn man ruhigen Gewissens gleichzeitig auch noch Mitglied in einer anderen Kirche sein dürfte?

Das Kreuz mit dem Kruzifix-Urteil

»Hier ist das Kreuz-Telefon, Nummer … Aufgrund massiver Bedrohung steht dieses Telefon unter polizeilicher Überwachung mit Fangschaltung. Geben Sie also acht!

Wollen Sie eine Nachricht hinterlassen, so sprechen Sie nach dem langen Signalton. Vielen Dank.«
Diesen Text hört der Anrufer, wenn er bei Ernst Seler anruft, dem Bayern, der in jahrelangem Gerichtskampf ein Urteil des Bundesverfassungsgerichts erwirkte, nach dem das Anbringen eines Kruzifixes in den Unterrichtsräumen einer staatlichen Pflichtschule, die keine Bekenntnisschule ist, gegen die im Artikel 4 Abs. 1 garantierte Religionsfreiheit verstoßen soll.
Ich habe die Diskussion verfolgt und unter verschiedenen Gesichtspunkten betrachtet und mit Freunden darüber diskutiert. Aber niemals hätte ich gedacht, daß ich bei meinen Recherchen über Scientology und die Kumpane auch bei den Hintermännern der Familie Seler landen würde.
Leider ist in der Öffentlichkeit kaum bekannt, daß das Ehepaar Seler von Anbeginn massiv unterstützt wurde von Personen, die hinter dem »Bund gegen Anpassung«, der im Ahriman Verlag veröffentlicht, stehen.
Peter Priskill vom Ahriman Verlag, der das Ehepaar unterstützte, bekräftigt das Urteil, indem er so weit geht, daß er gegenüber Journalisten äußert, Schüler, die das Kreuz im Klassenzimmer wollen, hätten eben »Pech gehabt«.
Der »Bund gegen Anpassung«, der seine sogenannten »Ketzerbriefe« im »Ahriman Verlag« Freiburg herausgibt, hat bereits am 17. 3. 1993 und ganz im Sinne von Scientology in übelster infamer Weise eine Hetzschrift gegen mich verbreitet. Anlaß war damals eine Pressekonferenz in Freiburg, in der ich gegen die Unterwanderung von Wirtschaft und Industrie durch Scientology referierte. Eingeladen hatte die Gewerkschaft NGG. Als Journalistinnen einer eingeladenen Zeitung getarnt traten zwei Damen auf. Beide griffen mich heftig an, weil ich nicht gegen die katholische Kirche vorginge, sondern gegen

Scientology, die nichts anderes erreichen wolle als »eine Welt ohne Krieg« usw. In diesem Zusammenhang enttarnten sich die beiden als Mitstreiterinnen des »Bund gegen Anpassung«. Es gibt sehr viele Beweise dafür, daß gerade der »Bund gegen Anpassung« (Postfach, Freiburg, C. Müller) und der »Bund zur Verbreitung unerwünschter Einsichten" (Postfach, Karlsruhe, c/o Hitscherich) in Verbindung mit dem Ahriman Verlag stehen und Steigbügelhalter und enger Kumpan von Scientology sind.
Vor der Agitation an der Universität Freiburg, die vom »Bund gegen Anpassung« seit Jahren betrieben wird, habe ich bereits 1994 durch das dortige Studentenmagazin »Astarix« gewarnt. In einer Sonderausgabe der »Ketzerbriefe« (Nr. 43) des Bundes aus dem Ahriman Verlag werden ausgerechnet zum Thema »Entartete Kunst« Interviews mit Gottfried Helnwein und Chick Corea abgedruckt. Gottfried Helnwein leidet derzeit an Gedächtnisschwund und will sich nicht mehr daran erinnern, wie begeistert er Scientology nicht nur als Kursteilnehmer kennenlernte, sondern wie er sogar als Imageträger in Scientology-Schriften auftauchte. Chick Corea ist einer der Vorzeige-Scientologen, die für mich vergleichbar sind mit den Künstlern, die unter Hitler durch Goebbels PR-Maschine hochgejubelt wurden, um als Zugpferd für die Ideologie zu werben.
Schauen wir auf das Kreuz und das umstrittene Urteil. Dann müssen sich die Richter des Bundesverfassungsgerichtes heute von mir sagen lassen, daß sie offenbar die geschickte Strategie der Hintermänner nicht erkannt haben. Bedenkt man, daß Drahtzieher der Kruzifix-Affäre den Schulterschluß mit den scientologischen Ideologen praktizieren, dann kommt man des Rätsels Lösung näher. Denn wer hat letztendlich wirklich etwas davon, wenn die Kreuz-Tradition an Schulen erschüttert wird? Jemand, der eine neue Staatsform anstrebt mit dem Kampfruf »Clear Deutschland«.

Meinem Gefühl nach wird das Ehepaar Seler seit Jahren als Bauern in einem Schachspiel benutzt, bei dem Dame und König sowie die Schachspieler selbst jemand ganz anderes sind. Dieser Kampf um das Kruzifix hat eine ganz andere Dimension als nach außen sichtbar wurde.
Das Kruzifix-Urteil hilft Scientology. In der damit angezettelten Diskussion kam sogar die Frage auf, ob man nicht in den Klassenzimmern auch die Symbole der Scientology aufhängen sollte. Diese Frage stellte übrigens kein geringerer als der Vorsitzende der bayerischen Gewerkschaft Erziehung und Wissenschaft, Richard Sigel.

Die Diskussion wurde auf der falschen Ebene geführt

Eine angemessene Diskussion innerhalb der Kirchen zum Thema Scientologie ist überfällig. Es müßte endlich darüber diskutiert werden, warum es Scientoloy möglich ist, ihr Blendwerk aufrechtzuerhalten. Ich habe jedenfalls sehr stark das Gefühl, daß es Scientology auch gelingt, die Öffentlichkeit, den Staat und die großen Kirchen an der Nase herumzuführen, indem sie den Begriff Kirche im Sinne ihrer eigenen Sprachregelung »redefiniert« hat. In Diskussionen mit mir reagieren die Scientologen immer gleich und sagen, wir sind »überkonfessionell«. Das kommt mir ungefähr so vor, wie wenn z. B. eine Partei sagen würde, wir sind eine »überparteiliche« Partei; wenn Sie bei uns Mitglied sind, können Sie ruhig auch weiterhin in einer anderen Partei Mitglied sein! Wenn ich aber den Begriff »überkonfessionell« ernst nehme, dann folgt für mich daraus, daß Scientology damit im Grunde selber zugibt, daß sie eben *keine* Kirche ist, nur keiner merkt es. Mich würde lebhaft interessieren, was die immer wieder zitierten Fachleute zu all dem sagen. Ich frage mich: Wieso haben eigentlich die kirchlichen Sektenbeauftragten diese Fragen nicht längst geklärt? Oder wenigstens gestellt! Wenn man freilich liest, was ein Herr Hans Vogel in einem Leserbrief an den »Stern« geschrieben hat, braucht man sich über nichts mehr zu wundern. »... Dabei habe ich die Erfahrung machen müssen, daß die Sektenbeauftragten ihre Aufgabe größtenteils nur schlampig wahrnehmen. Ich habe 50 dieser Beratungsstellen als angeblich Betroffener angeschrieben. Ganze drei Sektenberater haben mir überhaupt geantwortet« (»Stern« Nr. 21/18. 5. 95).

Ich meine, es gibt eigentlich nur zwei Möglichkeiten:

- Wäre Scientology eine Kirche, dann könnte es nicht sein, daß ein Katholik oder ein Protestant auch bei Scientology Mitglied ist, wie es bis heute der Fall ist. Und dann wäre es Zeit, daß die Institution Kirche endlich einmal die Unvereinbarkeit von Kirchenmitgliedschaft und Mitgliedschaft bei Scientology feststellt – entsprechend dem Motto »Niemand kann zwei Herren dienen«.
- Da aber Scientology, was ich schon die ganze Zeit sage, keine Kirche und auch keine Sekte ist, sondern eine Organisation mit einem totalitären Machtanspruch, wird die Diskussion auf der falschen Ebene geführt. Anstatt sich gesamtgesellschaftspolitisch damit auseinanderzusetzen, schiebt man das Thema in die Regale der Sektenbeauftragten zum Archivieren.

Das Thema Scientology in der Schublade von Sektenbeauftragten ist eine Feigenblattpolitik, die uns in der gesellschaftspolitischen Auseinandersetzung mit so einer Organisation keinen Schritt weiter bringt. Aufgrund der Zielsetzungen und Vorgehensweisen der Organisation Scientology und aufgrund ihrer extremistischen Ideologie sind meiner Meinung nach nicht die Sektenbeauftragten zuständig, sondern der Verfassungsschutz, der BND (Bundesnachrichtendienst) und das Sonderdezernat OK

Die Scientology hat eine eigene Zeitrechnung, in der “AD“ nicht Anno Domini bedeutet, sondern After Dianetics – Beginn der Zeit ist 1950 das Erscheinungsjahr des Dianetic Buches.

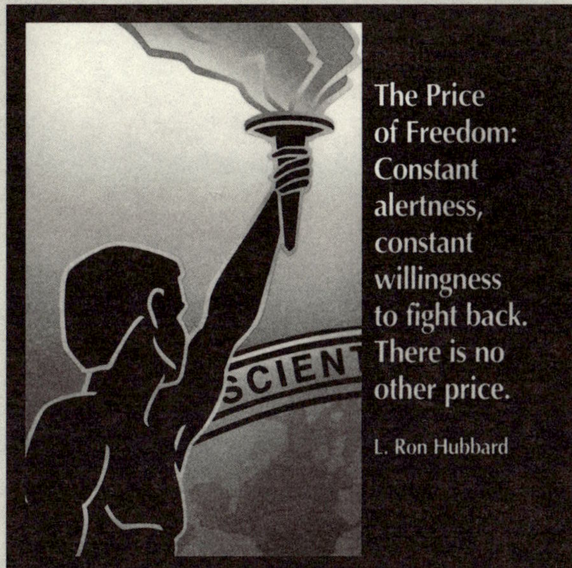

INTERNATIONAL ASSOCIATION OF SCIENTOLOGISTS *

JANUARY						AD45
S	M	T	W	T	F	S
1	2	3	4	5	6	7
8	9	10	11	12	13	14
15	16	17	18	19	20	21
22	23	24	25	26	27	28
29	30	31				

FEBRUARY						AD45
S	M	T	W	T	F	S
			1	2	3	4
5	6	7	8	9	10	11
12	13	14	15	16	17	18
19	20	21	22	23	24	25
26	27	28				

MARCH						AD45
S	M	T	W	T	F	S
			1	2	3	4
5	6	7	8	9	10	11
12	13	14	15	16	17	18
19	20	21	22	23	24	25
26	27	28	29	30	31	

APRIL						AD45
S	M	T	W	T	F	S
						1
2	3	4	5	6	7	8
9	10	11	12	13	14	15
16	17	18	19	20	21	22
23	24	25	26	27	28	29
30						

MAY						AD45
S	M	T	W	T	F	S
	1	2	3	4	5	6
7	8	9	10	11	12	13
14	15	16	17	18	19	20
21	22	23	24	25	26	27
28	29	30	31			

JUNE						AD45
S	M	T	W	T	F	S
				1	2	3
4	5	6	7	8	9	10
11	12	13	14	15	16	17
18	19	20	21	22	23	24
25	26	27	28	29	30	

JULY						AD45
S	M	T	W	T	F	S
						1
2	3	4	5	6	7	8
9	10	11	12	13	14	15
16	17	18	19	20	21	22
23	24	25	26	27	28	29
30	31					

AUGUST						AD45
S	M	T	W	T	F	S
		1	2	3	4	5
6	7	8	9	10	11	12
13	14	15	16	17	18	19
20	21	22	23	24	25	26
27	28	29	30	31		

SEPTEMBER						AD45
S	M	T	W	T	F	S
					1	2
3	4	5	6	7	8	9
10	11	12	13	14	15	16
17	18	19	20	21	22	23
24	25	26	27	28	29	30

OCTOBER						AD45
S	M	T	W	T	F	S
1	2	3	4	5	6	7
8	9	10	11	12	13	14
15	16	17	18	19	20	21
22	23	24	25	26	27	28
29	30	31				

NOVEMBER						AD45
S	M	T	W	T	F	S
			1	2	3	4
5	6	7	8	9	10	11
12	13	14	15	16	17	18
19	20	21	22	23	24	25
26	27	28	29	30		

DECEMBER						AD45
S	M	T	W	T	F	S
					1	2
3	4	5	6	7	8	9
10	11	12	13	14	15	16
17	18	19	20	21	22	23
24	25	26	27	28	29	30
31						

(Organisierte Kriminalität). Durch die Zuständigkeit des Familienministeriums und der Sektenbeauftragten für das Thema Scientology wird er Ermittlungsansatz seitens anderer o. a. Behörden erschwert. Alles in allem: Grund genug, nicht nur den Kirchen, sondern auch unserem Rechtstaat die Gretchenfrage zu stellen: Nun sag, wie hältst du's mit Scientology?!

Danke, Herr Pfarrer

Meine Erfahrungen mit Sektenbeauftragten kann man als durchwachsen bezeichnen, wie ich bereits im vorangegangenen Kapitel erzählte. Hervorragende Erlebnisse und Erfahrungen machte ich hingegen mit Pfarrern, besonders aus kleinen Gemeinden, die in völlig unkomplizierter Weise mit Rat und Tat in schwierigen Situationen geholfen haben. Besonders in der Einzelschicksalsituation mit all der Problematik, die zwangsläufig dabei aufkommt, wäre manche Spontanhilfe bei Nacht und Nebel ohne diese Pfarrer nicht möglich gewesen.

Aussteiger vor der Tür

Des öfteren kam es schon vor, daß die Betroffenen sich nicht nur die Türklinke in die Hand gaben, sondern einfach mehrere Tage, manchmal Wochen bei uns blieben. Aussteiger, denen durch die Zugehörigkeit zu Scientology über Jahre, teilweise Jahrzehnte ihr ganzes persönliches Umfeld weggebrochen ist, stehen beim Ausstieg aus der Organisation völlig hilflos in einer für sie fremden Welt. Über verschiedenste Wege und Kanäle kam immer wieder ein Kontakt zu uns zustande und keiner von uns in der

Familie hat je gefragt, warum und wieso. Es war einfach die Situation, die das Handeln bestimmte.
In keinem der unzähligen Fälle hat irgend jemand in unserer Familie gefragt oder aufgemuckt, wenn wir nach einem Anruf sagten: Wir fahren los, richtet mal das Gästezimmer her! Jeder weiß inzwischen, was das bedeutet: Da kommt wieder einmal jemand von irgendwo her, der aus diesen oder jenen Gründen die Scientology-Organisation verlassen hat. Die Kilometer, die wir, um Aussteigern zu helfen, auf der Autobahn zurückgelegt haben, kann man nicht mehr zählen.
Irgendwo, manchmal hunderte Kilometer weg, steht eine Person mit einer Reisetasche, oft nur mit ein paar Pfennigen in der Tasche, und wartet, daß wir kommen. Vorausgegangen sind Telefonate, teilweise wochenlang bis zu dem Punkt, daß der Ausstieg erfolgte. So verrückt es manchmal klingt, aber immer wieder haben wir es erlebt: Wir wußten, daß zuhause die Kapazität an Schlafplätzen eigentlich erschöpft war, und dann langte ein Anruf bei einem unserer Pfarrer aus kleinen Landgemeinden, und das Problem war gelöst.
Der Aussteiger fand nicht nur ein Bett und einen gedeckten Tisch, er fand Ruhe und Menschen, die nicht viel fragten. Er konnte erzählen, wenn er wollte, und wenn er nicht wollte, wurde er nicht gefragt. Der Kontakt zu uns war immer vorhanden, jeden Tag und auch persönlich.
Aus diesen Begegnungen ist im Lauf der Zeit ein Netz von Solidarität, Hilfsbereitschaft und Dankbarkeit entstanden, und ich bin immer wieder froh, daß die hervorragende Atmosphäre eben auch für Aussteiger aus der Kontrollhierarchie Scientology nicht nur einen bleibenden Eindruck hinterläßt, sondern oft der rettende Strohhalm ist, um zurückzufinden zu Gefühl und zum eigenen Ich.
Trotz der Vielzahl von solchen Erlebnissen bin ich persönlich immer wieder stark berührt in Erinnerung einer

Situation, in der die Hauptrolle eine große selbstgetöpferte Schüssel Kässpätzle spielte.

An einem regnerischen Samstag

An einem regnerischen Samstag fuhren wir am Vormittag los, um in einer Großstadt bei der Bahnhofsmission eine junge Frau abzuholen, die bei Scientology ausgestiegen war. Starker Regen, viel Verkehr, einmal die Autobahnausfahrt verpaßt – wir verspäteten uns um fast eine Stunde. Als wir ankamen, saß vor uns eine 25jährige junge Frau mit großen blauen Augen und einem erstarrten Gesicht. Da ich wußte, wie sehr mich solche Situationen immer wieder emotional berühren, hatte ich mir an diesem Samstag vorgenommen, einfach distanziert an die Sache ranzugehen, um nicht wieder diese Mischung aus Wut, Enttäuschung und Entsetzen durchleben zu müssen.
Als ich die Scientologin aber dann so dasitzen sah und die Schwester von der Bahnhofsmission mit meinem Mann ins Büro ging und ich allein mit der Aussteigerin – sie hieß Sabine – im Vorraum blieb, waren alle meine Vorsätze von wegen Distanz wieder mal dahin. Ich nahm sie einfach in den Arm und sagte: »Du, irgendwie packen wir es gemeinsam«. Zuerst war sie völlig überrascht über diese menschliche Regung, doch ich hatte das Gefühl, der erste Bann war gebrochen.
Ich konnte sie natürlich durchaus verstehen, immerhin hatte die Organisation auch ihr – wie allen anderen Scientologen – von mir ein Feindbild gezeichnet, das es erst einmal zu überwinden galt. Und nun stand sie da mit einer Entscheidung, die sie selbst noch nicht einordnen konnte, innerlich sicherlich hin- und hergerissen, und dann steht vor ihr jene Frau, die quer durch alle Scientology-Organi-

sationen als die Feindin schlechthin abgestempelt wird, sagt nur Hallo und nimmt sie einfach in den Arm.
Die ersten Stunden in derartigen Aussteigersituationen empfinde ich immer als Gratwanderung zwischen gegenseitigem Abschätzen und dem Versuch, ein möglichst harmloses Gespräch anzufangen. Von Sabine wußte ich, daß sie keinerlei Interesse hatte, ihre Eltern zu sehen – so groß war die Kluft durch die Jahre geworden, die sie innerhalb der Scientology-Organisation als Mitarbeiterin tätig gewesen war. Auch mein Vorschlag, vielleicht mit ihrem Bruder telefonischen Kontakt aufzunehmen, scheiterte. Denn die finanziellen Mittel, die Sabine für ihren Weg bei Scientology aufgewendet hatte, waren nur dadurch möglich gewesen, daß ihr Bruder für einen Kredit, den Sabine aufgenommen hatte, bei der Bank eine Bürgschaft übernommen hatte. Da Sabine den Kredit nicht zurückzahlen konnte, war der Bruder gegenüber der Bank haftbar und mußte die Raten, die seine Schwester nicht mehr zahlen konnte, übernehmen.
Wir ließen das Thema Sabines Familie einfach fallen, nahmen ihre Reisetasche, verabschiedeten uns von den wirklich sehr netten Schwestern von der Bahnhofsmission und gingen zum Auto.
Es war ausgemacht, daß Sabine in einer der Pfarrerfamilien, die uns unterstützen, für die ersten Tage unterkommen konnte. In der Familie waren Kinder, und ich wußte genau, daß Sabine dort nicht mit Fragen bombardiert werden, sondern Gelegenheit haben würde, gefühlsmäßig aufzutanken, was sie so lange Jahre innerhalb der Organisation Scientology vermißt hatte.
Auf der Heimfahrt wurde übers Autotelefon geklärt, daß der Pastor mit seiner Frau am Abend vorbeikommen und Sabine abholen würde und daß wir gemeinsam miteinander essen.
An diesem Wochenende waren bereits zwei Aussteiger bei

uns, die seit längerem ausgestiegen waren, und es wurde wieder einer dieser Abende, bei denen unser Eßzimmertisch an beiden Seiten ausgezogen werden mußte. Als wir ankamen, war es schon nach 17.00 Uhr, das Küchenfenster war beschlagen und es roch verdächtig gut nach gerösteten Zwiebeln. Bereits beim Öffnen der Haustür war mir klar, daß unser Jüngster das Küchenkommando übernommen hatte und dabei war, seine Spezialität zuzubereiten: selbstgeschabte Kässpätzle. In unserer Familie ist es normal, daß je nach Arbeitsbelastung jeder zupackt, egal wo und was – das gilt auch fürs Kochen.
Sabine kam ins Haus und wurde zuerst einmal von unserem Hund mit einem kräftigen Bellen begrüßt. Dann stand sie da mit ihrer Reisetasche, und ich sah in ihrem Gesicht, daß ihr tausend Gedanken durch den Kopf schossen. Vor ihr ein großer bellender Hund, hinter der offen stehenden Küchentür ein Fünfzehnjähriger, der am Herd stand, Spätzle ins kochende Wasser schabte und »Hallo, Servus« sagte. Auch unsere Besucher Dieter und Frank sagten »Hallo, hoffentlich hast du Hunger mitgebracht« und waren dabei, den Tisch zu decken.
Bei uns im Haus gilt die Devise, wenn jemand aussteigt aus Scientology und zu uns kommt, wird zuerst einmal überhaupt nicht über Scientology gesprochen. Ich zeigte Sabine das Bad, wo sie sich frisch machen konnte und auch Gelegenheit hatte, ein paar Minuten allein zu sein, um diese neue Situation verarbeiten zu können. Aber auch ich brauchte ein paar Minuten Ruhe, denn es war eine anstrengende Woche gewesen, und dieser Samstag war auch nicht gerade eine Entspannungspause.
Als ich mich umgezogen hatte und wieder herunterkam, erlebte ich zum unzähligsten Mal, daß mein Mann ein sehr feines Gespür dafür hat, wenn ich wieder einmal eine emotionale Gratwanderung erlebe. In diesen Situationen hilft mir immer die Musik von Mozart, ein paar Scheite Holz,

die knisternd im Kamin brennen, und ein heißer Tee. Schon auf der Treppe beim Heruntergehen hörte ich Mozart, der Wasserkessel pfiff für den Tee, und Paul schichtete das Holz in den Kamin. Sabine hatte sich auch umgezogen und half mir die Tassen holen. Es regnete in Strömen, wir saßen alle vor dem Kamin und genossen die Wärme und den Tee. Es war direkt zu spüren, wie Dieter und Frank vor Neugierde bald platzten, weil sie wissen wollten, aus welchen Gründen Sabine letztendlich die Kurve bekommen hatte, sich von Scientology zu verabschieden.

Sobald einer aussteigt...

Irgendwie ist es immer das Gleiche. Sobald einer aussteigt, wird von den anderen Aussteigern zunächst einmal Mißtrauen geäußert, ob der Betreffende denn überhaupt ausgestiegen ist oder ob er eventuell auf uns angesetzt wurde. Sicher sind das Überlegungen, die nicht von der Hand zu weisen sind – und unterm Strich möchte ich mich auch in Zukunft auf mein Gefühl verlassen und auf die hervorragende Beobachtungsgabe von meinem Mann Paul.

Inzwischen wissen wir, daß der eine oder andere versucht hat, in unseren Familienkreis hinein vorzudringen, um uns auszuforschen, doch letzten Endes haben uns auch diese Situationen in unserer Arbeit geholfen.

Seit ich denken kann, war das Leben immer mein bester Lehrmeister. Mir wird ja immer wieder vorgeworfen, ich sei zu emotional und ich müßte mehr Mißtrauen haben gegenüber Aussteigern. Dem möchte ich entgegenhalten, daß ich übertriebenes Mißtrauen nicht mag und ich mir außerdem die Chance nicht vergeben möchte dazuzulernen.

Was man nie vergessen darf, sind die Mechanismen, die ein Aussteiger automatisch mitbringt, auch wenn er die Organisation verläßt und den Mitgliedsausweis vernichtet oder zurückgibt. Das, was im Kopf und in der Persönlichkeit der einzelnen Person passiert ist, das kann man nicht einfach wie einen Lichtschalter ausknipsen und dann zur Normalität zurückkehren. Man muß das mit einkalkulieren und dem anderen, in dem Fall eben dem Aussteiger, die Chance lassen sich damit auseinanderzusetzen, so daß er selbst merkt, inwieweit er manipuliert wurde und inwieweit er auch nach dem Ausstieg immer noch diese Mechanismen anwendet, seien es nun die Kontrollmechanismen oder die Richtlinien, die sofort durch seinen Kopf schwirren, wenn er in irgendeiner Situation automatisch an die bei Scientology definierte Vorgehensweise denkt und dann natürlich auch versucht, das, was in seinem Kopf ist, anzuwenden.
Bei Sabine merkte ich an diesem Samstagnachmittag im Grunde nur eines. Die Zerissenheit. Irgendwo auch ein Stück weit Angst – nicht nur vor dem, was kommt, sondern auch vor dem, was war. Sie war es dann selber, die anfing zu reden, und die anscheinend auch neugierig war zu erfahren, warum Frank und Dieter bei uns gelandet sind. Sie fragte zuerst Frank, wo er »auf Linie war« und wie weit er »über die Brücke gegangen« ist.
Im typischen Scientology-Jargon antwortete ihr Frank, daß er wegen einer Out-2D-Beziehung zum Ethikoffizier mußte, was ihn letztendlich zum Ausstieg veranlaßte. Sofort schaltete sich Dieter ein, und es entspann sich eine typische Diskussion in der Scientology-Sprache.
Jeder Außenstehende, der an diesem Samstagnachmittag in diese Runde gekommen wäre, hätte zumindest in diesen paar Minuten des Dialogs zwischen den drei Aussteigern kein Wort verstanden und überhaupt nicht begriffen, worüber die reden. Wer soll denn auch schon wissen, was eine

»Out-2D-Geschichte« ist! Frank hatte eine Out-2D-Beziehung – heißt im Klartext: Frank ist fremdgegangen.
Wer jetzt glaubt, Scientology wäre eine hochmoralische Organisation, der würde sich wundern, wenn er die Betroffenenberichte liest oder wenn er mitanhört, wie geredet wird, wenn sich mehrere Aussteiger treffen: wer hier mit wem und über welche Ecke eine Out-2D-Beziehung eingegangen ist. Wie so oft besteht zwischen dem, was nach außen hin dokumentiert wird, und dem, was dann im Innenverhältnis ganz anders – um im Scientology-Jargon zu bleiben – »gehandhabt« wird, ein gewaltiger Widerspruch. Theorie und Praxis klaffen so weit auseinander, daß ein realistisch denkender Mensch einfach nur noch den Kopf schütteln kann. Ich war richtig froh, als es klingelte und das Gespräch unterbrochen wurde, da ich wieder einmal erkennen mußte: sobald sich mehrere Aussteiger unterhalten, fallen sie automatisch in den gleichen Jargon zurück, den sie über ein Wortklärungsprogramm bei Scientology eingedrillt bekommen haben.

Eine Schüssel Kässpätzle

Das Pastorenehepaar kam, um Sabine abzuholen. Dieter übernahm die Vorstellung und erzählte auch gleich von den Kindern, denn er war bei seinem Ausstieg ebenfalls bei dieser Pastorenfamilie gewesen. Durch dieses lockere Gespräch konnte auch vermieden werden, daß Sabine sich abgeschoben vorkam, von einem zum anderen. Man konnte ihr anmerken, daß sie erleichtert war, als Dieter von seinen Malexperimenten mit den Kindern erzählte. Inzwischen bereitete ich den Salat vor und Paul machte die Soße dazu, da seine immer wieder am besten schmeckt. Und dann saßen wir alle an dem langen Tisch und mitten auf dem Tisch stand eine Riesenschüssel Kässpätzle.

Inzwischen war eine entspannte, lustige Stimmung aufgekommen, wir schöpften uns gegenseitig die Kässpätzle auf den Teller und fingen zu essen an. Sabine saß vor ihrem Teller, hatte das Besteck in der Hand und starrte auf die Kässpätzle. Im ersten Augenblick dachte ich: Oje, die mag überhaupt keine Kässpätzle, denn wir hatten total vergessen, sie zu fragen. Als ich genauer hinschaute, merkte ich, daß sie mit den Tränen kämpfte.
Momente wie diese kann man verdammt schwer aufs Papier bringen. Sabine versuchte noch einen Augenblick, sich zu beherrschen, aber es gelang ihr nicht. Die Tränen rollten über die Wangen, sie hielt links die Gabel, rechts das Messer und starrte unentwegt auf den Teller mit den Kässpätzle. Auf einmal fühlte ich, daß alle Blicke am Tisch auf mich gerichtet waren mit der Hoffnung und auch der Aufforderung im Blick: Mensch mach was, was sollen wir jetzt tun?
Ja, was sollen wir jetzt tun! Auch ich kann da nur emotional reagieren und habe für solche Situationen auch nicht das richtige Patentrezept unter dem Teller oder der Serviette liegen. Sabine wollte aufstehen und einfach den Tisch verlassen, aber sie saß auf der rechten Längsseite ganz hinten, und wenn sie vorwollte, mußten die zwei anderen aufstehen, und die zwei anderen waren Frank und Dieter, und die rührten sich nicht. Sie aßen ihre Kässpätzle und lobten unseren Sohn, weil sie wieder einmal verdammt gut schmeckten.
Und dann war auf einmal der Bann gebrochen und Sabine fing zu sprechen an. Ich gab ihr ein Tempotaschentuch, sie putzte sich die Nase und sagte: »Ich heule nicht wegen euch, ich heule auch nicht wegen mir, ich heul, weil ich auf einmal seit vielen Jahren an meine Oma denke. Als ich bei ihr immer in den Ferien war, hat sie auch immer Kässpätzle gemacht, und in all den Jahren bei Scientology habe ich sie einfach vergessen, ich kann euch überhaupt

nicht sagen, warum. Beim Auditing hat sie noch irgendwann einmal eine Rolle gespielt, aber dann war alles verdrängt und soweit weg, wie wenn es niemals vorhanden gewesen wäre.«
Bei mir machte es Klick im Kopf und ich überlegte sofort fieberhaft, daß dies vielleicht die Chance wäre: über die Oma den Kontakt zur Familie herzustellen. Natürlich nicht heute abend, natürlich auch nicht morgen, aber vielleicht wäre das eine Möglichkeit, Sabine zu helfen, ohne daß wieder irgendwelche alte Wunden angekratzt werden, bevor sie überhaupt richtig verheilt sind.

Ein verlorenes Stück Menschsein wiederfinden

Der Pastor rettete die Situation am Tisch, indem er anfing über seine Kindheit zu plaudern – über die Lausbubenstreiche, die er gemacht hatte, und bald fiel jedem am Tisch irgendwas ein, was er einmal angestellt hatte, und es wurde von den Lieblingsgerichten geschwärmt, die man doch als Kind so gern hatte.
Nach und nach waren wir in unserem Gespräch bereits quer durch alle Haupt- und Nachspeisen gewandert – und weiter. Und so wurde aus dem anfänglich fast geplatzten Kässpätzleessen ein wunderschöner harmonischer Abend.
Spät nachts fuhr das Pastorenehepaar mit Sabine heim und an der Tür drückte sie meinen Arm ganz fest und sagte: »Danke«, und ich sagte: »Bis morgen, Sabine, ich finde toll, daß du da bist.«
Sabine hat inzwischen viele Tiefs erlebt, bis sie langsam anfing, nicht nur zu vergessen, sondern auch zu verarbeiten. Jahre der Kontrolle, der Wissensberichte, der Auditings und des Drucks, immer eine steigende Statistik zu haben. Sie hat wieder gelernt zu lachen, zu lieben, zu genießen ohne Schuldgefühle und ohne Angst.

In den Fängen der Scientology zu sein bedeutet nicht nur Erfahrungen zu machen, die bis zur Persönlichkeitsveränderung reichen, und für ein totalitäres System instrumentalisiert zu werden, sondern es bedeutet auf der emotionalen Ebene auch ein verlorenes Stück Menschsein.

Der Fall von Sabine ist einer von hunderten, die ich im Laufe der Jahre hautnah mit meiner ganzen Familie erlebt habe. Es ist einer, der gut ausgegangen ist. Ich nahm Kontakt zu Sabines Großmutter auf. Erst fuhr ich mit meinem Mann allein zu ihr, um mit ihr zu sprechen. Da ich selbst nur die besten Erinnerungen und Erfahrungen mit Omas, mit Großeltern allgemein habe, war ich fest überzeugt, daß wir es über die Großmutter fertigbringen müßten, die Kluft zwischen den Eltern, dem Bruder und Sabine zu überbrücken.

Das erste Gespräch war ernüchternd, denn da wurde uns erst die ganze Tragweite der Familienzwistigkeiten, die durch Scientology entstanden sind, bewußt. In vorderster Linie standen natürlich die finanziellen Verpflichtungen, die Sabine eingegangen war, um ihren »Weg über die Brücke« zu Scientology gehen zu können, und die inzwischen komplett von der Familie getragen werden mußten. Sie hatte, wie viele andere, die ich persönlich kenne, in der Familie falsche Angaben gemacht, wofür sie das Geld brauchte, und man hatte ihr bereitwillig geholfen, da sie immer von dem großen Studium gesprochen hatte, das sie inzwischen absolviere, ein paar hundert Kilometer entfernt von ihrem Heimatort.

Als der Bruder dann einmal seine Schwester besuchen wollte und sie abblockte, wurde er neugierig und fand heraus, daß sie ihre Studien in einer Scientology-Organisation absolvierte. Es kam zu heftigen Auseinandersetzungen zwischen den Geschwistern. Der Bruder ahnte sehr wohl, daß die Bürgschaft, die er gegeben hatte, auf ihn zurückfallen werde, und er begriff, daß er dafür gebürgt

hatte, Sabine den finanziellen Weg zu ebnen, damit sie in die Einbahnstraße Scientology gehen konnte. Natürlich hatte er von nichts eine Ahnung gehabt, als er die Bürgschaft unterschrieb, denn Sabine hatte ihm das Blaue vom Himmel erzählt. Als es dann zu einem Treffen zwischen den Geschwistern kam, erzählte Sabine von dem Drill, den sie innerhalb der Organisation absolviert hatte, in dem sie gelernt hatte, wie sie glaubhaft der Familie die Story von dem tollen Studium verkaufen konnte. Interessant ist in diesem Zusammenhang, daß es sehr viele solche Fälle gibt, in denen deckungsgleich dasselbe passierte, wenn es um die Beschaffung von Geldern oder um Unterschriften für Bürgschaften innerhalb der Familie geht.
Zurück zum Gespräch mit Sabines Oma. Nach uns kam der Pfarrer mit seiner Frau bei der Großmutter zu Besuch, und dann kam es zum Treffen zwischen der Oma und Sabine. Sabine zog nach circa vier Wochen zu ihrer Großmutter. Inzwischen konnten wir mithilfe des Pastors auch eine Arbeitsstelle für Sabine finden, an der sie sich nicht nur wohl fühlt, sondern wo der Chef – selbst sensibilisiert für das Thema Scientology – in der Firma bereits Präventivmaßnahmen zum Schutz vor Hubbard-Technologie anwendet.

Scientology überwinden

Diese Faktoren, ein sicheres Dach über dem Kopf, wenigstens ein Stück Familie, liebevolle Zuneigung und ein Arbeitsplatz, an dem man sich selbst wieder bestätigen kann, sind ein sicherer Garant dafür, daß der Weg aus Scientology gelingt. Im Fall Sabine haben wir als Familie unseren Teil dazu beigetragen, aber ohne die Hilfe und Unterstützung der Pastorenfamilie wäre es schwer gewesen, so schnell ein sicheres Umfeld für Sabine zu schaffen, damit sie die Zeit in Scientology überwinden konnte.

Aus diesem Grund an dieser Stelle ein ganz großes Danke an alle Pfarrer, egal ob evangelisch oder katholisch, die uns in unzähligen Situationen dieser Art unterstützt haben und uns beigestanden sind. Für mich persönlich ist am wichtigsten, daß die Aussteiger nicht in Konfliktsituationen kommen. Darum war es am Anfang auch eine Gratwanderung, wenn Scientology-Aussteiger in einem Pfarrhaus unterkamen. In Vorgesprächen haben wir geklärt, daß keine theologische Diskussionen oder Auseinandersetzungen mit dem Betroffenen geführt werden. In allen Fällen gab es niemals das Gefühl, daß hier jemand versuchen würde zu missionieren. Und niemals kam das Gefühl auf, es handele sich um eine edle Geste. Damit hätte man wahrscheinlich das Gegenteil erreicht, denn nichts ist übler als eine Almosensituation.

Es waren übrigens immer die einzelnen Menschen, die Pfarrer, bei den Protestanten auch ihre Frauen, bei den katholischen Pfarrern auch die Haushälterinnen, es waren die Menschen, die uns halfen und überzeugten – nicht die Institution Kirche. Und aus diesem Grund auch an dieser Stelle: Danke, Herr Pfarrer!

Die Aussteigerproblematik

Als sich die ersten Scientology-Aussteiger bei uns meldeten und viele bei uns auch Unterschlupf suchten, als sie unsere Gastfreundschaft und unsere Hilfe annahmen, war eines der Kriterien: Hauptsache, es ist wieder einer weg von Scientology.
Die ersten Jahre unserer Arbeit waren geprägt von Hilfestellungen für den Einzelfall, so gut es eben für unsere Verhältnisse ging. Meine Offenheit und meine Gutmütigkeit haben nicht nur mich an Grenzsituationen geführt, sondern wurden teilweise auch schändlich ausgenutzt. Aber selbst diese negativen Erlebnisse hatten einen Vorteil. Wir bekamen die Distanz, um hinsichtlich der Aussteigerproblematik zu einer anderen Sichtweise zu gelangen. In den ersten Jahren lag das Hauptaugenmerk auf der Einzelschicksalshilfe. Dann wurden wir durch bittere Erfahrungen, auch Enttäuschungen und Beweise gezwungen, Schutzmechanismen aufzubauen, um der Sache willen, zum Schutz unserer Familie und vor allem zum Schutz derer, die wirklich Hilfe benötigen.
Ich habe lange überlegt, ob ich meine persönlichen Erlebnisse, Erfahrungen und Erkenntnisse in die öffentliche Diskussion bringen sollte, aber es wird nun endlich Zeit, daß wir aufhören, nur zu applaudieren, wenn es jemand

geschafft hat, aus Scientology herauszukommen. Wir müssen uns durchringen, endlich darüber zu sprechen, was es bedeutet, wenn die Zielsetzung der Scientology erreicht würde und wir alle nach den Mechanismen dieser Organisation funktionieren würden.

Opfer und Täter

Es muß in diesem Land Stellen geben, an denen Aussteiger Platz finden und Ruhe, um das zu überwinden, was sie bei Scientology erlebt haben, und nicht zuletzt auch die Möglichkeit bekommen, die durch die Kursprogramme und Technologien geschaffenen Mechanismen abbauen zu können.

Fatal an der Situation des Aussteigers ist, daß vergessen wird, wie sich durch die scientologischen Trainings, Drills, Richtlinien und Ethik-Maßnahmen seine Persönlichkeit nicht nur verändert, sondern er sogar ein ganzes Stück seiner Persönlichkeit verliert. Wir müssen weg von der Situation, daß ein Aussteiger wie ein Exot auf dem Präsentierteller herumgereicht wird, um von seinen persönlichen Erfahrungen zu erzählen. Wir müssen davon wegkommen, daß hier eine sogenannte Opfersituation geschaffen wird, die es dem einzelnen nicht mehr möglich macht, über seine Zeit als Täter nachzudenken.

Wer sich der Organisation Scientology mit Haut und Haaren verschrieben hat und jahrelang die Drills über sich ergehen ließ, sie mitmachte und auch selbst die Zielsetzungen der Scientology verfolgte, der muß bei seinem Ausstieg die Gelegenheit zu der Erkenntnis bekommen, daß er instrumentalisiert war, um eine kriminelle, gefährliche Ideologie in der Gesellschaft durchzusetzen.

Wenn wir aus falschem Mitleid, überzogener Rücksichtnahme und dem Gefühl, man müsse den Aussteiger jetzt

in Watte packen, geleitet werden, kann weder der Aussteiger selbst noch die Gesellschaft erkennen, worin die wirkliche Gefahr der Scientology besteht, die von den als »Technologie« bezeichneten Drills und Trainings ausgeht.
Ich weiß, daß ich mit diesem Kapitel eine kontroverse Diskussion – auch unter den Scientology-Kritikern – auslöse. Und mir ist auch bewußt, daß der eine oder andere Aussteiger sich daran erinnert, in welchen komplizierten Auseinandersetzungen wegen der Technologie er selbst mit mir einmal gestanden hat. Das Ziel, das ich mit diesem Buch gerne erreichen möchte, ist, eine andere Qualität der Aufklärung zu erreichen.

Eine neue Qualität der Aufklärung

Wir müssen davon wegkommen, nur auf die einzelne Tragödie zu blicken (die ich sicher nicht schmälern will und die natürlich auch ich tragisch finde); ich will die Diskussion verlagern, nämlich auf die gesamtgesellschaftliche Gefahr, die von Scientology ausgeht.
Solange wir auch in den Medien immer wieder nur die Einzelschicksale betrachten, wird politisch nichts passieren, denn solange das Problem immer nur unter diesem Blickwinkel gesehen wird, denkt jeder: Es handelt sich um Einzelschicksale, so etwas, was dem oder dem passiert ist, kann mir nicht passieren!
Es ist ja auch so verdammt einfach, sich hinzusetzen und zu sagen: »Ach, schau doch, diese Frau – ach, schau doch, dieser Mann, was der alles durchgemacht hat, was mit dem alles passiert ist! Seien wir froh, daß wir das alles nicht erleben mußten.«

Jeder, der aussteigt, ist einmal eingestiegen

Vor dem Aussteigen gab es das Einsteigen. Es gibt einen Weg, der zu dieser Situation geführt hat, in einen gefährlichen Weg in die Scientolgoy. Und es gibt einen Weg aus der Scientology heraus, in die Aussteigersituation. Genau diese Diskussion wird in der Gesellschaft überhaupt nicht geführt.

Auf der einen Seite herrscht immer noch die Meinung vor, daß nur ein »labiler«, »nicht in sich gefestigter« oder »chaotischer« Mensch bei Scientology landen kann. Das ist ein Trugschluß, der nicht länger hingenommen werden darf. Diese vereinfachte Sicht des Problems ist das Ergebnis dieser eigenartigen Aufklärung, die wir in den letzten zwanzig Jahren hatten.

Nicht genug damit, daß viele Aussteiger auch persönlich verletzt wurden, indem sie über ihre eigenen Erfahrungen in der Scientology erzählten, ist es doch so, daß der Mensch dabei auch zu einem Gegenstand wird, der über seine Erlebnisse erzählt, und bei dem, der ihm zuhört, werden unterschiedliche Gefühle geweckt – je nach Charakter, Mentalität und Temperament. Was bleibt, ist immer eine einzelne Person, mit der man sich aber nicht identifiziert, denn, so lautet oft auch die Meinung, die ich selbst von Leuten hörte, die auf Vorträgen von Aussteigern waren: »Ja, es ist doch furchtbar tragisch, was ihr/ihm passiert ist, aber immerhin ist sie/er ja selber und freiwillig hingegangen«.

Über solche Äußerungen habe ich mit sehr vielen Aussteigern diskutiert, auch über die Art und Weise, wie Aussteiger selbst mit ihrem Schicksal umgehen. Wenn sie das Thema Scientology als gesellschaftspolitisches Thema aufgreifen wollen und auch die Gefahren für diejenigen transparent machen müssen, die sich eben mit Aussteigergeschichten und -erlebnissen nicht identifizieren kön-

nen, dann brauchen wir in der Aufklärung eine andere Qualität. Das fordere ich übrigens seit Jahren, und vielleicht komme ich auch deshalb immer wieder ins Schußfeld auch der Scientology-Kritiker.
Mein Vorwurf gilt nicht einzelnen Kritikern, die vielleicht aus eigener Dummheit nicht anders reagieren können, er gilt der Szene allgemein. Denn es ist für mich untragbar, daß hier eine Opferprojektion stattfindet, ohne daß dabei auch die Täterproblematik betrachtet wird.
Die Auseinandersetzung damit ist aber notwendig, um auch den Aussteigern selbst bewußt zu machen, daß sie nicht nur den Mitgliedsausweis bei Scientology abgeben müssen, sondern daß sie auch bereit sein müssen, die in ihrem Kopf stattgefundene Umprogrammierung für die Ideologie der Scientology aufzuarbeiten.

Mitgliedsausweis abgeben genügt nicht

Im allgemeinen herrscht immer noch die Meinung vor, es sei damit getan, daß jemand sich von Scientology verabschiedet. Vor allem in Gerichtsverhandlungen geht es immer wieder nur darum, daß man beweisen muß, daß jemand einen Mitgliedsausweis bei Scientology besitzt und daß man deshalb also zu Recht sagen darf, er sei Scientologe. Das zeigt, daß die Diskussion immer noch in die falsche Richtung geht und die wirkliche Auseinandersetzung mit dem System Scientology überhaupt noch nicht angefangen hat. Wie kann es denn sonst sein, daß weltweit eine Unmenge von Prozessen aufgrund des Persönlichkeitsrechts von Scientologen geführt werden, in denen es ausschließlich um die Mitgliedschaft geht, und die verhindern, daß die wirkliche Problematik Scientology, nämlich die von den Scientologen verwendete Hubbardsche »Technologie« auf den Tisch kommt.

Wenn einer bei Scientology aussteigt, wie zum Beispiel einer, der als Edel-Aussteiger in diesem Land gehandelt wird – einer, der über Jahre bei dieser Organisation war und ihre Zielsetzungen verfolgt hat und von dem schriftlich dokumentiert ist, daß er die Schriften von Hubbard übersetzt und mit Begeisterung PR-Arbeit geleistet hat –, wenn so jemand meint, er könne das alles per Knopfdruck abstellen und die scientologische »Technologie« aus seinem Kopf abfließen lassen wie Spülwasser in den Abfluß, dann irrt er sich nicht nur gewaltig, sondern er begibt sich in Gefahr, daß der Wolf, der in seinem Schafspelz steckt, ihn selber frißt.

Eines der vielen Gespräche mit ehemaligen Scientologen

Daß der tatsächliche Ausstieg, der Ausstieg mit dem Kopf, ein Prozeß ist, der nicht von heute auf morgen geht, weiß jeder, der sich mit den Trainingsprogrammen der Scientology näher befaßt hat. In vielen Gesprächen lernte ich, daß ein Ausstieg mit dem Kopf zwei maßgebliche Kriterien braucht: Erstens, den Willen zur Auseinandersetzung mit der eigenen Täterschaft. Zweitens, ein verständnisvolles Umfeld, das sich aber beim Auftreten von Scientology-Begriffen oder -Systematiken in Gesprächen oder Handlungen auch klar abgrenzt und sich nicht einbinden läßt.
Die Konsequenz, auch Nein zu sagen, und der Hinweis darauf, daß er jetzt zurück in die Scientology-Terminologie gefallen ist, sind keine Kritik an dem ehemaligen Scientologen, sondern der Hinweis für eine noch nicht abgeschlossene Bewältigung dieser Zeit. Zu einer solchen effektiven Auseinandersetzung gehören immer zwei Seiten, die offen für einander sind.
Eines dieser Gespräche, in denen es um die Unfähigkeit, sein eigenes Leben – ohne die Abhängigkeiten von Scientology – selbstbestimmt zu meistern und um den damit ver-

bundenen Realitätsverlust ging, möchte ich an dieser Stelle wiedergeben. Es war eines der vielen Gespräche, die ich mit Bernhard führte, der lange Jahre als Trainer bei Scientology tätig war und selbst die OT-Stufen erklommen hat. Heute gehört er zu denjenigen, die durch einen langen Prozeß auch mit dem Kopf aus Scientology ausgestiegen sind:

Bernhard, worin besteht für Dich der Einstieg, der letztendlich zur Unfähigkeit der Scientologen führt, in ihrem Leben eigenständig und selbstbestimmt zu handeln, was ich als Lebensunfähigkeit bezeichnen würde?
Die Lebensunfähigkiet der Scientologen besteht darin, daß sie von den idealistischen Traumschlössern wieder zurückkommen müssen. Als Scientologe denkt man immer, daß man übermorgen anfängt zu fliegen. Aber neben dem Luftschloß gibt es noch den Asphalt und den Teppichboden.
Wenn zwei Scientologen zusammen sind, gibt es einen Mechanismus des Mißtrauens. Jeder schreibt in Gedanken einen Wissensbericht. Jeder meint, er hat es kapiert. Jeder meint, er sei der bessere Mensch, denn er hat ja die richtige Studiertechnologie und die TRs (Trainingsroutinen). Darum meint er, daß es auch funktioniert. Schließlich wird ihm bei Scientology ja ständig erzählt, daß es ein funktionierendes System sei.
Das nenne ich den Realitätsverlust der Scientologen.
Es fehlt die Distanz, um die Technologie kritisch zu sehen. Die Eigendynamik von einem sich selber erholenden Organismus gibt es nicht mehr. Du sagst Dir: Jetzt ist endlich etwas da, das meine Probleme löst. Aber Du nimmst nicht wahr, daß es die Probleme doch nicht löst. Denn das mußt Du schon selber, das nimmt Dir keiner ab.
Mir kommt das vor wie diese Haube, die meine Mutter früher über die Kanne stülpte, damit der Kaffee warm bleibt. Die Ideologie von Scientology empfinden die Scienties als eine solche Wärmehaube.

Man könnte auch sagen: Die Scienties sind wie Roboter mit einer falschen Software.

Oder noch besser wäre das Bild vom Seidenkokon: Es ist so wie bei den Seidenraupen, die sich selber einspinnen. Noch dazu in einen Kokon aus einem Material, das die Tiere selbst abgesondert haben.

Genau, ein sehr treffender Vergleich. Du spinnst Dich selber in das System rein. Die bringen Dich dazu, daß Du Dich selber hirnwäscht! Du kaufst Dir für Dein Geld ein Handwerkszeug, damit Du Deine Persönlichkeit verlierst. Du kaufst Dir den vergoldeten Spaten, mit dem Du selbst Deiner eigenständigen Persönlichkeit das Grab schaufelst.

Ist das nicht pervers?

Klar ist das pervers. Die meisten, die zu Scientology kommen, kommen aus egoistischen Motiven. Sie wollen besondere Fähigkeiten erreichen, sie wollen mehr Macht, mehr Kohle machen oder einfach ein Problem loswerden. Und da wird ihnen das als ein Ideal hingestellt, so daß sie sich sagen: Toll, es dient einer guten Sache, wenn ich mein Problem abbaue. Es wird Dir vermittelt: Du tust uns was Gutes, wenn Du Deine egoistischen Ziele verfolgst.

Ja, und genau deshalb werden sie zur folgsamen, gefährlichen Masse der Mitläufer und später zu Tätern.

Warum krankenversichert?

In anderen Diskussionen mit Aussteigern ging es auch um die Wahnidee, die hinter dem System Scientology steckt und daß es dort für mich auch einen erschreckenden Aspekt gibt. Ich habe einen Aussteiger einmal gefragt, der jahrelang für die Scientology für weitaus weniger als das Existenzminimum rund um die Uhr tätig war, ohne krankenversichert zu sein:

»Was hättest Du gemacht, wenn Du krank geworden wärst, einen Unfall gehabt hättest oder Dir sonst irgend etwas passiert wäre?« Darauf antwortete er: »Es wäre für mich keine Frage gewesen, über Selbstmord nachzudenken. Ich hätte mich auch umgebracht, denn ich hatte eine andere Denke, was Materie anbelangt. Der Körper war für mich nicht wichtig, nur eine Hülle, ein Wegwerfartikel.« Auf meine Frage: »Und der Gedanke hat Dich nicht erschreckt?«, antwortete er: »Das war in meinem Kopf drin, dieser Gedanke: Ich kann, wenn ich will auf eine Entbindungsstation gehen und als Thetan in einen anderen Körper übergehen.« Ungläubig fragte ich nach: »Und Du hast wirklich geglaubt, daß es funktioniert?«. Seine Antwort: »Das habe nicht nur ich geglaubt, das haben auch viele andere geglaubt – und glauben es heute noch!«

Die Ideologie ist noch im Kopf

Wir alle – auch die staatlichen und kirchlichen Sektenbeauftragten – haben es zu verantworten, daß die Diskussion über Scientology bis zum heutigen Tag nicht einmal im Ansatz dazu geführt hat, daß ein Aussteiger, der zig Jahre in dieser Organisation war, sich auch mit der Täterrolle auseinandersetzt. Dadurch wird eine notwendige unumgängliche Vergangenheitsbewältigung für die Aussteiger und deren soziales Umfeld blockiert.
Die Ideologie der Scientologen und vor allem die Mechanismen, mit denen diese Ideologie weltweit durchgesetzt werden soll, das sind die Punkte, mit denen wir uns kritisch auseinandersetzen müssen, damit wir nicht eines schönen Tages vor der Situation stehen, daß sich die Scientology-Ideologie bereits so nachhaltig in den Köpfen festgesetzt hat, daß es kein Zurück mehr gibt.
Meine persönlichen Erfahrungen im Laufe der Jahre mit

Hunderten von Aussteigern haben gezeigt, daß weder die Terminologie noch die Handhabungsmechanismen und schon gar nicht die als freiheitlich deklarierten, ausgeprägt egoistischen Züge, die man bei Scientology durch den Drill bekommt, innerhalb von Stunden nach dem Ausstieg abgelegt sind.
Ich selbst habe in einer Art Mitleidstour am Anfang unserer Arbeit 1991/92 den Fehler gemacht zu glauben, es wäre möglich, über eine spezielle Aussteiger-Selbsthilfegruppe zu erreichen, daß die Leute dort in Gesprächen miteinander erkennen, was Scientology für das Leben jedes einzelnen von ihnen bedeutet hat.

Eine militärische Gruppe von einer fremden Galaxis?

Was mußte ich erleben? Eines Tages besuchte ich spontan eine dieser Selbsthilfegruppen. Ich kam in die Wohnung eines Ex-Scientologen, in der sich etwa ein Dutzend Aussteiger alle paar Wochen trafen. Nach dem üblichen »Hallo, wie geht's?« saßen mein Mann und ich mit am Tisch und wollten eigentlich ganz normal in das zuvor über mehrere Stunden geführte Gespräch miteinsteigen.
Aber weit gefehlt! Hätten auf dem Tisch nicht Kaffeegeschirr und ein Gugelhupf gestanden, wären uns nicht alle am Tisch persönlich bekannt gewesen und hätten wir nicht mit jedem einzelnen teilweise dramatische Familientragödien sowie psychische und physische Zusammenbrüche miterlebt, hätten wir beide sicher gemeint, wir hätten uns in der Adresse geirrt und seien aus Zufall in einer militärischen Gruppe von einer fremden Galaxis gelandet.
Wir hörten von »Out-Exchange«, und wir lauschten eine Weile der Erklärung einer Elke, die da sagte, daß es »vom administrativen Gesichtspunkt« aus nicht korrekt war,

daß das Geld von Joachim auf irgendein Konto eines anderen Mitglieds direkt gebucht wurde. Es hätte wohl »auf ein Statement gehen« sollen, dann wäre all »die Admin in Ordnung« gewesen, denn in dem »Honor Roll Status« hätte die »Lifetime Mitgliedschaft« dazu geführt, sich irgendwie anzumelden.
Jemand aus der Gruppe warf ein, daß er irgendwann mal »Field Disseminator« von Elke war, und daß sie das ja wohl »in den FSM-Policies« nachlesen könne. Und dann war Klaus derjenige, der über zehn Minuten lang erzählte, wie er bei einem E-Meter-Auditing »exterior« gegangen sei und hernach Probleme hatte, wieder zurück in seinen Körper zu gelangen.
Zuerst sagte ich mal gar nichts. Paul und ich schauten uns nur an und registrierten, daß jeder vor sich ein Blatt Papier hatte und fein säuberlich bestimmte Vorgänge in dieser Gesprächsrunde notierte.
Es war eine sehr eigenartige Situation, denn wir kannten ja jeden einzelnen von Besuchen in unserem Haus oder von gemeinsamen Unternehmungen mit Freunden. Als Maria dann erzählte, wie sie bei einem dieser Spezialauditings eine Rückführung erlebt und dabei erkannt hatte, daß sie mal Napoleon war, da war es mit meinem passiven Zuhören vorbei.
»Wer von euch am Tisch war denn jetzt der wirkliche Napoleon?«

Hier sitzen mehrere Napoleons

Alle Augen waren auf einmal auf mich gerichtet, zum Teil aus Verblüffung, zum Teil aber auch aus Verärgerung. Besonders Maria glaubte, ich hätte einen sarkastischen Witz losgelassen und fing an zu schmollen.
»Entschuldigung, aber jetzt kann ich nicht anders, jetzt

muß ich doch wirklich einmal ernsthaft fragen, was hier eigentlich los ist. Vielleicht könnte jeder hier am Tisch einmal die Karten auf den Tisch legen, denn ich muß euch sagen, ich alleine kenne schon mehrere Napoleons, die heute hier sitzen. Fällt euch nicht auf, daß jeder von euch in irgend einem anderen Leben ein ganz toller Hecht war?

Ihr solltet euch einmal mit der Frage beschäftigen, was diese Art von Training bei euch bewirkt hat. Jeder von euch hat ein Päckchen auf dem Rücken zu tragen über diese Zeit bei Scientology, und eigentlich habe ich gedacht, daß diese Gruppen dazu führen, daß ihr untereinander nicht nur erkennt, wir ihr teilweise angelogen wurdet, sondern wie ihr auch mit eurer ganzen Persönlichkeit benutzt worden seid, um die Zielsetzung der Führer von Scientology durchzusetzen.

Stellt euch einmal vor, die Tür geht auf und ein Fremder kommt herein – einer, der bereits für das Thema Scientology sensibilisiert ist, was würde der denken? Der würde denken, er sei in einer neuen Org gelandet!

Du, Peter, hast denselben Ton drauf wie ein Ethik-Offizier, und Klaus und Bernd, ihr fachsimpelt wie in einem Kursraum der Scientology, darüber, wer denn nun für welche Referenz die besseren Erfolge erzielte.

Ich für meinen Teil schlage vor, daß wir diese Art von Selbsthilfegruppen in Gesprächsrunden umwandeln, in denen auch Leute mit dabei sind, die niemals bei Scientology waren. Leute, die zwar auf unserer Seite gegen das System Scientology kämpfen, die aber dennoch im Kopf frei sind von dieser schauderhaften Terminologie.

Aber bevor wir jetzt überhaupt einmal zu ein paar Kernpunkten kommen, möchte ich wissen, wer von euch der *richtige* Napoleon war. Allein an diesem Tisch hier sitzen mehrere, die mir erzählt haben, daß sie beim Auditingverfahren erlebt hätten, daß sie Napoleon waren.«

Ein entscheidender Punkt, der mir immer wieder bei Leuten, die in Scientology sind oder waren, auffällt, ist die völlige Selbstüberschätzung. Sie führt in dem abgeschlossenen System dazu, daß die Leute immer weitermachen, weil sie denken, sie könnten alles. Dieser Irrglaube führt oft dazu, daß sie in der Realität, im täglichen Leben, versagen.

Ein notwendiges Aha-Erlebnis

Kann schon sein, daß die Art, wie ich hier in dieser Situation mit den Ex-Scientologen umgegangen bin, einem Außenstehenden vielleicht wie starker Tobak vorgekommen wäre, den man zart besaiteten Aussteigerseelen einfach nicht zumuten dürfte. Aber mir wurde in dieser Situation klar, daß es verdammt gefährlich ist, diese Art von Selbsthilfe zu fördern, so daß keine Reflexion mehr möglich ist, und damit dann allerdings auch eventuelle Gedankenansätze, die zur Kritik des Systems Scientology führen, unmöglich zu machen.
Meine simple Frage, wer denn nun eigentlich der richtige Napoleon gewesen sei, bescherte den versammelten Ex-Scientologen eine Art Aha-Erlebnis – ein Aha-Erlebnis, das sie offensichtlich nötig hatten, weil es ihnen drastisch vor Augen führte, in welcher Scheinwelt sie sich bewegt hatten und teilweise immer noch bewegten. Denn es war ja wohl nicht ernsthaft zu bestreiten, daß es in der Geschichte nicht mehrere Napoleons gegeben hat, sondern nur einen.
Also waren sie gezwungen, sich zu fragen: Was ist denn tatsächlich mit mir beim Auditing passiert? Wohin habe ich mich mit diesem Verfahren führen lassen? Was hat diese Art der Ausforschung (denn nichts anderes ist das Auditing) mir selber gebracht?

An den Antworten wurde dann klar, wo jeder stand: ob er einer war, der bis jetzt bloß oberflächlich an dieses Thema herangegangen war; ob er einer war, der einfach seinen Mitgliedsausweis abgegeben und Scientology verlassen hatte, als handelte es sich um einen Karnickel-Verein; ob er einer war, der nur aus Enttäuschung gegangen war, weil er sein Ziel, Macht über Raum, Materie und Zeit zu erlangen, in Scientology nicht schnell genug erreicht hatte usw. Immer wieder ging es an diesem Nachmittag um die Frage: Wie hatten es mehrere Personen gleichzeitig für eine reale Situation halten können, irgendwann einmal Napoleon gewesen zu sein.
Mehr als den Anstoß, einmal in eine andere Richtung nachzudenken, konnten weder ich noch mein Mann an diesem Nachmittag erreichen. Es war der Anfang zu einem neuen Weg auch bei Robin Direkt. Ich für meinen Teil mußte lernen und erkennen, daß meine Versuche, das Problem mit den herkömmlichen Methoden der Sozialarbeit zu lösen, zum Scheitern verurteilt sind. In meiner früheren Arbeit, teilweise mit Alkoholikern oder Drogensüchtigen, selbst in der Zeit, als ich in der Gefangenenhilfe tätig war, konnte man durch sogenannte Selbsthilfegruppen eine Erkenntnis der Situation zumindestens ansteuern. Aufgrund der tragischen Einzelschicksale, die wir im Laufe der Jahre mit Scientology-Aussteigern erlebten, war es vielleicht doch ein kleiner Rettungsanker zu glauben, diese Art Selbsthilfegruppen seien ein Weg, um aus dem geistigen Labyrinth der Organisation herauszufinden. Genau das Gegenteil hat sich für uns bestätigt.
Wenn mehrere Ex-Scientologen zusammenkommen, ohne daß ein Unbefangener einmal dazwischenfragt: »Sagt mal, was heißt das, ich hab das nicht verstanden« oder: »Mein Gott, ich kapier überhaupt nichts, wovon redet ihr eigentlich?«, dann ist dies ein Zeichen, daß der scientologi-

sche Umdenkungsprozeß bereits in Gang gekommen ist. Allein durch die Sprache wird dies dokumentiert.

Der Ausstieg mit dem Kopf

Wenn ich einige der Gesprächsverläufe hier erzähle, so soll dies kein Vorwurf sein, sondern ich will aufzeigen, daß für einen Menschen durch Scientology in der Tat Veränderungsprozesse stattfinden – in der Sprache, im Verhalten und im Denken, und daß diese Veränderungen auch nicht einfach bei einem Ausstieg abzulegen sind.

Genau wegen dieser Gratwanderung zwischen dem rein nach außen hin – durch die Abgabe des Mitgliedsausweises – sichtbaren Ausstieg und der intensiven eigenen sowie auch öffentlichen Auseinandersetzung mit Scientology, sprang so mancher Aussteiger bei uns ab. Und es kam auch vor, daß wir uns zum Schutz anderer auch von dem einen oder anderen Aussteiger trennen mußten.

Robin Direkt war nicht bereit und ist auch bis heute nicht bereit, scientologische Mechanismen zu akzeptieren – geschweige denn zu tolerieren, daß sie nach dem Ausstieg weiter angewendet werden.

Es muß möglich sein, daß man sich mit der Ideologie, der Systematik, den Vorgehensweisen und vor allem mit der Frage auseinandersetzt, wohin wir in dieser Gesellschaft kommen, wenn diese Mechanismen flächendeckend greifen und jeder von uns dann nicht nur so redet, sondern auch nach der Ethik der Scientology handelt. Von unserer Seite aus war es nie ein persönlicher Angriff auf die einzelne Person, sondern wir wollten die Auseinandersetzung mit dem System und mußten im Laufe der Jahre erkennen, daß ein hochtrainierter Scientologe nur mit einem sehr starken Willen und mit einer Portion Selbstkritik im Laufe der Zeit den Ausstieg auch mit dem Kopf schafft.

Ich würde mir wünschen, daß die inzwischen von Aussteigern gebildeten Selbsthilfegruppen und Aussteigerhilfen ebenfalls in diese Richtung denken und sich mit der Ideologie der Scientology so weit auseinandersetzen, daß ihnen bewußt wird, daß hier nicht nur ein Opfer aussteigt, sondern einer, der auch in diesem System als Täter fungierte. Erst dann ist es möglich, daß über eine breite Aufklärungsarbeit die Maske der Organisation heruntergerissen werden kann.
Unsere Toleranzgrenze bei Robin Direkt und innerhalb unserer Familie wurde gerade von Aussteigern oft an die Grenze geführt, und mein Mann und ich haben entschieden, daß wir uns und unsere Familie nicht zu »Co-Scientologen« umfunktionieren lassen, und daß wir nicht vor lauter Toleranz unser eigenes Leben nach den Richtlinien derer ausrichten werden, die zwar mit dem Körper aussteigen, aber nicht bereit sind, die Organisation auch mit dem Kopf zu verlassen.

Die Gefahr liegt in der Ideologie

Die Gefahr der Organisation Scientology liegt nicht im Mitgliedsausweis, sondern in der Ideologie. Mit dieser müssen wir uns als Demokraten auseinandersetzen, um weiterhin eine Demokratie zu haben. Und auch die Aussteiger müssen erkennen, daß der Weg zu, durch und aus Scientology etwas mit der Ideologie dieser Organisation zu tun hat.
Jeder einzelne von uns hat eine Verantwortung – für sein eigenes Leben, aber auch für sein Umfeld. Und wer auch nur für kurze Zeit bereit war, die scientologische Ideologie als richtig und gut zu empfinden, der muß sich damit auseinandersetzen, was sie bewirkt hätte, wenn er den Ausstieg nicht geschafft hätte.

Wenn ich heute von sogenannten »hochrangigen Aussteigern« höre oder in ihren Schriften lese, daß man zwar die Organisationsstrukturen von Scientology angreifen sollte, daß aber die »Technologie« im Grunde eigentlich gut sei und daß sie was bringe, dann fangen bei mir sämtliche Alarmglocken zu läuten an. Ein Aussteiger, der so etwas meint, beweist mir nur, daß er von der gesellschaftspolitischen Dimension des Problems nichts begriffen hat.

Aufbau von Arbeitskreisen

Aufgrund der Erfahrungen, die wir in den letzten Jahren gemacht haben, sind wir dazu übergegangen, Arbeitskreise aufzubauen, die Aussteigern sowie auch Betroffenen aus dem Umfeld von Scientologen und bereits ausgestiegenen Scientologen die Möglichkeit geben, über ihre Probleme zu reden – mit Menschen, die Verständnis haben und dazu beitragen können, daß der Betroffene nicht zum Opferlamm deklariert wird, sondern durch seine Kenntnis der Gefahren selbst eine flächendeckende, offensive Aufklärung über das System Scientology unterstützen kann.
Menschen, die in einem totalitären System gelebt haben, muß man Demokratie vorleben. Eine Demokratie muß lebenswert sein, nicht kaufbar. Der Bürger in einer Demokratie ist zur Mitarbeit verpflichtet, damit diese erhalten bleibt, und er hat die Pflicht, sich gegen diejenigen zu wehren, die die Demokratie mit ihren selbstfabrizierten Regeln zu unterwandern versuchen und die sie am Ende zerstören würden. Solange aufgrund eines falsch verstandenen Obrigkeitsdenkens bestimmte Fragen nicht gestellt werden dürfen, solange kann keine wehrhafte Demokratie gelebt werden, die durch Einspruch und Mitbestimmung das Leben der Gesellschaft gestaltet.

Die Konsumhaltung ist hier die falsche Haltung

Ich weiß, was es heißt und wie schwierig es ist, als aktiver Bürger aufzustehen, um über Gefahren zu reden, die unmittelbar uns alle betreffen. Manchmal scheint es mir, als fände hier eine Seifenoper statt, in der wir zwar alle mitspielen, aber keiner genau weiß, wer die Rollen verteilt hat. So wie wir generell Waren konsumieren, nehmen wir auch in dieser Frage eine Konsumhaltung ein – wir lehnen uns bequem zurück und schauen vom Sessel aus zu, wie andere über ihr Leid erzählen.

Ich gehöre sicher nicht zu jenen, die im Sessel sitzengeblieben sind. Ich bin aufgestanden und ich bleibe auch in Zukunft stehen. Das heißt nicht, daß es einfach ist. Letzten Endes liegt es bei jedem selbst, wieviel ihm die Demokratie wert ist. Aber zuerst muß man sie begreifen lernen, und ich glaube, das ist der Schwachpunkt dieser Gesellschaft. Wir müssen lernen, daß es bestimmte Dinge eben nicht zu kaufen gibt. Dazu gehört die Demokratie.

Diese Dinge müssen diskutiert und gelebt werden – vor allem mit Menschen, die sich eben von der Organisation Scientology abgewendet haben. Hunderte von Stunden haben mein Mann und ich darauf verwendet, gerade in Fällen, in denen man uns gegenüber geäußert hat, wir sollten doch ruhig sein und nichts mehr sagen, dies seien inzwischen Mächte, gegen deren Willen man sowieso nicht ankommt. Was könne man denn da als einzelner, als kleiner Mensch überhaupt noch machen?

Zugegeben, wer sich mit dem Thema Scientology intensiv auseinandersetzt, dem wird schnell schlecht. Dennoch: So wie jeder Aussteiger lernen muß, von seinem egoistischen Ich-Anspruch wegzukommen, der übrigens oft mit der Tendenz korrespondiert, sich zum Opfer zu stilisieren, und hin zu der notwendigen Auseinandersetzung mit der Ideologie der Scientology zu gelangen, so müssen eben auch wir lernen, von jener fatalen Konsumhaltung wegzukommen, in der wir uns eine Opfergeschichte nach der anderen reinziehen. Wir müssen lernen mitzuhelfen, daß dieses Gedankengut nicht zur Gefahr für uns alle wird.

Über den eigenen Schatten springen

Wer als Aussteiger bei seiner eigenen Geschichte hängenbleibt und vergißt, daß es Abertausende, ja sogar Millionen von Menschen gibt, die weltweit die Ideologie von Scientology vertreten und dabei führertreu und menschenverachtend agieren, der muß, wenn er glaubwürdig bleiben will, über seinen eigenen Schatten springen und darf bei allem Leid nicht vergessen, daß er selbst einmal bereit war, für diese Ideologie durch die Hölle zu gehen.
Vielleicht wurde ich für den einen oder anderen Aussteiger auch deshalb sehr unbequem, weil ich ihn daran erinnert habe, daß er nicht nur Opfer war, sondern daß er für die Zielsetzungen, die man ihm suggeriert hat, sogar sein Hab und Gut hingab, seiner Familie den Rücken kehrte, den Partner oder die Kinder im Stich ließ und durchaus bereit war, jahre-, wenn nicht jahrzehntelang die erniedrigendsten »Ethik«-Anweisungen zu tolerieren und zuzuschauen, wie Menschen durch »Straf-Auditing« erniedrigt und demoralisiert wurden.
Ich kenne sehr viele Aussteiger, Männer und Frauen, von denen ich weiß, daß sie selber als »Ethik-Offiziere« tätig waren und Berichte gegen andere geschrieben haben, die dann zu Maßnahmen seitens der Organisation führten.
Ich kenne Frauen, die ihre kleinen Kinder irgendwohin abgeschoben haben, um ihre Karriere bei Scientology zu machen.
Sie alle haben die Moral der Scientology damals akzeptiert. Sie haben sie nicht nur mitgetragen, sondern sie

haben sie sogar zum Inhalt und zum Ziel ihres Lebens gemacht.

Blindgänger, die jederzeit wieder gezündet werden können

Ein Scientologe, der es versäumt, beim Ausstieg von Scientology in den Spiegel der Selbsterkenntnis zu schauen und dem Blick auf die eigene Vergangenheit und auf seine Lebenswirklichkeit zu richten, und den Abgründen, die er da sieht, standzuhalten, um dann zu der Einsicht zu kommen, daß eine geistige Manipulation von einzelnen zur Katastrophe für alle werden kann, der wird sich niemals von den Fesseln der Ideologie lösen.
Der wirkliche Ausstieg aus Scientology findet im Kopf statt und ist nicht damit erledigt, daß einer den Mitgliedsausweis abgibt. Aussteiger, die nach wie vor der Meinung sind, daß die »Technologie« und die Trainings der Scientologen im Grunde ja was Gutes seien und eigentlich nur die Führungsebene und die Organisation von Scientology schlecht wären, solche Aussteiger sind vergleichbar mit Blindgängern, die der Kampfmaschine Scientology überhaupt nicht schaden, sondern im Gegenteil jederzeit wieder gezündet werden können.

Das steife Knie

Dienstag, 5. September 1995 in Hannover. Vor der Buchhandlung Sachse & Heinzelmann, wo ich in wenigen Minuten meinen Vortrag über das System Scientology halten werde, hat sich bereits eine Menschentraube gebildet. Nicht nur Zuhörer sind da. Auch das übliche Aufgebot von Scientologen ist gekommen. Unter ihnen die Pressesprecherin der Scientology, Sabine Titzel aus Hamburg, die mittlerweile geheiratet hat und Wert darauf legt, daß sie jetzt Weber heißt.

Als ich auf die Buchhandlung zugehe, sehe ich einen jungen Mann, der sein Fahrrad abstellt. In dem Korb vor dem Lenker hat er zahlreiche Dianetik-Bücher und Exemplare der Scientology-Propagandaschrift »Freiheit«. Ich kann gar nicht in die Buchhandlung gelangen, ohne daß wir an einander vorbeigehen.

»Weißt du eigentlich, was in den Büchern drinsteht, die du da verkaufst?« frage ich. »Ja«, sagt er, »ich bin einer, dem dieses Buch geholfen hat.« Ungläubig schaue ich ihn an. »Wie geholfen?«

Der junge Mann krempelt das Hosenbein hoch und zeigt mir sein Knie, an dem eine Operationsnarbe zu sehen ist. »Dieses Knie war steif. Dann hab ich das Dianetik-Buch gelesen, und jetzt ist das Knie nicht mehr steif.« Ich schüttle den Kopf und frage ihn, wo im Dianetik-Buch steht, daß ein steifes Knie nicht mehr steif ist. »Sie können gerne eines in die Hand nehmen«, ist seine Antwort.

»Was sagst du übrigens zu dem, was Hubbard auf Seite 487 über die ›Nichtaberrierten‹ schreibt?« Er schaut mich erstaunt an. »Woher wissen Sie, was in dem Buch steht?« »Vielleicht, weil ich's kenne.« Gemeinsam lesen wir dann in der Fußgängerzone aus der deutschsprachigen Ausgabe den Absatz, den ich meine: *»Vielleicht werden in ferner Zukunft nur dem Nichtaberrierten* (derjenige, der das Scientology-Programm absolviert hat) *die Bürgerrechte verliehen. Vielleicht ist das Ziel irgendwann in der Zukunft erreicht, wenn nur der Nichtaberrierte die Staatsbürgerschaft erlangen und davon profitieren kann ...«*

Ich bitte den jungen Mann – den ich zu den Schafen von Scientology rechne, nicht zu den Wölfen, gegen die ich kämpfe –, mir zu erklären, was Hubbard hier eigentlich meint. Statt es mir zu erklären, macht er etwas typisch

Scientologisches: Er wiederholt nur stur den Satz. Als ich ihm sage: »Du sollst es nicht wiederholen, du sollst es mir erklären«, wiederholt er den Satz abermals. Auf meine erneute Bitte um Erklärung meint er schließlich: »Ja, das ist doch ein schönes Ziel!«
Der Scientologe weiß nicht, wer mit ihm redet, einige der Umstehenden offenbar schon. Unser Gespräch erregt Interesse. Als ich merke, daß Fotoapparate zu blitzen beginnen, finde ich es an der Zeit, ihn aufzuklären.
»Fairerweise möchte ich jetzt sagen, wer ich bin. Mein Name ist Renate Hartwig.« Er sieht mich an, tritt sofort einen Schritt zurück, und ich sehe, wie sein Gesicht an den Backenknochen zu zittern beginnt. »Du brauchst keine Angst zu haben«, sage ich, »es passiert gar nichts. Ich geh jetzt da hinein und kläre über das System Scientology auf. Sicher haben sie dir über mich erzählt: Die Hartwig, die ist eine ganz böse. Aber es ist ein Irrtum, wenn du glaubst, daß ich dein Feind bin. Es ist ein Irrtum! Du als Mensch bist nicht mein Feind, aber das System Scientology ist nicht nur mein Feind, sondern auch deiner. Und wenn ich heute abend hier Aufklärung über Scientology betreibe, dann tu ich es auch für dich. Vielleicht kommt der Tag, an dem du das verstehst.«

Freundschaft für einen Judas

Es gab schon viele Situationen in meinem Leben, die man nicht nur als Kratzer in der Seele bezeichnen kann, sondern die tiefe Wunden hinterließen, die nur schwer vernarbten. Aber das, was ich in den letzten Jahren in der Auseinandersetzung mit Scientology und den Angriffen, denen ich mich damit aussetzte, erlebt habe, hat auch mich verändert.
Ich mußte lernen, daß Offenheit und Vertrauen für mich auf einmal gefährlich werden konnten, und doch weigere ich mich bis heute, grundsätzlich mißtrauisch zu sein gegen jeden und alles.
Aufgrund der Erfahrungen, die unsere Familie machen mußte, hat mein Mann – nicht zuletzt auch zum Schutz unserer Kinder gewisse Vorsichtsmaßnahmen ergriffen, damit es eben nicht mehr so leicht ist, über die Gastfreundschaft und die versuchten Hilfestellungen bis in den innersten Kern unserer Familie oder in den Büroablauf von Robin Direkt vorzudringen.

Irritierende Erfahrungen mit Aussteigern

Zuerst waren die Erfahrungen, die ich im Zusammenleben mit Aussteigern machte, für mich völlig irritierend. Wenn ich mich aber dann immer wieder für ein paar Minuten, oder wenn ich Glück hatte, sogar für ein paar Stunden zurückziehen konnte, und so manche Äußerungen, die gefallen sind, und Situationen, die aufkamen, überdachte, dann erkannte ich, daß man wohl nicht anders reagieren kann, wenn man über Jahre so einem Druck ausgesetzt ist, wie er bei der Scientology gegenüber Mitgliedern herrscht.

Ex-Scientologen stehen einander schon aufgrund der antrainierten »Ethikdrills« mißtrauisch gegenüber. Deshalb war ich es im Umgang mit Aussteigern bald gewöhnt, immer wieder zu hören: »Achtung, vor dem mußt du dich vorsehen. Überleg mal, was der da erzählt. Sicher ist er ein Eingeschleuster, der euch ausspioniert«.

Zuerst reagierte ich fassungslos auf diese Erkenntnis. Nicht Freude, daß es wieder einmal einer geschafft hat, überwog bei den Ex-Scientologen, immer wieder war da dieses Mißtrauen, es könnte »eine OSA-Nummer« sein. (OSA ist der scientologische Geheimdienst.) Mein Mann Paul und ich diskutierten oft Stunden über die Auswüchse und veränderten Verhaltensweisen, die von totalitären Systemen ausgehen und darüber, daß Menschen, die in solchen Systemen leben, ein stark verändertes Bewußtsein gegenüber der Gesellschaft eintrainiert wird.

Immer darauf bedacht Feindbilder zu projizieren, sind die Kursprogramme so angelegt, daß der Trainierte, bildlich gesprochen, einen langen Hals kriegt, weil er ewig um sich schaut, wo sein Feind steht, wer ihm was Böses will und vor allem, wer ihn behindert im Weiterkommen auf dem Weg zum Übermenschen, zum »Clear«, zu demjenigen, der Macht über Raum, Materie und Zeit besitzt.

Natürlich ist es für einen Außenstehenden, der sich die Kursprogramme eben nicht aus dieser Sicht anschaut, sie nur oberflächlich liest und sie dann einfach mit »So ein Schmarrn« kommentiert, kaum verständlich, warum selbst die sogenannten Studierten oder auch Geschäftsleute, Rechtsanwälte, Zahnärzte, die am meisten glauben, es könne ihnen nichts passieren, genauso linientreu die Richtlinien und Gesetze dieser Organisation einhalten, wie jeder andere, der vielleicht auch auf der Straße angesprochen wurde.

Mißtrauen gehört zum System

Ich habe viele Stunden meines Lebens damit zugebracht, in Gesprächen mit ausgestiegenen Scientologen diese Mißtrauenshaltung zu analysieren – daß dieses Mißtrauen nämlich von dieser Organisation gewollt ist und bei den Mitgliedern absichtlich gezüchtet wird mit der Zielsetzung, Kontrolle über jeden zu haben.
An dieser Stelle muß man vielleicht an die ehemalige DDR erinnern, wo es vierzig Jahre lang die Bespitzelung durch die Stasi gab und wo jeder jedem ein Stück weit mißtraute, was dazu führte, daß die Köpfe dieses Systems ungehindert ihren Wahnsinn weiter ausleben konnten und Macht hatten über ein ganzes Land und die gesamte Bevölkerung.
Das Gleiche gilt für das Dritte Reich, in dem Hitler mit seinen linientreuen Anhängern über die Propagandamaschine Goebbels und den gefürchteten Geheimdienst Gestapo es ebenfalls fertigbrachte, daß die Stimmen des Widerstandes nicht gehört wurden. Wer die Strukturen und Vorgehensweisen einer solchen Ideologie in ihrer Gefährlichkeit erkannt hat und weiß, zu welchen Auswüchsen es führt, wenn Mechanismen mit einer totalitären Zielrich-

tung aus falsch verstandenem Liberalismus heraus geduldet werden, und wenn es möglich ist, daß z. B. eine Organisation wie Scientology allein in Deutschland 25 Jahre lang in dieser Marschrichtung ungehindert marschiert, der kann später einmal nicht sagen, er habe es nicht gewußt.

Ganz normale Agentenspiele

Meine persönlichen Erfahrungen und Erlebnisse mit Aussteigern sind bis auf ein paar Ausnahmen, die sicher auch menschlich und charakterlich bedingt sind, allesamt gut. Mein Mann und ich kennen inzwischen weit über fünfhundert Ex-Scientologen aus der ganzen Welt, mit denen wir gesprochen haben, mit denen wir gefeiert haben, mit denen wir gelacht haben – und auch in schlimmen Stunden, die eine Aussteigersituation einfach mit sich bringt, für einander da waren.
Aus den mir vorliegenden Unterlagen geht eindeutig hervor, daß Scientology natürlich auch versucht, sogenannte Undercover-Typen als Aussteiger in die Kritikerszene der Scientology einzuschleusen. Jeder, der bei Scientology involviert war und selbst mit der Ethikabteilung oder mit der Finanzpolizei oder sogar mit dem Geheimdienst der Scientology in Kontakt kam, weiß, daß solche Agentenspiele bei Scientology nichts Außergewöhnliches sind, sondern zur Tagesordnung gehören, um Kritikerstimmen auszuschalten.
Wie bereits erwähnt, sträubte ich mich ganz einfach, grundsätzlich mit Mißtrauen zu reagieren, wenn mir jemand begegnet, der aus Scientology aussteigt. Bis heute habe ich mir persönlich diese Offenheit bewahrt, um weiterhin für denjenigen da zu sein, der von sich aus die Organisation Scientology verlassen will und es dann auch tut.

Ein Mann, der sich Martin nannte

Als mich im Sommer 1992 ein Mann anrief, der sich Martin nannte, war es für mich ein ganz normales Telefonat. Ich vergaß es und mußte erst überlegen, wer da anrief, als der selbe Martin sich wieder meldete. Er erzählte diesmal, daß er zu vielen Kritikerszenen Kontakt habe und daß ich aufgrund der Art der Konfrontation mit Scientology es verdient habe, daß man mich unterstützt. So begann eine nach außen hin völlig »normale« Aussteigergeschichte, die zu einem Treffen in Köln führte.

Die täglichen Ereignisse nahmen mich voll in Anspruch, der Kampf der Scientologen gegen mich wurde nicht mit Samthandschuhen geführt.

Zu dieser Zeit bekamen wir Unterstützung von Profis, deren tägliches Brot die Aufdeckung von Straftaten ist, zu deren Job aber auch Präventivmaßnahmen gegen organisierte Kriminalität und Verbrechen gehören. Vielleicht paßt an diese Stelle auch einmal ein Danke an all diese vielen ungenannten Helfer. Menschen, die ihre Freizeit opfern, um uns in unserer Arbeit zu unterstützen, und die sich auch um den inzwischen notwendigen Schutz sorgen und quer durch die Republik Verbindungen herstellten, die es uns möglich machen, weiterhin offensive Aufklärung zu betreiben.

Martins Wunsch, endlich einmal zu uns zu kommen, erfüllte sich anläßlich einer Mitgliederversammlung von Robin Direkt, in der er, wie übrigens viele andere Aussteiger, die von weit her kommen, bei uns übernachtete.

Martin wurde wie alle anderen vorgestellt als einer derjenigen, die es geschafft haben, die Organisation Scientology zu verlassen, und er erzählte von seinen Erlebnissen. Was uns allen auffiel, war seine unwahrscheinliche Neugier. Er hatte immer irgendwelche Zettel in der Tasche und schrieb sich Namen, Telefonnummern und Anschriften auf von Leuten, die er kennenlernte aus meinem Umfeld.

Heute bin ich wirklich froh, daß die letztlich entscheidenden Gespräche über unsere Vorgehensweise und die daraus resultierenden Entscheidungen zum Schutz des Vereins und dessen Mitglieder nur im innersten Kreis des Vorstands von Robin Direkt und des ausgewählten Trägerkreises geführt wurden. Als es zu einer Auseinandersetzung zwischen einer Ex-Scientologin und Martin kam, da er während eines Telefonats mit ihr im lupenreinsten Scientologisch sprach und sie sein Auftreten mit dem eines Ethik-Offiziers verglich, versuchten mein Mann und ich ihm klarzumachen, daß sein Ausstieg von Scientology auch mit dem Kopf zu vollziehen ist. Es gab danach auch eine Diskussion unter Aussteigern, wie man sich denn gegenseitig helfen könne, wenn diese Terminologie im Gespräch wieder eingesetzt werde, besonders in Situationen, in denen man etwas erreichen wolle. Wir selber achteten natürlich darauf, nicht zu akzeptieren, wenn jemand im reinsten Scientologisch mit uns sprach.

Oder würden Sie, lieber Leser, mich jetzt verstehen, wenn ich Ihnen etwas von einem *»Stimmungs-TR«*, von *»Tripelflüssen«*, vom *»Mest-Körper«*, vom *»Großen Tiger«*, von der *»Hutüberprüfung«*, vom *»hohen Tonarm«*, vom *»falschen Tonarm«*, von den *»großen Mittelrudimenten«*, vom *»Drükkerstrahl«*, von den *»Prepcheck-Knöpfen«*, von *»Routine 2-*

12A«, »Routine 3N2«, »Routine 3-SC«, »Routine 6«, »Routine 4-H«, »Routine 3D Criss Cross« oder vom *»Schritt 6 SOP 8-C«* erzählen würde? Würden Sie begreifen, was mitgeteilt werden soll, wenn es heißt, *»daß es eine eiserne Regel ist, daß wir PCs nicht in Schwierigkeiten lassen, nur um eine Session zu beenden ...«?*
Oder würden Sie die Pläne verstehen, die dann so heißen könnten, wie beim OT-Komittee Stuttgart: *»... Clears und OTs untereinander in ARK und KRC zu bringen, den Fortschritt der Scientologen über die Brücke beschleunigen und verstärken, dritte und vierte Dynamikprojekte für Clears und OTs im Feld ausarbeiten, um das stärkste OTC der Welt zu werden und um PR-Gebietskontrolle zu erreichen«?*
Wer in dieser Terminologie über Jahre geschult ist, der hat es schwer, sie abzulegen. Wir dachten damals, es würde dem einen oder anderen Aussteiger vielleicht helfen, wenn er eben nicht nur bei uns lebt, ißt und trinkt und schläft, eingebunden in der Familie, sondern wenn er im täglichen Kampf des Alltags mitbekommt, was für Familientragödien und Katastrophen Scientology bei anderen oft auslöst. So kam es, daß Martin auch mal über ein verlängertes Wochenende zu uns kam oder sogar ein paar Tage Urlaub nahm, um uns zu helfen. Er wußte nicht, daß uns bereits Ungereimtheiten in seien Aussagen auffielen und wir eigentlich überhaupt nicht verstanden, daß er nicht bereit war, uns verschiedene Beweise zu zeigen, von denen er immer sprach.
Er hatte laut eigener Aussage erfolgreich einen Mahn- und Vollstreckungsbescheid gegen Scientology erreicht und dadurch Rückzahlung seiner eingezahlten Gelder erwirkt. Ich wollte mit dieser Beweislage besonders den Aussteigern Mut machen, die sich durch die Kurssysteme von Scientology total verschuldeten und bei ihrem Ausstieg sich einfach nicht trauten ihre Gelder zurückzu-

fordern. Ich fand diese Vorgehensweise von Martin unsozial und egoistisch und wurde aus diesem Grund auch sensibler.

Karteikarten, Postleitzahlen, Telefonate ...

Als Martin dann seine Hilfe im Büro anbot und auf den Karteikarten die neuen Postleitzahlen eintragen wollte, hat mein Mann Paul ihm zwar den Packen gegeben, aber nur einen speziell ausgesuchten Teil, so daß mein Mann ganz genau wußte, welche Karteikarten von Martin umgeschrieben wurden – nämlich nur Karteikarten solcher Mitglieder, die wir persönlich kennen und die auch nach außen hin offen mit Scientology umgehen, also keine Leute, die wir damit in Gefahr bringen würden.
Ich glaube, es erübrigt sich zu sagen, daß bis zum heutigen Tag keiner von denen, die bei uns im Büro waren, gemerkt hat, daß auch hier Schutzmechanismen eingebaut sind, die es nur bedingt möglich machen, an bestimmte Informationen heranzukommen.
Ich bin wirklich froh, daß mein Mann für solche Dinge ein so gutes Gespür hat und dann Entscheidungen trifft, die sich im nachhinein als unwahrscheinlich wichtig erweisen.
Viele Ungereimtheiten führten dazu, daß ich die anfängliche Unbefangenheit, mit der gerade ich Martin angegangen war, durch Vorsicht abgelöst wurde. Einer dieser Situationen war seine auffällige Art bei Telefonaten, die von meiner oder anderer Robin-Direkt-Seite kamen; mit Ausreden beendete er immer sofort das Gespräch, um kurze Zeit später seinerseits zurückzurufen. Daß er sich aufgrund seiner finanziellen Situation solche Ferngespräche eigentlich gar nicht leisten konnte, erhöhte unsere Vorsicht.

Kann es sein, daß in euren Reihen jemand für Scientology spioniert?

Ein Mann, dessen Angehörige bei Scientology waren und die versuchten Scientology in der Familie weiterzubringen, nahm mit mir zuerst schriftlich Kontakt auf.
Solche Anfragen erreichen mich immer wieder und ich frage dann immer: Wie weit ist die Person in Scientology den Weg der Ausbildung gegangen? Kann man überhaupt etwas machen – das heißt: Will jemand überhaupt selber raus? Denn davon, daß man jemanden mit sogenannten »Deprogramming-Aktionen« aus der Org rausholt, halte ich persönlich nichts. Bei mir bekommt nur der Hilfe, der sie selber auch will.
Nach Jahren in der Sozialarbeit weiß ich, daß man im Grunde nur dem helfen kann, der sich auch helfen läßt. Der gerade erwähnte Brief kam im Frühjahr 1994. Martin war gerade bei uns, ich habe mit ihm die Situation diskutiert und ihn um seine Meinung gefragt. Martin war der einzige, der von diesem Brief und dieser Situation wußte. Monate später erhielt ich einen Anruf, der Mann meldete sich und fragte mich, ob es sein kann, daß in unseren Reihen ein Spitzel sitzt? Seine Schwester habe ihm mitgeteilt, daß sie wisse, daß er mit uns Kontakt aufgenommen habe.
Ich rief umgehend bei Martin an und fragte ihn gerade heraus, wie es denn sein kann, daß diese Scientologin weiß, daß ihr Bruder sich an mich gewandt habe: »Martin, du wirst zugeben, daß es da nur zwei Möglichkeiten gibt – entweder die Scientologin lügt oder Scientology hat einen Informanten, über den sie so manches erfährt.«
Ich wollte ihm mit diesem Gespräch mein Mißtrauen signalisieren, aber auch sagen, daß es nicht möglich ist, bei Robin Direkt oder in der Familie Hartwig irgend etwas auszuforschen, ohne daß wir zurückverfolgen können, wer der Judas ist.

Mein Mann Paul hat aufgrund der uns vorliegenden Beweise, wie Scientology auch in Amerika bereits in den 70er Jahren versucht hat, die Kritikerszenen zu durchsetzen und auszuforschen, und aufgrund seiner Spezialausbildung gerade für solche Fälle ganz bestimmte, hundertprozentig nachprüfbare Schutzmechanismen aufgebaut.

»Komm schnell, das Telefon hat geklingelt...«

Wie es der Zufall wollte, hatten wir traumhafte Zeugen, als es zu einem sehr dubiosen Telefonat kam. Wir führten ein Gespräch mit Sicherheitsleuten aus der Wirtschaft, als die Frau, die zu dieser Zeit Telefondienst bei uns machte, mitten in das Gespräch platzte und sagte: »Renate, komm schnell, das Telefon hat geklingelt, und ich habe abgenommen – und auf einmal sprechen im Hörer zwei Personen miteinander über dich und irgendwelche anderen Leute aus der Kritikerszene«.
Ich nahm den Hörer und tatsächlich, Martin befand sich mitten in einem Antwort-Frage-Spiel mit einer Scientologin.
Ich sagte ganz spontan in den Hörer: »Hallo Martin, hallo«. Der Sicherheitsbeamte, der gerade bei uns war, schüttelte den Kopf und deutete mir, ich solle ruhig sein. Ich reichte den Hörer an die anderen weiter, und auch die hörten, wie die Scientologin irgendwelche Informationen für die Redaktion des Freiheitsspiegels der Scientology von Martin haben wollte und er ihr sagte, sie solle doch ihren »Geheimdienst« einschalten. Sie verabschiedeten sich und die Scientologin legte auf – und dann rief Martin: »Hallo Renate! Hast du alles gehört? Das ist ja wohl der Oberhammer, jetzt versuchen sie, über *mich* was rauszubekommen!« Ich fragte: »Wie kommt es eigentlich zu diesem Telefonat?« Mir ging schon die ganze Zeit durch den Kopf, wie

es möglich ist, daß Scientology die Nummer von Martin hat. Martins Nummer über die Auskunft herauszubekommen, war gar nicht möglich, weil der Anschluß nicht auf ihn lief.
Dann sagte ich: »Da gibt es noch einen Punkt, der mir technisch unklar ist. Wenn du zwei Telefone hast und auf dem einen Telefon einen Anruf erhältst, dann mußt du, als du gemerkt hast, wer am Telefon ist, mit der anderen Hand den Hörer des anderen Apparates abgenommen und die Nummer von Robin Direkt gewählt haben.«
»Ja, stimmt.«
Ich beendete das Gespräch mit Martin, indem ich sagte: »Martin, lassen wir es gut sein, was mich irritiert hat, das will ich dir ganz offen sagen: Daß dieses Gespräch gerade jetzt stattfindet, ein paar Tage nachdem ich dir gesagt habe, daß ich mißtrauisch bin. Martin, ich hoffe, daß ich niemals ›Judas‹ zu dir sagen muß.«
Die Sicherheitsleute schüttelten nach dem Gespräch den Kopf und der Ältere der beiden, der lange Jahre bei der Kripo war, sagte mir klipp und klar: »Mädel paß auf, das Ding stinkt«.

Fotos vom Geburtstagsfest

Dann kam mein Geburtstag. Da meine Tochter und ich am gleichen Tag Geburtstag haben, ist es jedes Jahr ein wunderschönes Fest. 1994 feierten wir in einem griechischen Lokal als geschlossene Gesellschaft. Lediglich ein kleiner geladener Freundeskreis wußte von diesem Fest. Meine Tochter und ich freuten uns riesig, als uns abends die Freunde, die wir eingeladen hatten, mit einem fröhlichen Hallo begrüßten. Kurz nach sechs klingelte es. Vor der Tür stand Martin. Er sagte, er wolle mit mir meinen Geburtstag feiern, das wäre ihm sehr wichtig. Als er so unvermu-

tet vor mir stand, dachte ich, es sei vielleicht das beste, gleich in diesem Rahmen die vorhandenen Mißverständnisse aus der Welt zu räumen.
Ein hervorragendes Essen im griechischen Lokal, unbeschwerte Stunden voller Fröhlichkeit. Martin fotografierte als einziger an diesem Abend, und das war auch nichts Ungewöhnliches, denn jeder wußte, daß sein Hobby Fotografieren ist. So unbefangen ich im Juni 1994 noch auf Fotografieren reagierte, so allergisch bin ich heute, wenn jemand in meiner Nähe anfängt zu knipsen.
Wochenlang fragte ich Martin wegen der Bilder. Irgendwann riß mir die Geduld. »Wo sind die Fotos von meinem Geburtstag? Ich habe dir die Filme bezahlt, ich bezahle selbstverständlich auch die Entwicklung der Bilder, aber ich will die Bilder mit den Negativen, und zwar innerhalb 48 Stunden.«
Drei, vier Tage später waren die Fotos von meinem Geburtstag in der Post. Auch die Negative waren dabei. Ich zeigte die Fotos, die Martin gemacht hatte, ein paar Leuten, die bei mir auf dem Geburtstag waren und auch aus dem Sicherheitsbereich kommen, und fragte sie, was sie davon halten. Sämtliche Personen einzeln fotografiert. Alle im Großformat. Sehr wenige Bilder von Tischen, wo mehrere Personen zusammensaßen. Kaum eine Aufnahme von den geselligen Szenen, die an diesem Abend stattfanden.
Monate später erfuhr ich von befreundeten Journalisten, die auf dem Geburtstag waren, daß einer von ihnen mit einem Scientologen ein Interview machen wollte und der ihm sagte: »Mit Ihnen spreche ich nicht, Sie sind ein Freund von der Hartwig.« Er war völlig verdutzt, weil niemand von der Freundschaft zwischen ihm und unserer Familie wußte. Er sagte: »Woher wollen sie das wissen?« Da sagte der Scientologe: »Sie waren doch sogar bei ihrem Geburtstag.« Und der Journalist: »Aha, und Sie, der Sie

ein paar hundert Kilometer entfernt wohnen, wissen, wer bei der Hartwig auf dem Geburtstag war!«
Mit einem überheblichen Grinsen antwortete der Scientologe: »Es gibt doch Bilder.«

Adressen mit Schreibfehlern

Einige Zeit später hatten wir eine außerordentliche Mitgliederversammlung des Vereins Robin Direkt einberufen, wo wir Interna diskutieren wollten. Interessanterweise hatten Mitglieder von Robin Direkt Flugblätter von Scientology zugeschickt bekommen – nämlich jene Mitglieder, die auf den Karteikarten standen, von denen ich eingangs erzählt habe.
Scientology wußte von dieser außerordentlichen Mitgliederversammlung, und wahrscheinlich hatten sie auch die Einladung, aus der hervorging, daß wir über die Flugblattaktion und vor allem darüber diskutieren wollten, wie Scientology an die Adressen ganz bestimmter Mitglieder gekommen ist.
Auch Martin wurde natürlich als RD-Mitglied eingeladen. Er kam nicht. So konnten wir ihm auch nicht die Jokerfrage stellen: »Martin, hast du eine Erklärung, wie die Adressen – noch dazu mit den Schreibfehlern wie auf den Karteikarten – zu den Scientologen kamen?«
Die diesjährige Mitgliederversammlung von Robin Direkt hat durch eine Satzungsänderung den Vorstand und Trägerkreis in die Lage versetzt, weitere Schutzmaßnahmen einzubauen, um ein für alle Mal auszuschließen, daß Informationen nach draußen fließen können.
Martin habe ich seit diesem Zeitpunkt nicht mehr gesehen. Er schrieb mir dann noch zwei unverschämte Briefe, und es würde mich nicht wundern, wenn einer dieser Briefe irgendwann einmal als Flugblatt der Scientology er-

scheint oder irgendwo in der Kumpanenszene der Scientologen auftaucht. Inzwischen engagiert sich Martin bei einer anderen Initiative, die laut eigener Aussage von Martin, die uns in einem Brief vom 20. 8. 1995 vorliegt, bundesweit an der Lösung von Problemen arbeitet, wie sie von einigen religiösen und weltanschaulichen Sondergemeinschaften aufgeworfen werden.

Diesen Brief, mit dem Briefkopf der Initiative, schrieb er an das Landgericht München, um ein Urteil ausgehändigt zu bekommen. Der gleiche Martin, der mir über Jahre beteuerte – vor Zeugen, am Telefon und sogar schriftlich, daß er mein Freund sei, der auch in schwierigen Zeiten des Kampfes gegen Scientology zu mir hält, schreibt nun an das Gericht, er benötige die Akten, denn »diese würden die von der Scientology Organisation verbreitete Behauptung stützen, daß Frau Renate Hartwig eine betrügerische Lügnerin sei …«

Wem diese Vorgehensweise von Martin über zwei Jahre letztendlich nützt, habe ich nicht zu beurteilen. Ich will kein Richter sein. Nur eins habe ich gelernt: Man braucht nicht nur gute Nerven, sondern auch ein sehr intaktes Umfeld, um eine Freundschaft zu einem Judas unbeschadet zu überstehen.

Jedem kann's passieren

Die Art und Weise, wie Scientology in der Gesellschaft – flächendeckend, in allen Varianten – versucht, Kontakte zu schaffen, um über diese Schiene zu expandieren, zeigen die folgenden Beispiele:

Anwerbung über Meinungsumfrage

In Hamburg wurde eine Familie von einer jungen Frau angesprochen, ob sie einige Fragen beantworten würde: »Was halten Sie vom Verhältnis der Deutschen zur Kunst?«, »Wie ist Ihre Einstellung zur Kunst?« oder »Was halten Sie von Kunst auf Gebrauchsgegenständen?«, so lauteten sinngemäß die Fragen.
Die Antworten der Familie fielen durchschnittlich aus. Von »traurig« bis »nach allen Seiten offen« oder »gar nichts«. Die junge Frau stutzte, denn gerade darauf wollte sie hinaus. »Wir sind eine neue Galerie der Künstler, und einer hat Sternzeichen kreiert, die auf Krawatten und Seidentüchern gedruckt werden. Wenn Sie Interesse haben, schicken wir Ihnen gerne Prospektmaterial zu.« Als die Werberin von der Dame erfuhr, daß sie diese Art von Kunst eigentlich nicht mag, wurde das Gespräch sofort

auf andere Objekte hingeführt. Tja, dann wurde die Anschrift sogar selbst eingetragen, in eine vorgedruckte Karte, da der Name der Familie etwas kompliziert zu schreiben ist. Nach ein paar Tagen bekam die Familie das erste Schreiben, in dem die Edition Hubeny, Kritenbarg 47, 22391 Hamburg in einem persönlich gehaltenen Brief ein Angebot machte. Der Brief ist datiert vom 30. Juli 1995 und darin ist zu lesen, daß man sich als erstes bedankt für die Aufgeschlossenheit. Weiter schreibt die Edition Hubeny: »Sie teilten uns Ihre Meinung über Kunst und Ihre Adresse mit und halfen der Edition Hubeny dabei, mehr über die Wünsche und Ideen bezüglich Kunst im Alltag der Menschen zu erfahren.«
In ein paar Sätzen wird über die Kunstszene generell gesprochen, daß die Geschmäcker verschieden seien und man viele Personen erreichen wolle, die den Kunststil der Edition Hubeny schätzen und mögen. Ein großes Anliegen des Kunstversandes Hubeny ist es, laut Schreiben, im Alltag, der oft sehr einfarbig und gleichmäßig ist, einige zusätzliche, ästhetische Farbtupfer zu setzen.
»Wie fühlen Sie sich, wenn Sie bewußt auf etwas Schönes schauen? Genau, das ist der Sinn und Zweck unserer Kunstverbreitung. Kunst ist Kommunikation und beides beeinflußt Emotionen und Emotionen beeinflussen die Lebensqualität und -fähigkeit von uns allen.«
Herr Hubeny, wenn ich Sie nicht schon aus vielen, vielen Unterlagen aus meinem Beweismittelarchiv kennen würde, mir Ihre Vorgehensweisen von vielen, vielen, vielen Menschen in diesem Land beschrieben worden wären, dann wäre Ihr Einstiegsbrief bei dieser Familie mir vielleicht so vorgekommen wie ein ganz normaler Werbebrief eines Versandes. Denn immerhin, Herr Hubeny, haben Sie ja umgestellt, vom Unternehmensberater und Trainer, z. B. bei Schmitt & Partner in Münster/Westfalen oder von der AMK (Akademie für Management und Kommunika-

tion in Wiesloch, s. Mitglieder Porträt, S. 118) sowie von Hamburg von der GMT (Gesellschaft für Managertraining) auf Kunst. Ihre Zielsetzung war und ist ja wohl immer die gleiche: Das Gedankengut und die Ideologie der Scientology in der Gesellschaft zu verbreiten. Und diesmal möchte ich Ihnen auf diese Weise, in diesem Buch, sagen, Herr Hubeny, diesmal ist der Trick verreckt. Auf Ihr Angebot – ein dreiteiliges Set zum Komplettpreis von 169 DM, bestehend aus einer einzigartigen, numerierten und scheinbar limitierten Sternkreiszeichenkrawatte oder einem wunderschönen Sternkreiszeichentuch, mit dem Begleitbuch »Du und Dein Stern«, alles verpackt in einem wertvollen Kunst-Geschenkkarton – wird diese Familie nicht eingehen. Und wissen Sie warum, Herr Hubeny? Nicht weil Sie ein Scientologe sind, sondern weil Sie ein Ziel verfolgen. Und dieses Ziel, Herr Hubeny, gilt es zu verhindern. Übrigens auch in Ihrem eigenen Interesse, obwohl Sie es vielleicht, wenn Sie diese Zeilen in diesem Buch lesen, noch gar nicht wahrhaben wollen. Oder vielleicht, Herr Hubeny, auch gar nicht dürfen.
Und wer ist der Künstler, der laut Prospekt exklusive Künstlerkrawatten und Tücher in limitierter Auflage aus Seide mit Sternzeichen bemalt hat? Die zwölf Sternzeichen auf Seide in unvergleichlichen Farben und ästhetischer Symbolik, so steht es im Prospekt, hat Carl-W. Röhrig geschaffen, der ebenfalls zielstrebig Scientology-Ideologie vertritt.
Und wie ging es weiter im Fall Hubeny? Nach dem Schreiben und dem Angebot für die Krawatten kam wenige Tage später ein erster Anruf von der bewußten Galerie, ob die Unterlagen angekommen wären. Immer der gleiche Stil: Erst die Fragen, dann das Angebot und dann der Anruf. Keiner in der Familie hatte Zeit noch Lust, sich auf Diskussionen am Telefon einzulassen, und man sagte der Anruferin, einer Frau Wegler, daß man irgendwann ein-

MITGLIEDER PORTRÄT

Martin Kolb, Executive Direktor AMK

Die AMK existiert seit Dezember 1989. Seit dieser Zeit haben über 10,000 Leute LRH Tech durch die AMK kennengelernt. Von diesen 10.000 Leuten haben ca. 2200 an einer größeren Ausbildung teilgenommen. Insgesamt wurden ca. 300 Leute auf der Brücke gestartet.

Das System der AMK an diese Leute heran zu kommen ist sehr einfach. Leute aus der Offentlichkeit werden über eine Umfrage kontaktiert und dann auf eine Informationsveranstaltung eingeladen. Von dort werden sie für ein Seminar abgezeichnet, bei dem sie die Grundlagen uber Kommunikation kennenlernen.

Nach diesem 2 Tage dauernden Seminar buchen diese Teilnehmer für durchschnittlich DM 8,000 - weitere Ausbildung. Dies sind dann Kurse wie Auf und Ab im Leben, Integrität, Wie man mit anderen besser zurechtkommt, Ethik u.s.w. Alle grundlegenden WISE Kurse.

Die Ergebnisse die hierbei erzielt werden sind erstaunlich. Durch standardgemäße Lieferung und größtenteils individuelle Betreuung verändern die Teilnehmer oftmals ihr ganzes Leben. Sie entdecken und handhaben grundlegende Mißstände in ihrem Leben.

Ein weiterer Bereich der Lieferung ist das Consulting. Bei den meisten Consultings werden die Teilnehmer bei der Handhabung ihrer Firma gecoacht. Die AMK ist mittlerweilen dafür bekannt, daß sie Firmen durch dieses Coachen aus den schwierigsten Situationen herausgeholfen hat.

Das Erfolgsrezept ist also definitiv "The Power of Symplicity."

Dies trifft auch auf alle innerorganisatorischen Angelegenheiten zu. Ein komplettes System mit einfachsten Hutniederschriften für jede Tatigkeit, sowie ausgezeichnete Flußlinien innerhalb der Räumlichkeiten der AMK machen einen effektiven Arbeitsablauf möglich.

Es sind die Basics die immer wieder über Erfolg oder Mißerfolg entscheiden. Aus diesem Grund durchläuft jeder AMK Mitarbeiter zu Beginn seiner Tätigkeit eine grundlegende Ausbildung. Bei dieser Ausbildung lernt er alle grundlegenden Arbeitsschritte in der AMK kennen. Parallel dazu verbringt er zunächst 5 Stunden pro Tag mit der Ausbildung in den Staff Staten 1 und 2. Er wird also ca. 6 Wochen lang grundlegend ausgebildet bevor er mit der Einarbeitung und Ausbildung für einen spezifischen Posten beginnt. Hier hat er nochmals eine ca. 6 wöchige "Schonfrist." Danach wird er zum "Senkrechtstarter."

Der entscheidende Durchbruch in der AMK war das Anwenden der Gesetzmäßigkeiten für die 3. Dynamik, wie sie von LRH erforscht und niedergeschrieben wurden. Hierbei wurde wirklich jede Verfahrensweise die nicht direkt auf LRH Policy zu begründen war über Bord geworfen. Dies war ein regelrechter Prozeß. Schließlich mußte jeder einzelne Mitarbeiter begreifen, daß diese Richtlinien für jede 3. Dynamik gelten und nicht nur für eine Scientology® Kirche.

Momentan ist die AMK dabei in weitere Städte zu expandieren. Dies bedeutet, das mittlerweilen Teilnehmer aus dem ganzen Bundesgebiet in die AMK für Ausbildung kommen. Die Entfernung spielt hierbei offensichtlich keine Rolle. Sollten die momentanen Expansions Erwartungen planmäßig verwirklicht werden ist der nächste Schritt eine Erweiterung der Aktivität in die USA. Dies soll schon nach dem Erhalt des Admin Know-How Preises, was in den nächsten Wochen sein wird, stattfinden.

Das Execcouncil ist zuversichtlich. Mit standardgemäßer Ausbildung als Werkzeug und einer hervorragenden Lieferung an die Teilnehmer sind unüberwindliche Stops unvorstellbar.

Werden Sie Mitglied bei

WISE

(Aus: Europa News, Die monatliche Zeitung für WISE Mitglieder, WISE, Ausgabe 1)

mal vorbeikomme. Drei Tage später kam natürlich ein weiterer Anruf von Frau Wegler zwecks einer persönlichen Einladung von Herrn Hubeny, nach Poppenbüttel zu einer Besichtigung schöner Kunst im Hause der Edition Hubeny zu kommen. Zu diesem persönlichen Gespräch seien auch Freunde herzlich willkommen. Es wird sogar schriftlich eine Wegbeschreibung geschickt, mit der Überschrift: Weg zu Hubeny – Hamburg – Kritenbarg 47, Stadtteil Poppenbüttel, Falk-Stadtplan, Hamburg, Seite 37/A 2-3. Aus allen Himmelsrichtungen wird die Anfahrt zur Edition Hubeny beschrieben:

Mit dem Zug: Vom Hbf Hamburg, steht da zu lesen, mit der S 1/S 11 bis zur Endstation Poppenbüttel, Querstraße Kritenbarg, rechts, 200 m, 3. Haus auf der rechten Seite, 2 Garagen, das Haus liegt nicht sichtbar dahinter.

Mit dem Auto: Aus dem Süden A1 – A7, aber auch wie man mit dem Auto von Osten/Berlin A24, mit dem Auto aus Lübeck A1 usw.

Es ist also anzunehmen, daß die Umfragen der Edition Hubeny in der ganzen Republik durchgeführt werden, denn wie sonst könnte jemand auf die Idee kommen, in einem Hinterhof von Poppenbüttel eine Kunstausstellung von Seidenkrawatten zu besichtigen?

Ein anderer Informant berichtete, daß er nach dieser Umfrage, die er ebenfalls für eine Umfrage eines Meinungsforschungsinstitutes hielt, eine persönliche Einladung bekam, in der u. a. steht: »Wir laden alle Freunde, Bekannte und Kunstliebhaber zu uns ein. Und ganz besonders Dich!«

Jetzt könnte der eine oder andere sagen: Ach, laß den doch Seidenkrawatten verkaufen, verpackt in wertvollen Kunst-Geschenkkartons. Ja, eigentlich ist egal, was er verkauft, aber es ist eben nicht egal, wenn man die Absichten der Organisation kennt, der sich Werner Hubeny verschrieben hat.

Um den Plan einer scientologisch kontrollierten Gesellschaft zu realisieren, braucht man Vehikel, irgendwelche Dienstleistungen oder Produkte, über die es möglich ist,

Kontakte zu knüpfen: Das ist der Schnittpunkt in der Diskussion. Wer Werner Hubenys beruflichen Weg kennt, der wundert sich nicht über die Aussage eines anderen Informanten, der die Einladung ins Haus der Edition Hubeny angenommen hat. Als er durch den Raum ging, lagen auf dem Tisch Hubbard-Bücher.

Bei öffentlichen Diskussionen behaupten die anwesenden Scientologen, die als Störer in der Diskussion oder während meines Vortrages auftreten, immer wieder, wenn ich anhand von Fallbeispielen die verschiedenen Vorgehensweisen darstelle, es handle sich ausschließlich um Einzelfälle. Das könne man nicht generell sehen. Das wäre viel zu allgemein. Wenn ich nur über all die Fälle berichten würde, über die mir genaue Informationen vorliegen – an dieser Stelle allein nur die Informationen, wie einzelne Scientologen versucht haben, über geschäftliche Kontakte Kundengespräche, Verkauf eines Produkts oder über Anwerbung für eine Mitarbeit, Scientology-Ideologie einfließen zu lassen, dann würde es nicht nur den Rahmen eines Buches sprengen, sondern ich könnte sicher damit inzwischen ein Bücherregal füllen.

Falle Arbeitslosigkeit

Eine junge Frau erzählte mir, daß sie aufgrund ihrer Arbeitslosigkeit zu Scientology kam. Der Vater einer Freundin sprach sie auf ihre Arbeitslosigkeit an. Er sagte, er sei selbständig und habe ein Büro in Nürnberg. Sie könne sich dieses Büro ja einmal anschauen, da er unbedingt jemanden für die Rezeption bräuchte. Die junge Frau erzählte: »Da ich froh war, endlich bald wieder eine Arbeit zu haben, sagte ich zu und schaute mir das Büro und den Arbeitsplatz an.« Die Firma hieß Prowofi (Professionelles Wohnungsfinden). Ihr Aufgabenbereich wurde beschrieben mit: Telefonate annehmen, mit den Leuten Termine machen, danach fragen, wie sie auf Prowofi aufmerksam wurden und welcher beruflichen Tätigkeit sie nachgehen. Mit Rechtsanwälten, Psychiatern oder Polizisten sollten keine Termine ausgemacht werden. Die junge Frau nahm das Angebot an und war froh, ihre Arbeitslosigkeit beenden zu können. Bereits vier Tage später wurde sie gefragt, ob sie nicht Lust hätte, an einem Kommunikationskurs teilzunehmen. Kein Wort davon, daß dieser von Scientology angeboten wird. Vom Büro Prowofi wurde im Dianetik-Zentrum, Färberstr. 5 in Nürnberg angerufen und mit dem Leiter Gerd Böhm ein Termin ausgemacht, der sofort stattfand. Die junge Frau wurde ins Dianetik-Zentrum gefahren, wo sie freundlich empfangen wurde und umgehend den 200-Fragen-Bogen ausfüllen mußte. Während sie die Fragen ankreuzte, wurde von dem zuständigen Scientologen schon der Mitgliedsantrag für Scientology ausgefüllt. Die Kursgebühr von 350 DM wurde von der Fa. Prowofi bezahlt. Sie begann mit dem Komm-Kurs (Kommunikations-Kurs). Nach mehreren Tagen hatte sie ihn absolviert und erhielt ein Zertifikat. Sie mußte einen Erfolgsbericht schreiben und nochmals die 200 Fragen beantworten. Die Auswertung sollte ihr verdeutlichen, daß der Komm-Kurs sehr viel gebracht hatte. Man legte ihr beide Auswertungen zum Vergleich vor. Es gäbe noch einige Schwachstellen zu überwinden, dafür hatte man sofort die Lösung parat. Nämlich Auditing, mit diesem Verfahren wäre es garantiert möglich, die vorhandenen Schwachstellen zu beseitigen. Die junge Frau merkte, daß das eigentlich nicht ihr Ding ist, sie wollte arbeiten und nicht irgendwelche Kurse besuchen. Aber aus Angst, ihren Arbeitsplatz wieder zu verlieren, schwieg sie fürs erste. Als sie Auditing bekommen sollte, lehnte sie ab. Es war ihr sowieso finanziell gar nicht möglich, die dafür von ihr geforderten Gebühren zu bezahlen. Sie blieb stur, was zur Folge hatte, daß ihr Arbeitgeber sauer wurde. Zu seiner Tochter durfte sie mehrere Tage lang keinen Kontakt mehr haben, und erst da merkte die junge Frau, daß die ganze Familie Mitglied bei Scientology ist. Sie ging völlig irritiert nach Hause und erzählte ihrer Mutter, was sie erlebte. Sofort wurde ein Austrittsschreiben formuliert und per Einschreiben ans Dianetik-Zentrum nach Nürnberg geschickt. Lange Zeit wurde die junge Frau noch mit Briefen vom Dianetik-Zentrum bombardiert. Irgendwann schickte sie es zurück mit dem Vermerk »Annahme verweigert«. Die Freundschaft der jungen Mädchen gestaltete sich ab diesem Zeitpunkt als sehr schwierig. Es kam noch zu einem Gespräch, in dem der Prowofi-Chef, der Vater der Freundin, ganz klar sagte, entweder sie ändere jetzt ihr Leben oder die Freundschaft zu seiner Tochter müsse sofort beendet werden. Das hieß im Klartext: Entweder sie geht zu Scientology zurück oder die Freundschaft ist vorbei. Damit war für die junge Frau klar: »Ab diesem Zeitpunkt existierte die Freundschaft nicht mehr!«

Brautleute als Zielgruppe

Viele Brautpaare, die das Aufgebot am Standesamt aufgegeben hatten, wurden bald darauf von einem »Eheberater« Reinhard Egy von der Scientology-Organisation Stuttgart angeschrieben. Natürlich wunderten sich viele, wie denn ihre Adresse bei Scientology landen konnte. Sie riefen mich an: »Können Sie mir sagen, wie die gerade auf uns kommen?« Und eine der Fragen lautete: »Gibt es auch schon Scientologen am Standesamt?« Also die Strategie, die sich dahinter verbirgt, dürfte wohl sehr einfach sein. Scientology hat die Zielgruppe »Paare« bereits seit langem entdeckt und bietet dafür eine Dienstleistung an. Nichts

einfacher, als auf dem Standesamt die ausgehängten Aufgebote zu lesen, die Adressen abzuschreiben und dann ein Angebot zu schicken über einen Kurs, wie man miteinander glücklich wird.
Daß die Einladung an Brautleute und Paare keine »Einzelaktion« eines Reinhard Egy von der Scientology Organisation von Stuttgart war, kann ich beweisen. Die Scientology München-Pasing, Bäckerstr. 31, wirbt mit kostenlosen Vorträgen über »Gründe, warum eine Beziehung zerbricht«. Wenn die Scientologen Holger Hartmuth und Olaf Günther aus München als Redner auftreten, dann haben sie wohl selber gründlich verdrängt, wieviele Scheidungen und Trennungen unter ihren Mitscientologen stattfinden und vor allem, wieviele Trennungsbefehle die Organisation selbst ausgesprochen hat. Gerade der Scientology-Gründer Lafayette Ron Hubbard, von dem die Kurse ja stammen, hat sie wohl nur zum Verkaufen und zum Anwerben geschrieben, denn er selbst hielt von gegenseitiger Achtung und Akzeptieren der Persönlichkeit des Partners wohl sehr wenig. In dem Buch »Schamloser Messias« (Bare Faced Messiah) beschreibt der Autor Russell Miller, daß Hubbard auch im Alter gerne von leichtgeschürzten Mädchen umgeben war, die ihm jeden Wunsch von den Augen ablasen, ihn be- und entkleideten und ihm z. B. Aschenbecher nachtrugen, um die Asche des Kettenrauchers Hubbard aufzufangen. Wenn eine solche Persönlichkeit wie Hubbard dann Kurse über besseres Verstehen und für junge Paare schreibt, dann ist hier wohl auch schon der Widerspruch zu erkennen, der im ganzen Kurssystem der Scientologen liegt. Nur wie sollte das ein junges Paar wissen, das sein Aufgebot bestellt und sich freudig auf die Hochzeit vorbereitet? Diese Art Kursangebot ist nichts anderes als eine der Dienstleistungen, über die »rohes Fleisch« (Originalton Scientology) für die Organisation angeworben werden soll.

Hallo Taxi!

Der Erfindungsreichtum, um Neugierde zu wecken auf »Dianetik«, ist nicht nur ungebrochen, sondern mit immer raffinierteren Werbestrategien wird versucht an Kunden zu kommen. Oder hätten Sie gedacht, lieber Leser, wenn Sie in Frankfurt z. B. »Frankfurts Taxiruf« rufen und dann beim Aussteigen eine Quittung verlangen, daß dies der Weg sein könnte, daß Scientology versucht, an Sie heranzukommen? Richtig, niemand glaubt und keiner denkt auch daran, aber auf einer Taxiquittung, die uns vorliegt, wird groß und breit für »Dianetik« geworben.

Verpackung geändert – Inhalt gleich

Eine der Strategien von Scientologen ist Namensänderung bei Enttarnung. So wurde der Fa. CHOICE International, eine der großen Lizenznehmer der Scientology-Organisation Martin Ostertag und Partner aus Stuttgart, aufgrund offensiver Aufklärungsarbeit, ihre Zielsetzung, die Ideologie der Scientology über Personalberatung in Firmen zu etablieren, erschwert. Es ist immer wieder festzustellen, daß bei Enttarnung der Zielsetzung die Namen geändert werden und dann mit gleichen Vorgehensweisen und Angeboten weiter agiert wird. So heißt inzwischen Choice International Euroselect, und Euroselect ist eine Personalmarketingfirma, die – wie quer durch die Republik in Anzeigen zu lesen ist – im Auftrag von Firmen Mitarbeiter sucht. Z. B. am 8. 7. 95 wurde über eine Anzeige in der Stuttgarter Zeitung ein »Assistent der Geschäftsleitung« für ein bekanntes Unternehmen nördlich von Stuttgart gesucht. Ob der Auftraggeber von Euroselect die Zielsetzungen der Familie Ostertag als WISE-Lizenznehmer kennt, wagen wir zu bezweifeln. Eine Umfrage von uns bei über 200 Unterneh-

Hubbard-Richtlinie vom 15. 9. 1959,
Organisations-Führungs-Kurs, Band 6

Tips zur Verbreitung

Um erfolgreich zu verbreiten, muß man ein SCHEINBARES Ziel haben, das der Zuhörerschaft oder der Peron in ihrer Stimmung verständlich ist und mit dem er übereinstimmen kann. Zeige ihm etwas über ihn selbst und die Schlacht ist beinahe gewonnen. ... Das Motto ist hier: Versuche nicht zu überwältigen, sondern zu durchdringen. Wenn wir mit offenen Augen angreifen, dann werden wir diese Durchdringung ebenso lenken wie wir eine Sitzung steuern. ... Versuche nicht zu überreden. Durchdringe. Versuche nicht zu überwältigen. Durchdringe. Und sogar ein Reporter wird Dir einfach in den Schoß fallen. ...

Wir sind die erste Gruppe auf der Welt, die weiß, wovon sie spricht. Also, segle hinein. Die Welt gehört uns. Besitze sie.

mern, die auf Referenzlisten von CHOICE International und deren selbständig arbeitenden Franchisenehmern stehen, ergab, daß drei von 200 wußten, daß ein WISE-Lizenznehmer in Verbindung mit Scientology gebracht werden kann. Keiner wußte, daß WISE (World Institute Scientology Enterprises) eine 100%ige Unterorganisation der Scientology ist, deren Aufgabe ist, über diesen Weg im wirtschaftlichen Bereich Fuß zu fassen. Wie könnte das besser gehen, als durch Personalberatung/Personalvermittlung?

Job gesucht – aufgepaßt!

In der Flut der Stellenanzeigen ist es für einen Arbeitsuchenden fast unmöglich, die Spreu vom Weizen zu trennen, d.h. herauszufinden, ob hinter den Stellenanzeigen

Frankfurter Rundschau - 15. Juli 1995

Frankfurter Rundschau - 9. September 1995

der Personalvermittlungen Scientologen stecken. In der Frankfurter Rundschau vom 15. 7. 95 stand in einer Stellenanzeige, daß eine Computerfirma eine/n Sachbearbeiter/-in sucht. Die Firma weist in der Anzeige darauf hin: »Informieren Sie sich einfach vorab telefonisch bei unserem Personalberater, Herrn Stricker, ..., Dietzenbach ...«. Damit übergibt die Firma die Auswahl ihre zukünftigen Personals in die Hände eines professionellen Scientologen, der nur eine Zielsetzung im Kopf hat, und diese heißt: Clear-Deutschland. Kontrolle über alles und jeden. Aus vielen Gesprächen in der Wirtschaft ist mir bekannt, daß die Firmen zum überwiegenden Teil nicht informiert waren, daß sich z. B. unter der Maske des Personalberaters ein knallharter Verfechter des Scientology-Systems steckt, der nach unserem Beweismittelarchiv keine Gelegenheit ausläßt, um den Einfluß der Scientology-Organisation in der Wirtschaft zu fördern.
Widersprüchlich ist jedenfalls, daß mittlerweile im redaktionellen Teil oft über die Gefährlichkeit der Ideologie/Technologie der Scientology berichtet wird, bei der Anzeigenschaltung aber nichts unternommen wird, um die Leser der Zeitung auch vor Schaden zu bewahren.

Scientology und Au-Pair

Die Scientologin Claudia Engel fand, daß ihre Arbeit im redaktionellen Teil der Zeitung zu würdigen sei. Die Rhein-Main-Presse machte einen Artikel über ihre Au-Pair-Vermittlung, da sich gerade junge Mädchen nach der Schule immer öfter entscheiden, für einige Zeit ins Ausland zu gehen, um Land und Leute kennenzulernen. Informierte Bürger meldeten sich nach dem Artikel bei der Redaktion und gaben den Hinweis, daß Claudia Engel sich der Scientology-Zielsetzung verschrieben hat. Trotz des entsprechenden Erlasses von Minister Blüm (Entzug der Lizenz zur privaten Arbeitsvermittlung für Scientologen), besaß sie eine Lizenz zur privaten Arbeitsvermittlung. Nach ihrer eigenen Realität (Scientology-Jargon) handelte sie auch und verschwieg dem Arbeitsamt ihre Mitgliedschaft bei der Scientology. In einem Gespräch mit Journalisten vertrat sie die Meinung, daß ihre Scientology-Zugehörigkeit nicht von anderen Leuten abgewogen werden müsse. Das Landesarbeitsamt war anderer Ansicht und entzog ihr die Lizenz. Es ist anzunehmen, daß Claudia Engel sich jetzt in den Reigen derer einreiht, die von der Organisation als »Verfolgte« in Deutschland vorgeführt werden. Auch sie wird behaupten, daß sie »Privates« von »Beruflichem« trennt, obwohl sie sicher auch zu denjenigen gehört, die die Hubbard-Richtlinie kennt, daß ein Scientologe immer ein Scientologe ist, und daß man von einem Scientologen nicht nur erwartet, sondern daß es seine Pflicht ist, dafür zu sorgen, daß die Scientology immer mehr Einfluß in der Gesellschaft gewinnt.

Maske gefällig?

Daß Scientology mit vielen Masken arbeitet, ist inzwischen nicht nur Insidern bekannt. Tarnorganisationen als Masken, Namen als Masken, größte Maske dürfte wohl sein, daß die Scientology den nichtgeschützten Titel Kirche benutzt. Vielleicht ist das der Grund, daß die Scientologin Maria Weber inzwischen für eine »High Tech Styling Maske« von einem amerikanischen Forscher wirbt. Maria Weber verteilt an Interessenten ein Werbeblatt, aus dem hervorgeht, daß die angebotene Maske durch computergesteuerte Übertragung von Impulsen auf das Gesicht einwirken soll. Ob es hilft, kann und will ich hier überhaupt nicht bewerten. Nur eines ist sicher: Von meinem Informanten weiß ich, daß über das Angebot dieser Maske wiederum eine ganz bestimmte Klientel gezielt angesprochen werden kann. Über das Vorstellen dieser »High Tech Styling Maske« ist ein sehr persönliches Gespräch möglich, außerdem wird die Möglichkeit geboten, selbst als Vertreiberin dieser Maske zu agieren. Oberflächlich betrachtet würde niemand auf die Idee kommen, daß hinter einem freundlichen Angebot zum Kauf einer Spezialmaske oder auch – als eine evtl. nebenberufliche Existenz – zum Vertrieb noch eine andere Absicht stecken könnte. Maria Weber ist eine hochtrainierte Hubbardistin mit Kaderausbildung, die nicht nur linientreu Scientology-Zielsetzungen verfolgt, sondern diese auch durch ihre Position in der Organisation selbst unter Beweis stellt. So gehörte sie bereits im November 1989 zu den Gründungsmitgliedern des OT-Kommitee Stuttgart (OT = Operierender Thetan, jemand der Macht über Raum, Materie und Zeit haben soll), das u. a. zu folgenden Zwecken gegründet wurde:

1. Public Relation Gebietskontrolle,
2. Verbesserung von Zuständen in der Gesellschaft,
3. Public Relation für L. Ron Hubbard,
4. den Mitgliedern helfen, eigene Stopps zu entfernen.

In dem Org. Board (Organisationsstruktur) des OT-Kommitees ist auch ihr Mann Gerd Weber ED aufgeführt (Executive Director – sowas wie der oberste Chef), und seine Frau Maria Weber als ED/Com. (Communicator), das ist diejenige, die die Kommunikation für den ED erledigt. Ganz unten, in einem schmalen Kästchen, steht auf diesem scientologischen Org. Board »Das wertvolle Endprodukt des OTC (OT = Operierender Thetan, Anm. der Autorin): Ein fähiges OT-Commitee, das LRH Tech anwendet und somit eine sichere Umgebung schafft, in der Scientologen auf allen Dynamiken expandieren können.«
Wenn die Kaderabteilung der Scientologen ihr gestecktes

Ziel auf unser Land bezogen, für Deutschland erreicht haben, dann fällt die Maske der Scientologen und für die Demokratie die letzte Klappe.

Über Farb- und Stilberatung zum ersten Hubbard-Kurs

Sie wollen sich selbständig machen? Oder suchen Sie, nachdem die Kinder inzwischen größer sind, wieder einen Einstieg ins Berufsleben? Sie schauen sich um, Sie lesen die Zeitungen, oder Sie gehen aufs Arbeitsamt und lassen sich beraten. Die Angebote sind vielseitig. Sie nehmen eine Broschüre mit, die »Berufsbildung und berufliche Weiterbildung Körperpflege/Kosmetik« heißt. Es ist eine professionell aufgemachte Broschüre, der Inhalt überzeugt Sie, und Sie melden sich bei Beauty-Colours International in München. Ihre zuständige Ansprechpartnerin ist laut Broschüre Bildung und Beruf, Frau Kunz. Können Sie sich vorstellen, daß Sie, ohne es zu wissen, im ersten Teil der Ausbildung bereits mit der Hubbard-Technologie PUR in Berührung kommen? Hätten Sie geglaubt, daß der Ihnen übersandte Lehrplan, Stand 1994, Ausbildung zum(r) Farb-und Typstylisten(in) mit Prüfung und Diplom, schon im Teil A ein Kommunikationstraining beinhaltet, das bei der Organisation Scientology selbst als Einstiegskurs mit der Zielsetzung ein trainierter/trainierte Scientologe/-in zu werden, verwendet wird?
Niemand, der sich an uns gewendet hat, weil er sich – sei es auf Empfehlung, über das Arbeitsamt, über die Broschüre – zur Ausbildung bei Beauty-Colours International Leonie H. Kunz, im Lehrinstitut für Farb-, Typ- und Imageberatung und Management-Training angemeldet hat und dann skeptisch wurde, hatte sich das vorher vorstellen können. Die vor mir liegenden Fakten beweisen aber, daß auch diese »Ausbildung« wieder dazu genutzt wird,

die Hubbard-Technologie, wie es in den Richtlinien der Organisation steht, weiterzuverbreiten. Das Ehepaar Leonie und Josef Kunz sind beide trainierte Scientologen, sie versuchen, die Hubbard-Ideologie in Form von Kursangeboten zu verbreiten. In den Unterlagen von Beauty-Colours International steht z. B. auf S. 14 über Frau Leonie Kunz, daß sie bereits seit 1982 die Farb- und Typberatung kennt und sie zur Vervollständigung ihres Konzeptes zusätzliche Trainings im persönlichen und Management-Bereich in Amerika absolvierte. Wer, so frage ich Sie jetzt, lieber Leser, käme bei dieser Vorstellung darauf, daß er es hier mit einer Frau zu tun hat, die ihren Beruf der Farb- und Typberatung dazu benutzt, um die Hubbardistischen Trainings zu verbreiten, damit Scientology immer mehr Einfluß in der Gesellschaft gewinnt.
U. a. steht in der mir vorliegenden Selbstdarstellung von Frau Kunz, daß die Fa. Beauty-Colours International weltweit ausbildet und dieses Konzept nicht nur an Firmen sondern an jede Frau und selbstverständlich auch an jeden Mann vermittelt wird. An jene Menschen also, so steht dort geschrieben, die im Leben mehr Erfolg haben oder haben möchten, und dafür ihre *optimale* Persönlichkeit einsetzen wollen. Außerdem wird als Referenz für ihre Seminare z. B. angegeben, daß sie bei Optikern ebenso wie bei Verbänden oder großen Firmen wie der Hypo-Bank, BMW, etc. geschätzt wird. Ihre Fernsehsendungen und Radiointerviews, allein 19 Sendungen in Tele 5 wurden – laut Eigendarstellung von Frau Kunz von vielen, vielen Leuten aus allen Teilen Deutschlands, Österreichs und der Schweiz mit Anerkennung bestätigt. Frau Kunz ist empfohlenes Mitglied im Internationalen Verband der Farbberater sowie Gründungsmitglied und 1. Vorstand der Internationalen Interessengemeinschaft der Farb- und Typstylistinnen, gegründet am 21. 06. 1991. Außerdem ist die Ausbildung des Lehrinstitutes Beauty-Colours

International bei der Bundesanstalt für Arbeit als Weiterbildungsmöglichkeit gespeichert. Wer kann sich vorstellen, daß man, über eine so seriöse Behörde, mit scientologischen Techniken in Kontakt kommt – wetten, niemand. Selbst vom Arbeitsamt München wird Beauty-Colours International als Adresse weitergegeben, wenn sich jemand im Modebereich weiterbilden will. Einer Informantin wurde dabei sogar gesagt, daß Frau Kunz einige Zeit in Amerika war, daß die Kosten für die Ausbildung ca. 7 000 DM betrage zzgl. einem Kommunikationstraining bei Josef Kunz. In allen Fällen, die mir vorliegen, hatten die Informanten vorher keine Ahnung, daß dieses Training oft das Einstiegstraining bei Scientology ist. Es gab natürlich hin und wieder jemanden, der sich bei diesem Kommunikationskurs doch gewundert hatte, als Begriffe wie »Einführendes TR 0« fielen, bei dem als Zweck angegeben war: »Jemanden daran zu gewöhnen, einer anderen Person gegenüber bequem dazusein und nichts anderes zu tun als dazusein. Verfahren: Setzen Sie sich in bequemer Haltung einem anderen Studenten auf einen Stuhl gegenüber ... Schließen Sie die Augen und seien Sie da.« (Original Scientology-Jargon.)
Das Ehepaar Kunz hat sich 1994 auch in ihrem Wohngebiet engagiert und Kursangebote von L. Ron Hubbard für die ganze Nachbarschaft angeboten. Durch Flugblätter stellte sich das Ehepaar Kunz sich unter der Firmierung Kunz & Partner Kommunikations- und Motivationsseminare in Gelting bei München vor. Unter der Überschrift »Hallo, wir stellen uns vor!« wurden Kurse angeboten für Finanzen/Ehe/Kinder/Allgemeine und wünschenswerte Veränderungen. Nachbarn informierten die Stadt Geretsried, und dann passierte genau das, was mich immer wieder in Wut versetzt. In einem Schreiben der Nachbarn wurde mir mitgeteilt:
»Sehr geehrte Frau Hartwig, wir informierten die Stadt-

verwaltung Geretsried. Anwort: Glaubenstreffen sind erlaubt, mehr kann man nicht beweisen. Wir informierten das katholische Pfarramt in Wolfrathshausen. Anwort: Wir rufen zurück! Auf den Anruf warten wir noch heute.«
Über solche Antworten müssen wir nachdenken, wir müssen anders handeln, denn durch diese Uninformiertheit und Gleichgültigkeit wird man, ob man will oder nicht, zum duldenden Kumpan.

Headhunting und Arbeitsvermittlung

Die Redaktion und das Team des Wirtschaftsmagazins Niederrhein sind beide jung. In einer der ersten Ausgaben machte die Redaktion den Vorschlag, daß Unternehmer Gelegenheit bekommen können, sich unter der Rubrik »Aus der Region« vorzustellen. Eine Firma, die Inserate mit dem Titel

> »Das Unternehmen für die richtigen Kontakte – Personalsuche und Auswahl. Unternehmensbörse Contacts- und Management Benneck & Partner, GmbH in Düsseldorf«

schaltet, gab dem jungen Team des Wirtschaftsmagazins ein Interview über Headhunting – der andere Weg der Personalbeschaffung. Benneck & Partner sagte kein Wort über die Zielsetzungen, die die Firma sich selber stellt, privat und beruflich: das Ziel heißt Clear-Deutschland. Benneck & Partner bekam die Titelstory im Wirtschaftsmagazin mit dem Untertitel »Auf der Jagd nach Spitzenkräften« – als Unterzeile bei seinem Bild stand: »Moderne Kopfgeldjäger: Ursula Helmer und Gerhard Benneck von der Fa. Benneck & Partner in Düsseldorf«. Keiner der

Journalisten, die den redaktionellen Teil bearbeiten, hatten eine Ahnung, daß sie auf diese Weise für Benneck & Partner mehr als eine gute Werbung gemacht haben. Niemand ahnte, daß hier ein trainierter Scientologe ein junges Team mit einer jungen Existenz eines Wirtschaftsmagazins nutzt, um so in Wirtschaftskreisen Fuß zu fassen. Im Interview steht z. B. in einer Passage: »Herr Gerhard Benneck und Ursula Helmer gaben Auskunft über diese geheimnisvolle Aktivität.« Wer, wie ich, Benneck & Partner und deren Aktivitäten kennt, der sieht in diesem Satz natürlich weit mehr als ein Leser, der nicht über die Aktivitäten von Scientologen im wirtschaftlichen Bereich informiert ist. Weder der unvoreingenommene Leser, noch der Unternehmer, der sich aufgrund des redaktionellen Beitrags über Headhunting Spitzenkräfte in sein Unternehmen holen möchte, erkennt in den Aussagen des Herrn Benneck die Zielsetzungen, die er als trainierter Scientologe vertritt. Bereits im Herbst 1993 wurde in der Sendung ›Markt‹ im WDR der Pressesprecher des Landesarbeitsamtes interviewt; er bestätigte, daß bei Hausdurchsuchungen bei Benneck & Partner Psychotests von L. Ron Hubbard gefunden wurden.

Auch in diesem Fall geht es nicht um eine einzelne Person, sondern um die Zielsetzung der Organisation Scientology, die nichts ausläßt, um ihre Ideologie durchzusetzen. Benneck & Partner kennen wir nicht nur als Franchisenehmer von CHOICE International, der Personalberatung, die über diesen Weg die Schlüsselstellen in der Wirtschaft mit »Gewinnern« besetzen will (wie bereits gesagt, ein Gewinner ist bei Scientology immer ein Scientologe); es meldeten sich bei uns im Laufe der Jahre natürlich auch viele, die diese Personalberatung und deren »geheimnisvollen Aktivitäten« kennenlernten.

Völlig schizophren ist die Situation, wenn man die richtige Entscheidung von Arbeitsminister Blüm betrachtet, daß

Scientologen keine Lizenz zur privaten Arbeitsvermittlung vom Staat bekommen. Leider hat dieses Arbeitsförderungsgesetz aber aufgrund des § 13, 3 NR eine Lücke. Der Antrag eines Mitglieds der Scientology auf Aussetzung des Vollzugs des Bescheides wegen der Arbeitsvermittlung wurde vom Sozialgericht Mainz mit Beschluß vom 26. 7. 1995 mit der Begründung abgelehnt, daß die Mitgliedschaft in der Scientology-Organisation gegen die für die Erlaubnis zur Arbeitsvermittlung erforderliche Zuverlässigkeit und Eignung spreche. Nur wenn Scientologen im alleinigen Interesse und Auftrag eines Arbeitgebers dessen Selbstsuche nach Arbeitskräften unterstützen, betreiben sie keine Arbeitsvermittlung, so sagt der § 13 des Arbeitsförderungsgesetzes. Diese Vorschrift wurde mit der Freigabe privater Arbeitsvermittlung in das Arbeitsförderungsgesetz aufgenommen. Das heißt nichts anderes, als daß die Erlaubnis für freie Personalberatung von der erlaubnispflichtigen Arbeitsvermittlung abgegrenzt wird. Und so kommt es, daß Scientologen weiterhin ein breites und wichtiges Betätigungsfeld in der Personalberatung sehen und auch dementsprechend agieren, wie die wöchentlichen Anzeigen in den Zeitungen quer durch die ganze Bundesrepublik zeigen.

Tag der offenen Tür

Aufgrund einer Empfehlung hat eine Firma für die Tage des Dialogs in ihrem Hause den Referenten Dieter Schmitt aus Münster eingeladen. Sein Part war, an drei hintereinanderfolgenden Tagen, jeweils von 10.00 – 12.00 Uhr über das Thema »Das Geheimnis der Leistungsfähigkeit« zu referieren. Da diese Empfehlung über einen Steuerberater kam, wurden weder Hintergründe noch das »Geheimnis« des Referenten Dieter Schmitt von Schmitt & Partner Management Seminare näher betrachtet. Um den eingeladenen Gästen, Kunden, Zulieferern und Freunden der Firma ein schönes rundes Programm zu bieten, wurden außer Dieter Schmitt auch Prof. Dr. Gertrud Höhler und Jürgen Augustinowitz, MdB, eingeladen. Frau Prof. Höhler war auf der Einladung nach Dieter Schmitt mit dem Referat »Mit den Augen des Kunden sehen« angekündigt. Und das CDU-Mitglied des Bundestages, Herr Augustinowitz, sollte zum »Wirtschaftsstandort Deutschland« sprechen.

Der Referent Dieter Schmitt erzählte von der hervorragenden Technologie, mit der man das Geheimnis der Leistungsfähigkeit lüften könne und zeichnete auf das bereitstehende Flip-Chart sogar das ARK-Dreieck der Scientology. Einer der Gäste war informiert und stutzte bei dem ARK-Dreieck, das bei Scientology Affinität – Realität – Kommunikation bedeutet. Nach der Veranstaltung nahm er mit uns Kontakt auf und holte sich die Bestätigung seiner Vermutung, daß hier ein scientologisch gedrillter Seminaranbieter, noch dazu WISE-Lizenznehmer, Unterstützer der »Kriegskasse« der Scientology, ein Forum bekommen hatte, um in einem erlauchten Kreis von Multiplikatoren seine Ideologie zu verbreiten.

Nach den Tagen des Dialogs wurde die Geschäftsleitung der Firma von dem Gast informiert, wer hier in mehreren Referaten welche Dienstleistungen anboten hatte. Selbstverständlich fiel man aus allen Wolken und schaltete sofort einen Rechtsanwalt ein, der die Stornierung der bereits nach dem Vortrag unterzeichneten Anmeldungen für Seminare wegen arglistiger Täuschung erwirken sollte.

Um das Netz der Scientology noch dichter zu knüpfen, ist so ein Einstieg für einen Scientologen wie Dieter Schmitt natürlich hervorragend. Denn nicht nur, daß er an diesem Tag von einer Firma sogar den Auftrag erhielt, die komplette Mannschaft zu trainieren. Er hatte auch aufgrund der gedruckten Einladung, auf der er mit Frau Prof. Dr. Gertrud Höhler und Jürgen Augustinowitz, MdB, aufgeführt ist, einen zugkräftigen Referenznachweis und Imagegewinn für seine zukünftige Arbeit in der Tasche.

»Rette das Kind, und du rettest die Nation«

Die Scientology-Organisation macht bei der Durchsetzung auch nicht Halt vor Kindern. Teilweise werden Kinder zum Spielball eines Interessenkonflikts, wenn die Scientology-Mitgliedschaft eines Partners zur Trennung der Eltern führt. Auseinandersetzungen um das Sorgerecht sind grundsätzlich zermürbend, aber wenn dabei noch die Scientology-Ideologie eine Rolle spielt und die eingedrillten Handhabungmechanismen angewendet werden, dann kann das für Kinder zu einer unerträglichen Belastung führen, die bleibende Schäden hinterläßt. Es ist unbedingt notwendig, daß sich Kinderschutzorganisationen intensiver mit dem Thema Scientology auseinandersetzen, um in solchen Fällen den Kindern mit Rat und Tat zur Seite stehen zu können.

Scientology in der Schule

Wenn die Scientologen verstärkt an Schulen werben, indem sie sich mit Schreiben direkt an die Fachbetreuer Religion/Ethik verschiedener Schulen quer durch die Republik, wenden, dann können wir doch noch hoffen, daß die Kultusminister wie in Bayern diese Art der Anwerbung bei unseren Kindern unterbinden.
Was macht aber jetzt ein Kultusminister, der in die Situation kommt, daß Eltern sich gegen den bedenklichen Einfluß einer Lehrerin auflehnen und protestieren? Im

August 1995 gab es deswegen den nach meiner Recherche ersten anhaltenden Unterrichtsboykott an einer Grundschule in Hemmingen bei Hannover; die Eltern weigerten sich mit den Kindern dagegen, daß die Scientologin Frau Hardt-Enzensberger vor der 1. Klasse einer Grundschule steht und mit bedenklichen pädagogischen Methoden Werbung für Scientology macht. Bei meinem Vortrag in Hannover am 5. September 1995 in der Buchhandlung Sachse & Heinzelmann waren viele Eltern dieser Schule anwesend. Die anwesenden Scientologen versuchten natürlich auf ihre Art, die Lehrerin als Opfer hinzustellen. An der Reaktion der engagierten Eltern und vor allem auch einer Lehrerin, die die Scientologin persönlich kannte und die selbst bei einer Weiterbildungsmaßnahme aus dem Aktenkoffer der Scientologin ein Dianetikbuch erhalten hatte, können wir uns alle ein Beispiel nehmen: Mit Ansteckern wie: »Pädagogen statt Scientologen« standen die Eltern dort und sagten nicht nur leise, diesmal wirklich laut: »NEIN!«. So wie die Eltern in Hemmingen müßten alle Eltern in der Bundesrepublik aufstehen, damit die Ideologie der Scientology nicht über Lehrer in die Kinderköpfe gelangt.
Diese Scientologin hat aufgrund ihrer Scientology-Werbung in der Schule schon etliche Versetzungen hinter sich. Immer wieder konnte sie in einer neuen Schule ihre Ziele verfolgen. Und die Eltern können nicht anders, als sich durch Boykott Gehör zu verschaffen. Es ist ein Skandal, mit welcher Ignoranz dieses Thema in den verantwortlichen politischen Gremien und Behörden gehandelt wird.
In der Hannoverischen Allgemeinen stand am 7. September 1995 auf einer Sonderseite zu diesem Thema auch ein Interview mit dieser Lehrerin. Unter anderem äußerte sie, daß sie seit 17 Jahren bei Scientology ist, daß das Ziel von Scientology eine Zivilisation sei, in der der Fähige erfolgreich sein kann und in der der Mensch die Freiheit hat, zu

größeren Höhen aufzusteigen. Leider hat Frau Lehrerin vergessen mitzuteilen, was mit denen passiert, die eben nicht nach den Richtlinien der Scientology zu den Fähigen gehören. Leider hat Frau Lehrerin auch vergessen (was nach 17 Jahren überhaupt nicht mehr verwunderlich ist), daß die Scientology auch sie wie eine Marionette benutzt, die dann in ihrem beruflichen Umfeld, in diesem Fall geht es um 7jährige Kinder einer Grundschule, laut Anweisung versuchen muß, Scientology zu etablieren.
Wie alle Scientologen behauptet sie steif und fest, sie würde strikt zwischen Job und Schule trennen. Daß dies eine Lüge ist und sie es gar nicht trennen kann und auch nicht will, zeigt ihre Personalakte und auch die Aussagen von Eltern und Kindern, um die es geht. Beispielsweise verkündet Frau Lehrerin bereits 1986 nach der Tschernobyl-Katastrophe in der Kardinal-Bertram-Grundschule, Scientology habe eine Reinigungskur gegen atomare Verseuchung und übergab dem Elternratsvorsitzenden entsprechende Broschüren. 1987 wird die heute 55jährige Lehrerin in die Grundschule Mühlenberg versetzt. Sie erteilt Kindern privaten Nachhilfeunterricht und verkauft Lehrbücher der Scientologen. Sie wird versetzt, als die Schulleitung davon Wind bekommt. In der Orientierungsstufe Dören, wird im Februar 1989 bekannt, daß sie einem Schüler geraten haben soll, lieber keine Medikamente zu nehmen, das sei zu gefährlich. Sie bestreitet diesen Vorwurf auch gegenüber der Hannoverischen Allgemeinen Zeitung nicht und äußert sich: »Ich habe erst hinterher erfahren, daß das Kind Diabetes hat.« Wieder wird Frau Lehrerin versetzt. Die Orientierungsstufe Altenbekkener Damm wird ihr neues Arbeitsgebiet. Der Schulaufsicht wird zugetragen, daß fragwürdige Unterrichtsmethoden der Scientologin von Schülern erzählt und dokumentiert werden, z. B. fordert sie eine Klasse auf, einzelne Schüler kollektiv zu verurteilen. Ihr ganzer Unterricht

basiere auf einem Gehorsams- und Abhängigkeitsprinzip, schreiben aufgebrachte Eltern an die Schulaufsicht. Selbst Lehrer bemerken, daß ihre Kollegin ihr ganzes Leben ausschließlich nach den Scientology-Richtlinien bestimme. Die Elternproteste führen zu einer neuerlichen Versetzung. Ab 1993 arbeitet die Scientologin in der Orientierungsstufe Meldaustraße. Dort schenkt sie einer Schülerin anläßlich der Konfirmation eine Scientology-Broschüre. Dieser Zwischenfall führt zu Konsequenzen – es gibt ein Disziplinarverfahren; schließlich muß sie wegen Dienstvergehens 1 000 DM bezahlen. Die Scientologin darf nur noch Musik unterrichten. Als das Schulamt Lehrer für die Grundschule in Hemmingen sucht, meldet sich die Scientologin freiwillig. Die 55jährige Helga Hardt-Enzenberger wird zum Schulbeginn versetzt und wird Lehrerin der Klasse 1a.

Das Kultusministerium Niedersachsen gibt zwar im September 1995 in der HAZ zu, daß dies »ein grober Fehler« gewesen sei, denn die Scientologin ist wieder aktiv geworden. Sie schenkte einer Mutter Werbematerial von Scientology. Wenn Frau Helga Hardt-Enzenberger in dem Zeitungsinterview vom 7. September am Schluß sagt: »Ich werde mir wohl einen Rechtsanwalt nehmen, den mir Scientology vermittelt.«, dann nehme ich an, daß nun das Kultusministerium und die Eltern und vielleicht auch die Zeitung mit den Schriftsätzen einer Kanzlei Rechtsanwalt Wilhelm Blümel überhäuft werden. An dieser Stelle müssen die Behörden einmal mehr tun, als nur Lippenbekenntnisse abzulegen. Wenn die Scientologin von sich aus öffentlich sagt, daß der Rechtsanwalt von der Scientology-Organisation vermittelt wird, dann kann man davon ausgehen, daß sie eine gute und sichere Position in dieser Organisation nicht nur hatte sondern hat und man über sie zu neuem »rohem Fleisch« (Originalton Scientology) in Form von Kindern gekommen ist.

In Hamburg unterhält die Organisation Scientology sogar einen eigenen Kindergarten mit dem Namen »Happy Kids«, der als eingetragener Verein firmiert. Die erste Eintragung war im Jahr 1988, als Präsidentin fungierte am 23. 04. 1988 Sabine Petra Röhrig, Erzieherin aus Hamburg. Barbara Zündorff, Einzelhandelskauffrau aus Hamburg, wurde als Schatzmeisterin eingetragen. Der Name Röhrig ist bekannt aus Scientology-Publikationen, und der Name Zündorff ist in Wirtschaftskreisen in Zusammenhang mit Scientology bekannt. Aus dem Registerauszug der Vereinseintragung geht hervor, daß am 6. März 1995 eine außerordentliche Hauptversammlung des »Happy Kids e.V.« Hamburg stattgefunden hat. Nach wie vor gibt es also diesen Kindergarten der Scientologen, der in die Schlagzeilen kam, als Elterninitiativen sich dagegen engagierten und sich daraufhin Politiker profilieren wollten. Alle Eltern sollten sich jetzt einmal fragen, warum immer wieder solche Themen von politischer Seite aufgegriffen werden, ohne daß dabei in irgendeiner Form eine Änderung zum Schutz der Kinder passiert. In einem sehr dicken Handbuch von L. Ron Hubbard steht auf S. 470: »Gibt es einen Mangel an Kindergruppen? Nein. Wo können Sie Gruppen von Kindern antreffen? In Schulen, in Krankenhäusern, in Waisenhäusern, in Kindervereinen, in Jungen- und Mädchenorganisationen, wie z. B. den Pfadfindern, im CVJM, in Kindergottesdiensten und überall dort, wo interessierte Leute dafür kämpfen, das Kind von heute darauf vorzubereiten, der geistig gesunde Mensch von morgen zu werden. Sie haben angesichts beinahe überwältigender Hindernisse eine tapfere Schlacht geschlagen. Es ist Zeit, daß diesen Leuten ein bißchen geholfen wird.« Wie sagt Hubbard: »Rette das Kind, und du rettest die Nation.« Alle Eltern sollten diese Art von Rettung verhindern durch ein klares Nein!

Der Griff nach dem Äskulapstab

In der Diskussion um die Zielsetzungen der Scientology-Organisation bedaure ich sehr, daß der Aspekt Medizin – Krankheit – Gesundheit bislang vernachlässigt wurde. Ich glaube inzwischen, daß die Ärzte sogar eine besonders wichtige Rolle für die Organisation auf ihrem Weg zur »geklärten« Gesellschaft spielen. Die Kontrolle über den medizinischen Bereich ist hochinteressant für die Scientology-Organisation: Zum einen kann so ihre eigene »Therapie«-Form legalisiert werden, zum anderen kann ihre Auffassung von krank und gesund durchgesetzt werden. Um eine »scientologisch geklärte« Welt erreichen zu können, bedarf es nicht nur der antidemokratischen Richtlinien, sondern auch der Kontrolle über das Gesundheitswesen.

Und das hat L. Ron Hubbard in seinen Schriften auch klar gesagt. In dem HCO-Richtlinien-Brief vom 27. Oktober 1964, revidiert am 15. November 1987, der mit »Richtlinien über körperliche Heilung, Geisteskrankheit und ›Schwierigkeitsquellen‹« überschrieben ist, heißt es: »Es kann also gut sein, daß in einigen Jahrzehnten keiner der Ärzte, so wie wir sie jetzt kennen, mehr übrig ist«.

In dem von meinem Mann und mir gegründeten Arbeitskreis »Ärzte gegen Scientology« diskutieren wir des öfteren über die sogenannten vertrauensbildenden Maßnahmen, mit denen versucht wird, Kontakte zu Ärztekreisen zu bekommen. Es wäre zu banal, zu glauben, daß die übliche Masche über den 200-Fragen-Test ausreicht, um die Ärzteschaft zu unterwandern. Entgegen der landläufigen Meinung hat Scientology nicht nur die Ärzte, die alternative Heilmethoden anwenden, im Visier, sondern auch die Schulmediziner, Tierärzte, Zahnärzte; kurzum alle, die im medizinischen Bereich tätig sind.

Alle Scientologen haben gemäß der Scientology-Richtlinie dafür zu sorgen, daß die Organisation an spürbarem Einfluß in der Gesellschaft gewinnt. Das gilt natürlich auch für Mediziner. Dabei ist die Schutzbehauptung, die Scientology-Ideologie wäre jedermanns Privatsache, schon lang als eine Farce enttarnt. Der Zwiespalt, in den ein nach Hubbard-Richtlinien geschulter Arzt über kurz oder lang kommen muß, liegt auf der Hand: Wenn er die Hubbard-Ideologie vertritt und die Zielsetzungen unterstützt, entfernt er sich früher oder später von seinem Hippokratischen Eid, den er geschworen hat. Denn laut Hubbard ist jede Krankheit auf eine Unterdrückung zurückzuführen, jedes körperliche Symptom wird von einem scientologisch denkenden Arzt zuerst einmal als psychosomatisch betrachtet, was nach Hubbard-Richtlinien gelöst werden muß.

Der Arzt wird zwiegespalten in seiner Denkweise. Auf der einen Seite ist er der diagnostischen Sichtweise verpflichtet, die er in seinem Medizinstudium gelernt hat. Auf der anderen Seite muß er als Scientologe der Denkweise Hubbards folgen, daß jede Krankheit ein Engramm ist, das aufgelöst werden muß, und für die Auflösung eines solchen Engramms gibt es laut Scientology nur eine Therapie: das Auditing. Auditing bekommt man aber nur in der Organisation selbst oder bei freiberuflich arbeitenden Scientologen, die als Auditoren tätig sind.

Wie strikt das scientologische Gedankengut in Krankheitsfragen innerhalb der Organisation eingehalten wird, zeigt folgendes Beispiel: Ex-Scientologen berichteten mir, daß sie als Mitarbeiter bei Scientology nicht krankenversichert waren. Die Begründung des Arbeitgebers Scientology: Jede Krankheit sei ein Engramm. Das könne über das scientologische Auditingverfahren aufgelöst werden. Und damit wäre die Krankheit geheilt. Wozu also eine Krankenversicherung?

In einem Bulletin des Hubbard-Kommunikationsbüros vom 10. August 1973 steht unter Punkt acht, zur Behandlung von PTS-Zuständen: »In mehr oder weniger hohem Maße kommen alle Krankheiten und jedes Verpfuschen einer Sache direkt oder ausschließlich von einem PTS-Zustand ... eine PTS-Person kann an Mangelerscheinungen leiden oder sich in einem pathologischen, krankhaften Zustand befinden, was eine schnelle Genesung verhindert, doch ungeachtet dessen wird sie nicht vollkommen genesen, bevor nicht auch ihr PTS-Zustand gelöst ist.«

Um die Brisanz dieser These zu erkennen, muß man die Scientology-Terminologie verstehen. Was ist ein »PTS« für Scientology? PTS steht für »potential trouble source« (deutsch: potentieller Ärgernisverursacher). Darunter werden Personen subsumiert, die mit Menschen – sei es nun aus Familie oder Freundeskreis – in Verbindung stehen, die Scientology gegenüber kritisch eingestellt sind. Scientology macht den Druck, der von diesen Personen auf den Scientologen ausgeht, dafür verantwortlich, daß sie innerhalb der Organisation nur bedingt erfolgreich sein können. Aus diesem Grund ist es notwendig, diese Quelle von Schwierigkeiten abzustellen. Für scientologisch geschulte linientreue Mediziner aber bedeutet das, daß bei einer Diagnose, egal worum es geht, immer erst der PTS-Zustand des Patienten diagnostiziert werden muß,

um überhaupt eine Heilungschance zu eröffnen. Das heißt nichts anderes, als daß der scientologische Arzt als erstes im Umfeld des Patienten dessen Unterdrücker sucht. Das ist aber nur möglich, wenn der Patient sein komplettes soziales Umfeld offenlegt. Dann würde der Arzt höchstwahrscheinlich zusätzlich zu der üblichen Therapie, zum Beispiel Vergabe von Medikamenten, auch noch einen »Trennungsbefehl« gegenüber einer Person aus dem Umfeld des Patienten aussprechen. Denn nur durch eine totale Trennung von einer unterdrückerischen Person ist nach der Hubbard-Ideologie eine Heilung möglich.
Ein Arzt, der nach diesem Gedankengut gedrillt ist, ist nicht mehr fähig, objektiv zum Wohle des Patienten eine Diagnose zu stellen. Er ist gefangen in der Ideologie, der Terminologie und der Befehlsstruktur einer Organisation, die dann entscheidet zwischen krank und gesund, gut und böse, wertem und unwertem Leben. Die Konfliktsituationen, die unweigerlich entstehen, wenn ein Mediziner Diener zweier so unterschiedlicher Herren ist, können auf der medizinischen Ebene zur Tragödie führen. Ich spreche einem Arzt, der scientologisch gedrillt ist und sich der Zielsetzung der Scientology-Organisation verschrieben hat, ab, daß er sich unvoreingenommen dem Patienten widmen kann, um ihm zu helfen.

Attest als Freibrief

Ärzte, mit denen ich gesprochen habe, befürchten nicht nur, daß Scientology versucht, sie über die üblichen Kursprogramme finanziell auszunehmen. Ihre zweite Sorge ist, daß man sie auch benutzen könnte, um Unbedenklichkeitsbescheinigungen zur Teilnahme am »Reinigungs-Rundown« auszustellen oder um Patientendaten zu sammeln und weiterzugeben. Tatsächlich verlangt die Organisation vor dem extrem belastenden Saunagang medizinische Unbedenklichkeitsbescheinigungen. Diese Bescheinigungen dienen aber ganz offensichtlich nur dem Schutz der Organsiation vor späteren Klagen, wenn ein Teilnehmer während der anstrengenden Prozedur zusammenbricht. Scientologisch ausgebildete Ärzte scheinen bei der dafür angesetzten Untersuchung eine Art Radarblick zu besitzen, um im Schnellverfahren zu erkennen, ob jemand für den Reinigungs-Rundown »gesund genug« ist. Von Betroffenen habe ich immer wieder erfahren, daß sie teilweise sogar von der Organisation Ärzte-Adressen bekamen, bei denen sie sich »schnell einmal« ein Attest für den Reinigungs-Rundown holen sollten. Ein solcher Arzt war jahrelang Dr. Ballin in München, der bereits in früheren Jahren in Scientology-Unterlagen auftauchte. Aber auch nicht scientologisch geschulte Ärzte attestierten den Gesundheitszustand von Patienten, damit diese das teilweise bis zu sechs Wochen dauernde Saunaprogramm von täglich drei bis fünf Stunden absolvieren durften. Körperliche Beschwerden, die während dieser Saunagänge auftauchten, werden dann lapidar als »Engrammauflösung« abgetan, denn schließlich hat der Teilnehmer ja ein ärztliches Attest, das bescheinigt, daß er völlig gesund ist. Woher sollten also Unpäßlichkeit, das Schlechtwerden, die Herzschmerzen, das Schwindelgefühl kommen? Natürlich vom Engramm! Mit dem Attest bekommt die Organisation also einen Persilschein für ihr stümperhaftes, medizinisch umstrittenes Reinigungsprogramm, das zwischen 4 000 und 7 000 DM kostet.

Inwieweit macht sich ein Arzt zum Kumpanen der Organisation, wenn er diese Atteste ausstellt? Liegt es nicht auch mit an der mangelnden Aufklärung in den vergangenen 25 Jahren, daß Ärzte über diese Art der Therapieform bei Scientology nicht informiert sind und nicht wissen, daß die Teilnehmer am Reinigungs-Rundown Überdosen von

Vitaminpräparaten einnehmen, die nicht nur wasserlösliche sondern auch wesentlich gefährlichere fettlösliche Substanzen enthalten?
Die mangelnde Aufklärung macht es möglich, daß Ärzte zum Steigbügelhalter für das Scientology-Programm werden. Die gesetzlichen Lücken tun ein übriges und ermöglichen, daß medizinische Laien entscheiden, wer gesund und wer krank ist, ob eine Herzattacke im Saunaraum ein Engramm ist, ob in Überdosierungen eingenommene Vitaminpräparate nicht doch zu gesundheitsstörenden Nebenwirkungen führen können! Angesichts der uns vorliegenden Betroffenenberichte ist die Argumentation mancher Staatsanwälte geradezu makaber, die achselzuckend darauf verweisen, daß die Personen, die sich diesem Programm unterziehen, alle erwachsen sind und das freiwillig tun.

Viel Resonanz auf Bio-Resonanz

Wie geschickt Scientologen versuchen, den medizinischen Bereich zu unterwandern, zeigt auch das Beispiel des Scientologen Hans Brügemann, der inzwischen Medien-Rummel gewöhnt ist. Brügemann vertreibt die sogenannten BICOM-Geräte. Sie sollen bei der »Bio-Resonanz-Therapie« eingesetzt werden. Der Grundgedanke dieser Therapieform: Der Körper und seine Organe senden ultrafeine Schwingungen aus, die mit herkömmlichen Methoden und Geräten nicht meßbar seien. Ist ein Organ krank, sendet es negative Schwingungen. Sein Gerät, so behauptet Brügemann, sei nun in der Lage, solche negativen Schwingungen zu erkennen. Sie werden spiegelverkehrt in den Körper zurückgesendet. Dadurch sollen sich die Amplituden beider Schwingungen auslöschen. In der Akustik nennt sich so etwas Phasenauslöschung. In der Bio-Resonanz sollen so kranke Organe geheilt werden.

Nach eingehender Prüfung lehnten die zuständigen Gremien der Kassenärzte und der Krankenkassen ab, die Bioresonanz-Therapie als kassenärztliche Leistung zuzulassen. Trotzdem haben Krankenkassen solche Behandlungen bezahlt.
Als das bekannt wurde, setzte eine rege Diskussion ein – aber nicht etwa darüber, daß hier ein Scientologe mit einer Therapie, finanziert von den Versicherten der Kassen, dabei ist, den medizinischen Bereich zu unterwandern, sondern über den Nutzen der Bio-Resonanz-Therapie. Die Diskussion ist – vielleicht sogar gezielt – in eine Auseinandersetzung zwischen Alternativmedizin und Schulmedizin abgedriftet.
Mir geht es aber ausschließlich darum, einen der Wege aufzuzeigen, wie Scientologen versuchen, auch im medizinischen Bereich Fuß zu fassen. Dabei stößt Brügemann bei den Ärzten auf eine günstige Ausgangssituation. Die Gesundheitsreform hat bei vielen Ärzten zu ernsten Einkommensverlusten geführt. Mancher Mediziner ist deshalb durchaus bereit, eine neue Therapie anzubieten, die etwa entstandene Einbußen ausgleichen könnte. Brügemann nutzt diese Situation, um über sein Gerät bei den Ärzten Vertrauen zu erringen. Dieses Vertrauen soll den Weg für das eigentliche Ziel ebnen: den scientologischen Einfluß auf die Ärzte.
Seit Jahren vertrete ich die These, daß die Scientologen sich systematisch über verschiedene Produkte oder Dienstleistungen die Tür zu den verschiedenen gesellschaftlichen Gruppen öffnen. Und deshalb sollte man die Diskussion statt über einzelne Produkte immer über die Gefährlichkeit der Scientology-Ideologie führen.
Für die »Bioresonanztherapie« (BRT), »Multiresonanz-Therapie« und die dazu notwendigen BICOM-Geräte wird derzeit massiv geworben. In der Mediziner-Zeitschrift »Erfahrungsheilkunde« des Karl F. Haug Verlages in Hei-

delberg wird beispielsweise Hans Brügemann ein breites Podium zu dem Thema eingeräumt. Im gleichen Verlag wird auch ein Buch Brügemanns zu seinem eigenen Gerät herausgegeben.

Das Blatt »Der freie Arzt« ließ sich bereits 1993, wir hoffen unbewußt, ausführlich für diesen neuen »Markt« instrumentalisieren. Neben einer Besprechung des Brügemann-Buches wird der Einsatz des BICOM-Gerätes bei Hyperaktivität empfohlen, einem Syndrom, das auch von scientologischen Tarnorganisationen wie der »Kommission für Verstöße der Psychiatrie gegen Menschenrechte e.V.« immer wieder für Unterwanderungsstrategien in Kindergärten benutzt wird.

Hans Brügemann will steuerlich gesehen sein BICOM-Geschäft und die scientologischen Aktivitäten trennen. So lautet zumindest eine Erklärung, die der Steuerberater der Brügemann GmbH abgegeben hat. Daß Brügemann trotz dieser äußeren Trennung ganz dem System Scientology verpflichtet ist, zeigt das regelmäßige Auftauchen seines Namens auf Spenderlisten der Scientology. Er rangiert dort als sogenannter Patron, das sind Scientologen, die mindestens 40 000 Dollar für die Kriegskasse der Organisation gespendet haben. Aus der Kriegskasse wird unter anderem der Kampf gegen Kritiker finanziert.

Die Methode, mit der Brügemann gegen die Aufklärung über seine Verbindung zur Scientology vorgeht, heißt in der Scientology »Trick des toten Agenten« (»Dead Agent caper«). Nach ihr sollen Negativberichte unglaubwürdig gemacht werden, indem man anderslautende »Tatsachen« veröffentlicht. Dadurch soll der gegnerische »Agent« unglaubwürdig gemacht werden. In der Scientology wird sogar schriftlich gefordert, solche entlarvenden »Tatsachen« gegebenfalls zu erfinden! Die Vorgehensweise von Scientologen ist dabei keineswegs zimperlich.

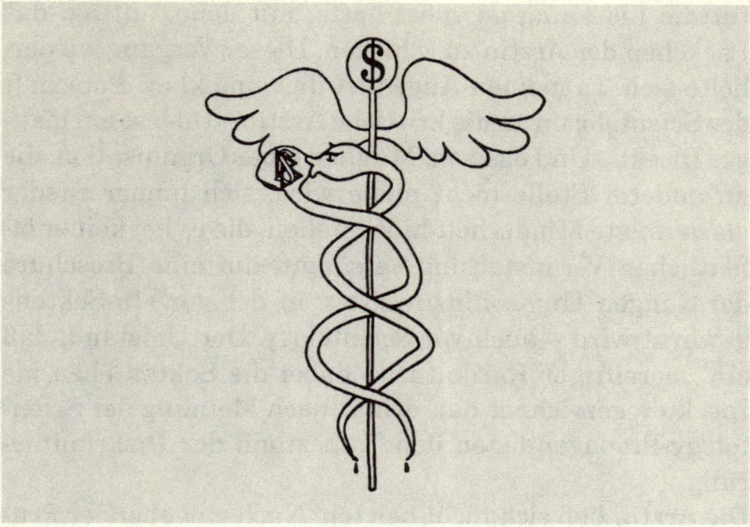

Im Falle Brügemann sieht der Einsatz des »Trick des toten Agenten« so aus, daß er Mitarbeiter seiner GmbH und des Institutes unterschreiben läßt, daß seine Geräte nichts mit »religiösen und psychischen Praktiken« zu tun hätten und daß »keine finanziellen Beziehungen zu irgendeiner religiösen Einrichtung« bestünden. Diese Erklärung wird dann als »Beweis« Kunden vorgelegt, die das Thema Scientology ansprechen. Ganz nach scientologischer Manier wird mit keiner Silbe auf die Person Hans Brügemann eingegangen, der so den Eindruck erwecken will, seine Scientology-Aktivitäten seien seine Privatsache.
Gleichzeitig macht Brügemann erheblich Druck. So erhielt eine Ärztin des Medizinischen Dienstes der Krankenversicherungen in Bayern, die im Auftrag der Kassen Brügemanns BICOM-Gerät und seine Wirkung untersucht hatte, eines Tages ein Päckchen aus Österreich. Der Inhalt: Eine Ampulle mit Insektengift und die dazugehörige Rechnung. Als sich die Medizinerin beim Absender erkundigte, stellte sich heraus, daß das Brügemann-Insti-

tut die Lieferung geordert hatte, mit dem Auftrag, das Päckchen der Ärztin zu schicken. Dieser Vorgang wiederholte sich. In meinen Augen ist das eine klare Botschaft des Scientologen an die kritische Ärztin: »Du bist ein lästiges Insekt«. Und das vom Mitglied einer Organisation, die an anderer Stelle nicht müde wird, sich immer wieder als verfolgte Minderheit hinzustellen, die es bei keiner öffentlichen Veranstaltung versäumt, auf eine Broschüre der Jungen Union hinzuweisen, in der vor »In-Sekten« gewarnt wird – auch vor Scientology. Der Umstand, daß ein übereifriger Karikaturist dabei die Sekten eben als Insekten gezeichnet hat, erfüllt nach Meinung der Scientology-Propagandisten den Tatbestand der Diskriminierung.
Die Ärztin ließ sich nicht beirren. Nach eingehender Prüfung wurde Brügemanns Therapie als kassenärztliche Leistung abgelehnt. Das hatte Brügemann verhindern wollen. Mit Insektengift? Warum nicht! Ähnliche intrigante Tricks hat Scientology in Amerika eingesetzt, um mißliebige Richter aus Verfahren gegen die Organisation zu boxen. Dort waren Richter und ihre Familien von Scientology ausspioniert worden. Das sagte man den Juristen in der Verhandlung auch. Weil die Richter aber erfahren hatten, daß sie beschattet werden, seien sie nicht mehr unbefangen, argumentierten die Scientology-Anwälte – erfolgreich. Zwei Richter traten zurück (Vgl.: Kapitel »Mit aller Macht gegen Kritiker«). Im Falle der Münchner Ärztin könnte Brügemann genau nach dem amerikanischen Richter-Trick vorgegangen sein – in der Hoffnung, daß eine Gutachterin, die so masssiv unter Druck gesetzt wird, für befangen erklärt wird.

Goldene Brücken für Brügemann

Auf die Zugehörigkeit des Herrn Brügemann zur Organisiation hatte ich bereits in »Scientolgy – Ich klage an« hingewiesen. Wer aber glaubt, daß jetzt die Behörden und Ministerien sich des Themas angenommen hätten, täuscht sich. Seitens der staatlich bezahlten Vertreter und Kontrolleure des Gesundheitswesens tat sich rein gar nichts. Bewegung kam erst in die ganze Sache, als sich Ärzte, die mein Buch gelesen hatten, der Sache annahmen. Sie machten die Ortskrankenkassen und das baden-württembergische Sozialministerium auf Brügemann aufmerksam.
Die Reaktion der Freudenstädter AOK, die solche Behandlungen ohne weitere Prüfung bezahlt hatte: Alles sei in bester Ordnung. Das Sozialministerium bezweifelte gar, daß Brügemann überhaupt Scientologe sei. Die Nachforschungen des Ministeriums hätten keine Anhaltspunkte dafür ergeben. Im Gegenteil: Dem Ministerium lägen Unterlagen vor, »aufgrund derer eine Verbindung der Brügemann GmbH zur Scientology-Organisation wohl ausgeschlossen werden kann.«
Diese verblüffende, von begnadeter Ignoranz gekennzeichnete Auskunft erhielten die Ärzte viereinhalb Monate nachdem sie das Ministerium angeschrieben hatten. Ein deutliches Indiz dafür, mit welch spitzen Fingern das Thema Scientology in Behörden angefaßt wird. Dabei werden die Politiker nicht müde, in Fenster-Reden immer wieder ihre Bereitschaft zu beschwören, gegen den Moloch im Interesse der freiheitlich-demokratischen Grundordnung vorgehen zu wollen. In Baden-Württemberg wurde dafür sogar eine interministerielle Arbeitsgruppe gegründet, die Material und Erkenntnisse über Scientology sammeln und an staatliche Stellen weitergeben soll. Außerdem werden andere Organisationen, wie etwa die Stutt-

garter Aktion Bildungsinformation (ABI) mit der gleichen Aufgabenstellung mit staatlichen Geldern gefördert. Informationsaustausch? Fehlanzeige. Wie kann es sonst sein, daß engagierte Ärzte aus dem badischen Bereich wie Villingen-Schwenningen, Freudenstadt besser informiert sind über die Scientology-Problematik im ärztlichen Bereich als die Ministerien und die interministerielle Arbeitsgruppe?

Nochmal: Es geht nicht um die Diskussion, ob die Bio-Resonanz-Therapie sinnvoll ist oder nicht. Solche Nebenkriegsschauplätze nutzen nur der Scientology-Organisation.

Und auch die personifizierte Auseinandersetzung allein bringt uns überhaupt nicht weiter. Es sind eben die Anordnungen, Richtlinien, Zielsetzungen der Organisation, die eindeutig darauf ausgerichtet sind, Kontrollmechanismen in allen Gesellschaftsbereichen zu etablieren. In erster Linie geschieht dies durch trainierte Scientologen wie Brügemann, deren Verpflichtung gegenüber der Organisation ganz klar darin besteht, dafür Sorge zu tragen, daß auf ihrem Gebiet der Einfluß von Scientology wächst. Und das verschleiert Brügemann selbstverständlich – beispielsweise mit einem Schreiben vom 9. Februar 1995 an die AOK Freudenstadt: »Fragen zu Scientology selbst können wir nicht beantworten, wir bitten Sie, sich an diese Organisation selbst zu wenden. Es wäre fair, nicht nur den Gegnern und deren Gerüchten zu folgen, sondern eine Stellungnahme dieser Organisation anzufordern.«

Der Widerstand gegen die scientologische Unterwanderung des medizinischen Bereichs durch Herrn Brügemann kam von Privatpersonen. Vor diesem Hintergrund wird das Verhalten des Sozialministeriums zum Skandal erster Güte. Am 13. Juni 1995 stellte das Ministerium in einem Brief an einen Arzt lapidar fest, daß es außer den Aussagen der Autorin Renate Hartwig in dem Buch »Scientology –

Ich klage an!« keinerlei Beweise gäbe, daß Herr Brügemann der Scientology-Organisation angehöre. Eine Verbindung der Brügemann GmbH zu Scientology schließe man aus. Erst als sich der Arzt mit dieser Auskunft nicht zufriedengab, sicherte Herr Erbe vom Ministerium zu, daß das Ministerium weitere Ermittlungen anstellen werde. Allerdings bat das Ministerium den Arzt, die von ihm erhobenen Vorwürfe näher zu belegen und dem Ministerium Beweise vorzulegen. Das fordert ein Ministerium, das selbst Mitglied der von Politikern hochgelobten interministeriellen Arbeitsgruppe zur Beobachtung von Scientology ist, von einem Privatmann! Da frage ich mich schon: Welche Informationen hat diese Arbeitsgruppe, und was machen eigentlich jene Personen, die für diese Archivierung zuständig sind?

Fehlen uns die Gegenmittel?

Die Landesärztekammer Baden-Württemberg mußte sich aufgrund von Anfragen engagierter Ärzte jetzt auch mit dem Thema Scientology und Medizin auseinandersetzen. Im April 1995 baten Ärzte den Vorsitzenden der Landesärztekammer in Stuttgart um Klärung verschiedener Fragen. Zum Beispiel stand unter Frage eins: »Ist eine Mitgliedschaft bei Scientology mit der Ausübung der ärztlichen Tätigkeit nach der aktuellen Rechtssprechung mit der ärztlichen Berufsordnung vereinbar?« Das ist die Kernfrage in der Diskussion. Kann eine Person, die trainiert ist nach den Richtlinien der Scientology und deren menschenverachtenden Ethikmaßnahmen unvoreingenommen einem Patienten gegenübertreten, ohne daß dabei scientologische Ideologie und Zielsetzung eine Rolle spielen?

Auch die Bezirksärztekammer Nord-Baden hat mit Schrei-

ben vom 23. August 1995 an die Landesärztekammer in Stuttgart interessante Fragen aufgeworfen. Es wird deutlich, daß die Diskussion über das System Scientology in seiner wirklichen Brisanz im ärztlichen Bereich nicht hinreichend geführt worden ist, und vor allem der Staat bis zum heutigen Tag trotz vieler Schlagzeilen und politischer Lippenbekenntnisse versäumt hat, Präventivmaßnahmen zum Schutz der Bürger zu schaffen.
Auszüge aus dem Schreiben der Bezirksärztekammer Nord-Baden beweisen die Hilflosigkeit, die ich aus Wirtschaftskreisen inzwischen kenne, auch auf dem medizinischem Sektor beim Thema Scientology. So steht da: »Trotz umfangreicher Recherchen waren mir im Rahmen meiner Möglichkeiten keine berufsrechtlichen Entscheidungen zur Frage der Mitgliedschaft von Ärzten in der Scientology Organisation zugänglich...«. Da frage ich mich doch, warum gibt es bis heute keine diesbezüglich Entscheidung?
Zur Frage der Kammermitgliedschaft von Scientologen heißt es: »Laut Auskunft des Innenministeriums ist es bislang nicht gelungen, der Bundesorganisation der Scientologen in Hamburg oder einer der zahlreichen örtlichen Gliederungen, die Rechtsfähigkeit zu entziehen, bzw. Vereinigungsverbote nach dem Vereinsgesetz durchzusetzen. Das Regierungspräsidium Stuttgart ist erst in jüngster Zeit vor dem Mannheimer Verwaltungsgerichtshof im Verfahren gegen den Verein ›Neue Brücke e.V.‹ in Stuttgart (einer der zahlreichen eingetragenen Vereine der Scientology, Anm. der Autorin) gescheitert. Die Richter kamen zu der Auffassung, die Behörde habe das Grundrecht auf Glaubensfreiheit nach Artikel 4 nicht hinreichend berücksichtigt.«
Das Schreiben zeigt meiner Meinung das ganze Dilemma des Themas Scientology auf: Auf der einen Seite werden die Gefahren für einzelne und für die Gesellschaft immer wieder in den Medien, in Publikationen und in der Aufklärungsarbeit dargestellt. Auf der anderen Seite gibt der

Staat keinerlei wirkliche Hilfestellungen – weder für die Wirtschaft, noch für die Ärztekammer.
Wir brauchen uns deshalb überhaupt nicht zu wundern, wenn in diesem Fall die Bezirksärztekammer in ihrem Schreiben zu dem Schluß kommt: »... am Ende bleibt gleichwohl die Tatsache, daß die Mitgliedschaft in der Scientology Organisation oder einer ihrer lokalen Gliederungen rechtmäßig ist. Dementsprechend kann einfache Mitgliedschaft eines Kammermitglieds sicher nicht mit Mitteln des Standesrechts verhindert werden. Das Standesrecht dürfte erst tangiert sein, wenn Ärzte sich öffentlich zu Scientology bekennen und dabei auch ihre Arztgemeinschaft und ihre ärztliche Tätigkeit ins Spiel bringen. Allgemeiner Schutzzweck des Berufrechtes ist die Wahrung des Ansehens des Berufstandes in der Öffentlichkeit.«
In einer beigefügten Empfehlung ist unter Punkt 3 bis 5 folgendes zu lesen: Punkt 3: »Anregung an die Bezirksärztekammern, bekennende Scientologen unter ihren Kammernmitgliedern vor dem Berufsgericht anzuklagen.« Punkt 4: »Auftrag an die Geschäftsführung der Landesärztekammern, das Wettbewerbsverhalten des Brügemann Instituts aufmerksam zu beobachten und gegebenenfalls bei den zuständigen Behörden die entsprechenden Verfahren einzuleiten.« Punkt 5: »Resolutionsantrag für die nächste Vertreterversammlung der Landesärztekammer Baden-Württemberg mit dem Ziel, einen Unvereinbarkeitsbeschluß herbeizuführen.«
Meine Meinung: Die Bezirksärztekammer Nord-Baden ist auf dem richtigen Weg. Sie hat erkannt, daß Gefahren für ihre Mitglieder bestehen und will in ihrem Rahmen versuchen, tätig zu werden. Solange der Staat und die Politik nicht bereit sind, die Instrumente der Demokratie zu nutzen, um Schutz gegen die Unterwanderung durch ein totalitäres System zu bieten, ist das der einzige Weg, der dem Einzelnen bleibt.

Eine Millionärin wird zum Sozialfall

Vor ein paar Jahren besaß sie noch ein Haus und Grundstück im Wert von mehr als einer Million Mark. Jetzt, 1995, ist sie mittellos und krank. Sie kann nicht für sich selber sorgen und bedarf ständiger Pflege. Ihr Aufenthalt im Pflegeheim in der Nähe von Hamburg mußte von der Sozialhilfe mitfinanziert werden.

Der Fall Gebhardt-Seele

An und für sich war das in Bayern gelegene Anwesen, das sie von ihrem Ex-Gatten bei der Scheidung überschrieben bekam, als eine Art Altersversorgung gedacht. Doch jetzt liegt sie dem Sozialstaat auf der Tasche. 1989 mußte die an Polyarthritis (Gelenkentzündung) leidende Dame ihren Besitz für 1 150 000 DM verkaufen. Sie hatte das Grundstück im Lauf der Zeit so hoch beliehen, daß sie die Bankzinsen nicht mehr bezahlen konnte. Der Fall Gebhardt-Seele ist in meinen Augen ein Musterbeispiel für den volkswirtschaftlichen Schaden, den Scientology in unserer Gesellschaft anrichtet. Schließlich und endlich wird mit unser aller Geld der Topf der Sozialhilfe gespeist.

Doch bevor wir uns näher ansehen, wie es dazu kommen konnte, daß eine Frau von einer Millionärin zum Sozialfall wurde, und wieso ihr Hab und Gut im gierigen Rachen von Scientology landete, wechseln wir den Schauplatz und begeben uns von Hamburg nach München. Tatort: ein Hotel zwischen Westpark und Thereresienwiese. Tatzeit: Samstag, 27. Mai 1995 von 10.00 bis 13.00 Uhr und von 14.00 bis 18.30 Uhr. Die Opfer: rund 20 Personen, die sich zu einem »informativen 1-Tages-Seminar« angemeldet haben. Und wer ist der Täter?

Wer ist der Täter?

Der Chef des Hotels Carmen in der Münchner Hansastraße weiß es nicht. Er weiß nicht, wer die Leute sind, die da von zehn Uhr vormittags bis halb sieben Uhr abends seinen Seminarraum benutzen und bei ihm zu Mittag essen. Ihm ist es völlig egal, was für Motive der Mann und die Frau haben, an diesem Samstag im Mai und noch an zwei weiteren Samstagen im Juni ein Seminar zum Thema »Immer gute Auftragslage für Freiberufler und Künstler« anzubieten. Und ihm ist es natürlich auch völlig egal, welche Leute es sind, die sich durch Vorauszahlung der Kursgebühr zu diesem Seminar angemeldet und durch ihre Unterschrift unter anderem auch verpflichtet haben, »am Veranstaltungstag a) pünktlich b) ausgeruht und c) hinreichend gefrühstückt« zu erscheinen. Hauptsache, sie verhalten sich ruhig und zahlen, was sie schuldig sind, findet der Münchner Hotelier. Solange sie kein Aufsehen erregen und ihn nicht in Schwierigkeiten bringen, können sie seinethalben tun, was sie wollen. Auch als ihm gesagt wird, was er nicht gewußt hat – und was die meisten Seminarteilnehmer vermutlich ebenfalls nicht wußten –, daß es sich nämlich um eine Veranstaltung von Scientologen handelt, läßt

ihn das kalt. »Scientology? Was geht das mich an!« denkt er. Wie so viele in unserer Gesellschaft hat auch er noch nicht begriffen, daß es ihn zumindest als Steuerzahler sehr wohl etwas angeht – daß es auch sein Geld ist, mit dem über die Sozialhilfe z. B. der Lebensunterhalt einer Scientology-Geschädigten wie Frau Gebhardt-Seele im Pflegeheim bei Hamburg mitfinanziert wurde.
Und schon gar nicht ahnt er, daß einer der beiden Veranstalter des Seminars in seinem Hotel unmittelbar mit dem Schicksal jener Dame namens Gebhardt-Seele zu tun hat.

»Bekehrungswütige« Scientologen

Eine junge Frau weiß allerdings ganz genau, was an diesem 27. Mai 1995 und an noch zwei weiteren Samstagen im Juni im Hotel Carmen gespielt wird. Für sie ist das Seminar schlicht und einfach ein »Tarnseminar«. Anders als so manche Fotografen, Grafiker, Musiker und andere Freiberufler, die den großkotzigen Werbeschrieb der Veranstalter erhalten haben, hat sie sofort erkannt, was hinter diesem 1-Tages-Seminar zum Thema »Immer gute Auftragslage für Freiberufler und Künstler« wirklich steckt. Sie läßt sich nicht blenden von der Verheißung einer »ganz einfachen Möglichkeit, die jeder anwenden kann«, um Probleme wie diese zu lösen:

- Wie vermarkte ich mich selbst als Künstler oder Freiberufler?
- Wie beschaffe ich mir genügend Aufträge?
- Wie setze ich mich gegen große Konkurrenz durch?
- Wie kann ich auch mit »nichtkommerzieller« Kunst Erfolg haben?
- Wie erreiche ich, daß die Auftraggeber mich anrufen, anstatt daß ich ihnen hinterhertelefonieren muß?

Die junge Dame weiß, wer der Referent dieses Seminars ist, der seine Fähigkeiten als »Künstler und Marketingberater« mit folgenden Worten schmackhaft zu machen weiß: »Während meiner jahrelangen freiberuflichen Tätigkeit als Komponist, Produzent, Sprecher, Sänger und anderen Berufen war ich immer wieder auf ein typisches Problem gestoßen: Die Dürreperiode. Zu wenig Aufträge. Kundenakquisition stand auf dem Programm. Gleich zu Beginn meiner Laufbahn mußte ich feststellen, daß man mir in der Schule zwar beigebracht hatte, wie man bestimmte Arbeiten ausführt, aber nicht, wie man sich vorher ein ausreichendes Honorar dafür sichert – sich also genügend bezahlte Aufträge beschafft...« (Aus dem Informationsblatt zum Seminar »Immer gute Auftragslage für Freiberufler und Künstler!«, an potentielle Kunden versandt von Beatrix Mantakos am 8. 5. 95). Und sie weiß auch, wer die als Organisatorin des Seminars auftretende Freundin des Referenten ist – jene Beatrix Mantakos, die mögliche Interessenten eingeladen hat, am Seminar ihres Lebenspartners »teilzunehmen und zu erfahren, wie ein Freiberufler oder Künstler wirklich genug Aufträge bekommen kann« (Vgl. Informationsblatt zum Seminar »Immer gute Auftragslage für Freiberufler und Künstler!«). Und weil die junge Dame so gut weiß, was hinter dem scheinbar so harmlosen Ein-Tages-Seminar im Münchner Hotel Carmen steckt, setzt sie sich an ihre Schreibmaschine und schreibt mir einen Brief. In diesem Brief teilt sie mir mit, daß ihr der Seminarleiter und dessen Freundin als »sehr ›bekehrungswütige‹ Scientologen« bekannt sind und daß ihrer Ansicht nach zu befürchten ist, daß die beiden »auch dieses Seminar nutzen, um Mitglieder zu werben« (Brief vom 18. 5. 1995).

Was Scientology aus Menschen machen kann

»Ich bin ebenfalls wie Sie der Meinung, daß Scientology eine sehr unterschätzte und gefährliche Ideologie ist, der man mit mehr Aktivismus begegnen müßte«, schreibt die junge Frau am 18. Mai 1995. »Vielleicht kann Ihre Schutzgemeinschaft dazu beitragen, es den Scientologen etwas schwieriger zu machen, neue Mitglieder zu werben.« »Wäre ich in München«, schreibt die junge Frau weiter, »würde ich mich mit Flugblättern vor dem Seminarhotel plazieren«, um den vermutlich völlig ahnungslosen Seminarteilnehmern die Augen zu öffnen: »Ich finde, die Leute, die dieses Seminar besuchen, haben ein Recht darauf zu erfahren, daß sie sich etwas mit scientologischen Methoden erarbeiten, daß ihr Seminarleiter Scientologe ist und daß sie mit ihrem Geld Scientology unterstützen« (Brief vom 18. 5. 1995). Die junge Briefschreiberin weiß, wovon sie redet. »Ich habe in den letzten fünfzehn Jahren gesehen, was Scientology aus Menschen machen kann«. Sie kennt den Referenten des Seminars persönlich. Sein Name: Stephan Gebhardt-Seele. Auch andere Mitglieder der Familie Gebhardt-Seele, die der in ihren Augen sehr unterschätzten und gefährlichen Ideologie namens Scientology anhängen, kennt sie sehr gut. So zum Beispiel die Kusine des Referenten, Veronika Kegel, ebenfalls eine Scientologin – »seit Jahren in ›ranghoher‹ Stellung in Moskau, um Rußland zu missionieren«. Und natürlich ist ihr auch jene Dame namens Gebhardt-Seele wohlbekannt, die zum Sozialfall geworden ist. Die Dame ist niemand geringerer als die Mutter jenes Stephan Gebhardt-Seele, der nun in München vor interessierten Zuhörern seine »Grundlagen des Personen-Marketings« – eine »sinnvolle, rentable und vor allem langfristig durchführbare Vermarktungsmethode für Freiberufler und Künstler« (laut Informationsblatt zum Seminar »Immer gute Auftragslage für Freiberufler und Künstler!«) – darlegt. Daß Stephan Gebhardt-Seeles Mutter die Sozialhilfe in Anspruch nehmen muß, hat damit zu tun, daß sie die 1 150 000 Mark, die sie besaß und nun nicht mehr besitzt, größtenteils dazu verwendet hat, die scientologische Karriere ihres jetzt 36 Jahre alten Sohnes und ihre eigene zu finanzieren. Für das, was er jetzt im Münchner Hotel Carmen ein paar Stunden lang von sich gibt, hat jeder Teilnehmer den stolzen Betrag vom 280 DM (inklusive Mittagessen, Kaffee, Seminar-Unterlagen und Mehrwertsteuer) hinblättern bzw. im vorhinein auf das Konto bei der Stadtsparkasse München überweisen müssen.

Wer ist Stephan Gebhardt-Seele?

Auch mir ist Stephan Gebhardt-Seele kein Unbekannter. Nicht nur weil sein Name – wie man in meinem Buch »Scientology – Ich klage an« (Augsburg 1994, S. 25) nachlesen kann – auf der Liste der im IAS-Magazin »Impact« abgedruckten »Patrons« zu finden ist – also jener Leute, die die Scientology-Organisation mit einer Spende von mindestens 40 000 US-Dollar unterstützt haben. Ich bin seinem Namen auch schon früher begegnet. Bereits im April 1992 habe ich Informationen aus Wien bekommen, die die Überschrift hatten: »Scientology auf Kinderfang!«. Unter dem vielversprechenden Titel »Kunst für Kinder« wurden da von einer scientologischen Tarnorganisation – nämlich vom Kunstverlag »Art For Life« – »qualitativ hochwertige Handspielstofftiere und Kunstprodukte zum Kennenlernen« angeboten. Zum Beispiel so: »Gerne würden wir Ihnen unser Angebot an Handspielstofftieren und die dazu passenden wertvollen Geschichten und Kassetten bei Ihnen zu Hause vorstellen. Am besten laden Sie dazu einige befreundete Eltern ein. Natürlich dürfen die

Kinder dabei sein und mit den Tieren spielen, während Sie in aller Ruhe aussuchen können. Rufen Sie uns an!« (Aus einem Werbetext des Kunstverlags ART FOR LIFE). Hinter dem Verlag »Art For Life«, dessen Büro sich damals in einem Haus in Guntramsdorf in der Nähe von Wien befand, stand – wie mein Informant schrieb – »eine für Scientologen sehr interessante Persönlichkeit: Stephan Gebhardt-Seele, ein ›operierender Thetan‹, also eine sogenannte geklärte Person, die laut scientologischer Doktrin völlige Ursache über Materie, Energie, Raum, Zeit und Denken ist.« Dieser Stephan Gebhardt-Seele, der nach eigenen Angaben von der Ausbildung her Musiker ist (Klavier, Klarinette, Saxophon, klassischer Gesang), ist mir bald darauf in einem ganz anderen Zusammenhang wieder begegnet. Und zwar so:

Scientologischer Science-Fiction-Kitsch

Eines schönen Tages fand ich in der täglich eingehenden Post unter dem Stoß von Briefen ein Päckchen, das schon von seiner Größe her auffällig war. Eine Firma wollte von mir wissen, ob das beigefügte Werbegeschenk für Verkäufer »eventuell dazu beiträgt, die Scientology-Organisation zu unterstützen.« Schon beim Auspacken mußte ich lachen. Das Werbegeschenk war ein Buch im Format einer Schallplatte. Auf dem bunt bedruckten Umschlag des quadratischen Buches, das ein unbefangener Betrachter wohl am ehesten für ein Kinderbuch halten würde, stand geschrieben: »Der O/Tan. Eine Geschichte aus dem Weltall, für den Frieden auf dem Planet Erde«. Ich schlug das Buch auf und begann zu lesen:

»Ich komme
von sehr weit her.

Meine Heimat
war der Planet Kogul,
unter der violetten Sonne Nubis,
aus der sechsten Galaxie
der Akoniten-Föderation
Exanti-Ubur.

Planet Kogul.
Es gibt ihn nicht mehr ...
Ich bin der O/TAN.
Ich bin der letzte Überlebende
der ›Semi-Bioniks‹,
einer Spezialrasse des Planeten Kogul,
dessen Völker sich bis zu ihrer
totalen Selbstvernichtung bekriegt haben.«

Ich blätterte weiter. Das bißchen Text, immer nur wenige Zeilen pro Seite, war bald überflogen. Allzuviel hatte dieser Außerirdische, der die Menschen des Planeten Erde eindringlich vor der Gefahr der Selbstvernichtung zu warnen versuchte, nicht zu sagen. Aber immerhin dieses:

»Schauen Sie in die Zukunft.
Es gibt auf Ihrem Planeten
wertvolle Strömungen,
die sehr wohl in der Lage wären,
eine Katastrophe wie die von Kogul
zu verhindern.

Und ich sehe,
daß diese Bewegungen an Einfluß gewinnen.«

»Aha«, dachte ich, »der Bursche aus den Tiefen des Weltalls hat offensichtlich nicht nur seinen Hubbard im Hinterköpfchen, er muß wohl auch die neuesten Jubelmeldungen aus Los Angeles vom weltweiten Vormarsch von Scientology gelesen haben!« Ohne daß der »O/Tan« die »OTs« oder sonstige höhere oder niedere Scientis, denen an einem Welt-Clearing gelegen ist, ausdrücklich beim Namen nannte, zollte er ihnen doch »höchsten Respekt«. Der »O/Tan« im O-Ton:

»Mein höchster Respekt
für jene Wesen,
die ihre ganze Kraft
für das Ziel einsetzen,
daß Ihr Planet überleben wird,
obwohl es zu manchen Zeiten
und an manchen Orten
nicht danach aussieht.«

(Zitate aus: Stephan Gebhardt-Seele, »Der O/Tan. Eine Geschichte aus dem Weltall, für den Frieden auf Planet Erde«).

Ich habe bisher nur von dem Buch gesprochen und damit dem als Gesamtkunstwerk angelegten Machwerk unrecht getan. Denn dem im Fantasy-Stil illustrierten Buch lag auch noch eine CD bei, von der man die Musik zu der Geschichte hören konnte. Die Namen der Produzenten: Stephan Gebhardt-Seele (Text und Musik) und Hans-Peter Fischer (Bilder). Erschienen war dieser scientologische Science-Fiction-Kitsch im scientologisch geführten Moewe-Verlag/Mehler.

Eine neue Art von Infiltration

Ich griff kurzerhand zum Telefonhörer und rief bei der Firma an, die mir diesen Käse zur Begutachtung ins Haus geschickt hatte. »Wie um alles in der Welt kommt ihr auf ein so ein bescheuertes Werbegeschenk? Schon allein die Tatsache, daß ihr so etwas ernsthaft als Werbegeschenk angenommen habt, zeigt mir, daß bei euch in der Firma einer sein muß, der wo nicht ganz knusper ist...« Nun, die Sache war im Grunde ganz einfach. Mein Gesprächspartner am Telefon sagte mir, ein gewisser Hans-Peter Fischer habe bei ihnen in der Firma vorgesprochen und den Vorschlag gemacht, dieses Ding – den »O/Tan« – als Werbegeschenk an Kunden weiterzugeben. Und unter der Masche »Mal ein anderes Werbegeschenk« wurde dieser Schwachsinn dann tatsächlich gekauft. »Also für mich ist das eine neue Art von Infiltration, die Scientology da versucht«, sagte ich. Und ich wollte wissen, wieviele Verkäufer denn nun eigentlich mit diesem Werbegeschenk beglückt wurden; schließlich und endlich war die betreffende Firma nicht gerade ein Miniunternehmen. Der Mann am Telefon konnte es mir nicht genau sagen. »Wohl einige hundert?« vermutete ich. »Reicht nicht«, meinte er, »es handelt sich sicher um eine vierstellige Zahl.« Ob er denn wisse, wer dieser Hans-Peter Fischer eigentlich sei, fragte ich.

»Nein.«

»Dieser Hans-Peter Fischer ist nicht nur der Mann von der Frau Stockhausen von der Karlsruher Scientology-Org, sondern er läuft auch unter dem Begriff ›scientologischer Künstler‹. Seine Vernissagen managt z. B. der aus Kritikerbüchern bekannte Dieter Schmitt. Außerdem ist Hans-Peter Fischer im Verwaltungsrat der Elektrogeräte-Firma EGO in Oberbechingen in Baden-Württemberg...«

Der Künstler, der Marketingberater, der Sohn

Doch zurück zu Stephan Gebhardt-Seele. Da gibt es einmal den Künstler Stephan Gebhardt-Seele, den Musiker und Texter. Dann gibt es den im Verlag »Art for Life«, einer scientologischen Tarnorganisation, »Kunst für Kinder« anbietenden Stephan Gebhardt-Seele, damals verheiratet und in Wien lebend. Dann gibt es den Sohn Stephan Gebhardt-Seele, der mit dem Geld seiner Mutter seine Ausbildung zum Scientologen finanzierte, und neuerdings gibt es eben auch den Referenten Stephan Gebhardt-Seele, der zusammen mit seiner derzeitigen Lebenspartnerin Beatrix Mantakos in seinen Seminaren als Marketingberater für Künstler in Erscheinung tritt. Über den letzteren – nämlich jenen Stephan Gebhardt-Seele, der sich als Experte für eine »immer gute Auftragslage für Freiberufler und Künstler« aufspielt – können die, die ihn schon länger und näher kennen, nur müde lächeln. Genau das sei doch immer sein Problem gewesen, wissen sie, daß er zuwenig Aufträge hatte und nicht genug verdient habe mit dem, was er machte. Wenn das so ist, dann ist das ganz sicher auch ein Zeichen für jenen typischen Realitätsverlust, den ich an Scientologen immer wieder beobachte. Sie meinen tatsächlich, sie seien die größten, da sie ja doch die richtige »Technologie« besitzen, um alles »handhaben« zu können. Doch die richtige oder falsche Selbsteinschätzung dieses Hubbard-Jüngers kann uns im Grunde egal sein. Sie ist sein Problem. Was allerdings an diesem Fall Gebhardt-Seele auch unser Problem ist – Ihres, liebe Leserin und lieber Leser, genauso wie meines –, sind die Folgen, die der scientologische Irrsinn für uns alle hat: der volkswirtschaftliche Schaden, den der konsequente Hubbardismus in unserer Gesellschaft anrichtet.

Der volkswirtschaftliche Schaden durch Scientology

Ich meine, am Fall Gebhardt-Seele läßt sich das Ganze wie an einem Schulbeispiel ablesen. Stephan Gebhardt-Seele, diesem 1958 geborenen Sohn aus gutem Haus, der als

Mittzwanziger in die Fänge von Scientology geriet, ist es offensichtlich bis zu einem gewissen Grad gelungen, die Richtlinie von L. Ron Hubbard zu befolgen: »Mach deine Familie und deine Freunde zu aktiven Scientologen!« Bei seiner Mutter hatte er jedenfalls diesbezüglich Erfolg. Frau Gebhardt-Seele kam durch ihren Sohn Stephan zu Scientology. Desgleichen weitere Verwandte und Freunde. Wie wir bereits gesehen haben, war Frau Gebhardt-Seele leider bereit, alles, was sie besaß, nach und nach für Scientology zu opfern. Als nichts mehr da war und sie erkrankte, ging Stephan Gebhardt-Seele in seinem scientologischen Fanatismus so weit, seine Mutter ins Scientology-Zentrum nach Amerika zu bringen. Er meinte allen Ernstes, die dort könnten sie von ihrer Krankheit heilen. Die Realität sah anders aus. Frau Gebhardt-Seele ging nach Amerika. Aber von einer Heilung keine Spur. Statt dessen wurde sie in den Arbeitsprozeß der Org eingebunden, denn Scientologen sind nach meinen Erfahrungen nur dann gute Scientologen, wenn sie der Organisation nützlich sind. Und als Stephan Gebhardt-Seeles Mutter wegen ihrer Krankheit für die Organisation nichts mehr bringen konnte, kam sie nach Europa zurück und landete im sozialen Netz der Bundesrepublik Deutschland. Sie wurde als Pflegefall in einem Heim untergebracht. Die Millionärin ist heute ein Sozialfall, für den der Staat aufkommt. Das heißt, der Steuerzahler muß das Geld aufbringen, um der kranken Frau Gebhardt-Seele den Lebensunterhalt zu sichern.

Somit zeigt sich, daß Leute wie dieser Stephan Gebhardt-Seele unsere Gesellschaft in doppeltem Sinne schädigen. Zum einen, weil durch sie Menschen zu Scientology gelockt und ihres Geldes beraubt werden; und zum andern, weil die Geschädigten, wenn sie nicht mehr mitspielen, dem Sozialstaat auf der Tasche liegen. Das meine ich, wenn ich vom volkswirtschaftlichen Schaden spreche, den Scientology anrichtet. Das Problem ist, daß man solche Geschichten bisher immer nur als bedauerliche Einzelfälle – durchaus auch als besonders tragische oder besonders groteske, aber doch nur als Einzelfälle – betrachtet hat. In der Summe gesehen sind sie allerdings keine Einzelfälle. Aufgrund der Informationen, wie ich sie von allen Seiten bekomme, kann ich sagen: Es passiert hier immer wieder das gleiche. Denn es ist doch im Prinzip egal, ob eine Ehefrau mit drei Kindern beim Sozialamt in Stuttgart Sozialhilfe beantragen muß, weil der Mann alles bei Scientology verbrät, oder ob ein Sohn alles zu Scientology trägt und die Altersversorgung seiner Mutter verpulvert; am Ende läuft es jedesmal darauf hinaus, daß der Staat die Opfer erhalten muß, die Scientology hinterläßt.

Hier stimmt doch etwas nicht!

280 x 20 macht nach Adam Riese 5 600. Das heißt, allein an diesem 25. Mai 1995 wurden im Hotel Carmen von Stephan Gebhardt-Seele und Beatrix Mantakos rund 5 600 DM Umsatz erzielt. Und wenn Sie sich, liebe Leserin und lieber Leser, jetzt vielleicht sagen: »Moment mal, hier stimmt doch etwas nicht! Wo gibt's denn sowas, daß hier einer, der seine Mutter um ihr Geld gebracht hat, so daß sie nun eine Sozialhilfeempfängerin geworden ist, auf der anderen Seite mit Seminaren Geld verdient, ohne vom Sozialamt zur Verantwortung gezogen zu werden?!« – dann kann ich nur sagen: Das frage ich mich auch. Denn obwohl den zuständigen Behörden und den Betreuern der Mutter die Situation sehr wohl bekannt ist, wird weiterhin das soziale Netz des Rechtstaates (geknüpft aus Steuergeldern!) dafür aufkommen, daß die kranke Mutter des Scientologen Stephan Gebhardt-Seele menschenwürdig leben und betreut werden kann.

An diesem Beispiel des volkswirtschaftlichen Schadens ist die Doppelmoral der Scientologen offensichtlich. Die Organisation Scientology hatte keine Skrupel, die Frau auszubeuten, und sie hat keinen Skrupel, die nun verarmte Frau von Steuergeldern finanzieren zu lassen sowie auch die durch die Krankheit der Frau entstehenden Mehrkosten dem Steuerzahler in Deutschland aufzubürden.

Stephan Gebhardt-Seele tritt inzwischen – wie gesagt – als Trainer in einem Seminar für bessere Auftragslage auf. Es ist zu hoffen, da er als erstes versucht, seine Auftragslage so zu sichern, daß der deutsche Steuerzahler nicht für die Lebensunterhaltungskosten seiner kranken Mutter aufkommen muß.

Die Wirtschaft im Würgegriff

Die Taktik ist noch raffinierter geworden

Im Bereich Wirtschaft hat in den letzten beiden Jahren zwar eine Sensibilisierung hinsichtlich Scientology begonnen – nicht zuletzt weil so manches Unternehmen gemerkt hat, wie schnell die Butter auf dem Brot schmilzt, wenn man nicht aufpaßt –, aber die Taktik der Infiltration ist noch raffinierter geworden. Eine Anweisung der Scientologen (unter der Nummer 1 040 ED) lautet: »Sucht euch ein Geschäft aus, das bereits sehr gut arbeitet.«
Gerade im Bereich Wirtschaft und Industrie sind jedoch unglaubliche Aufklärungsdefizite zu verzeichnen. Denn da die Auseinandersetzung mit Scientology auf der falschen Ebene – immer noch vorwiegend auf der Sekten-Ebene – stattfindet, wurde und wird diese Organisation von der Wirtschaft vielfach überhaupt nicht als Gefahr angesehen. Anhand der folgenden Beispiele, die nur einen sehr kleinen Bruchteil dessen ausmachen, was bei uns im Beweismittelarchiv zu finden ist, sind mehrere Gesichtspunkte dokumentiert.

U-MAN-Test aus Österreich frisch auf den Schreibtisch

Die Firma U-Man International verkauft Tests an Firmen, um die Mitarbeiter nach der 200-Fragen-»Analyse« der Scientology-Organisation zu testen. Um in den Firmen besser Fuß zu fassen, spricht man natürlich nicht über Scientology und Dianetik, sondern das Ganze steht unter dem Überbegriff »U-Man-Test«.

Bereits in den Jahren 1992/93 kam U-Man in die Schlagzeilen, vor allem weil der Hamburger Datenschutzbeauftragte feststellte, daß schon allein die Fragestellungen gegenüber Mitarbeitern sittenwidrig seien. Aufgrund offensiver Aufklärung wurde es um U-Man immer ruhiger. Die Firmen erhielten in der Folge teilweise aus dem benachbarten Ausland Angebote zu einem U-Man-Test.

Die Devise von U-Man lautet: Der richtige Mitarbeiter am richtigen Platz. Das ermöglicht ein Selektieren der Mitarbeiter im Betrieb, denn der Test entscheidet, ob ein Mitarbeiter »auf dem richtigen Platz ist« oder nicht. Inzwischen bekommen Firmen in Deutschland, die 1991 bereits von U-Man International Werbematerial erhielten und sogenannte Probetests machten, Post von U-Man Österreich. Dipl. Ing. Zvonimir Rupnik aus der Bendlgasse 22/12 in Wien teilte den Firmen mit, daß er nun die ausstehenden Auswertungen der Firmen übernimmt, da es zur Zeit keinen aktiven Lizenznehmer von U-Man International in Deutschland gebe.

U-Man International ist eine Tarnorganisation der Scientology. Über diese Tests wird die Technologie von Hubbard in den Firmen verbreitet. Bereits die Versendung des Briefes aus Wien erweckt den Eindruck, als würde hier versucht, Gras über die Sache wachsen zu lassen, um jedoch von Österreich aus weiter agieren zu können. U-Man arbeitet, übrigens wie viele andere Scientologen-Firmen, grenzüberschreitend.

An dem uns vorliegenden Briefwechsel von Rupnik mit deutschen Firmen ist noch etwas zu erkennen: Die Daten der Firmen werden von Lizenznehmer zu Lizenznehmer weitergereicht. Den Beweis liefert Rupnik selbst. Er schreibt in dem Brief vom September 1995 an einen der Unternehmer: »... fehlen uns einige Unterlagen über den aktuellen Stand Ihr Unternehmen betreffend. Es gibt Unterlagen darüber, wieviel Sie bestellt haben, über die Bezahlung der Rechnung und über die Anzahl der gelieferten Auswertungen, diese Unterlagen scheinen aber nicht ganz auf dem letzten Stand zu sein. Wir brauchen aktuelle Daten, um Ihnen die entsprechende Anzahl neuer Fragebögen zu schicken, da sich auch (wie Sie dem beiliegenden Muster entnehmen können) bei unserer Arbeit etwas geändert hat: Wir haben unsere Analyse erweitert, damit Sie einige Daten mehr über Ihre Bewerber/innen erfahren, die viele unserer Kunden nicht erfragt haben ...«.
Am Schluß des Briefes verabschiedet sich Herr Rupnik freundlich mit dem Satz: »Sobald wir diese Daten bekommen haben, werden wir Ihnen die entsprechende Anzahl von Fragebögen zukommen lassen... Wir ersuchen Sie daher, bald zu antworten und sehen einer guten Zusammenarbeit entgegen.«
Ich weiß ja inzwischen, daß bei Scientology fast alles anders ist als im normalen Leben – natürlich auch im wirtschaftlichen Bereich. Die Zielsetzung heißt: Kontrolle über alles und jeden. So gesehen ist es wohl nicht verwunderlich, daß, wenn eine Lizenznehmerin ihre Lizenz zurückgibt, die Daten ihrer Kunden einfach weitergereicht werden. In diesem Fall wäre die Elisabeth Kochsiek aus München wohl besser beraten gewesen, wenn sie ihre Kunden über ihre Lizenzrückgabe informiert und sie bei weiterem Interesse an ihren Nachfolger, Herrn Rupnik, verwiesen hätte. Aber was ist passiert? Frau Kochsiek hat alle Geschäftsdaten weitergegeben, ohne daß die Firmen

wußten, wohin ihre Daten wandern, und jetzt bekommen sie – teilweise nach drei Jahren – Post aus Österreich. Von einem Mann, den sie erstens gar nicht kennen und von dem zweitens, genauso wie von Frau Kochsiek, jeder weiß, welche Zielsetzungen er verfolgt – nämlich die Unterwanderung der Firmen mit der Hubbard-Technologie.

Wie kann sich eine Firma schützen?

Am 22. März 1995 entschied das Bundesarbeitsgericht in Kassel, daß es sich bei Scientology nicht um eine Religion, sondern um eine kommerzielle Vereinigung handele (Aktenzeichen: 5 AZB 21/94). Die Entscheidung des Bundesarbeitsgerichtes bedeutet auf der einen Seite – für Scientology –, daß die Mitarbeiter, die dort teilweise nur ein Taschengeld als Entlohnung erhielten, ein Anrecht auf eine reguläre Bezahlung haben wie in einem Wirtschaftsunternehmen.

Auf der anderen Seite gibt es nun die berechtigte Diskussion in den Unternehmen: Was ist eigentlich mit Mitarbeitern, die die Hubbard-Technologie zur Zielsetzung haben? In der öffentlichen Diskussion sprechen Scientologen immer von einer »Privatsache« und argumentieren mit der persönlichen Überzeugung. Seit Jahren ist von Scientologen und von den Anwälten der Organisation immer die gleiche Leier zu hören, daß das eine mit dem anderen nichts zu tun habe.

Unser Hauptarbeitsgebiet ist inzwischen die Aufklärungsarbeit in Wirtschaft und Unternehmen. Hier sind wir ständig in der Diskussion mit Geschäftsführern, Personalleitern und Firmeninhabern, die durch das Wirrwarr der Aussagen von verschiedenen Stellen teilweise völlig verunsichert sind. Die erste Frage in Unternehmen muß meiner Meinung nach immer sein: Wo liegt die Loyalität

des Mitarbeiters? In welcher Position kann es für die Firma ein unerträglicher Zustand und ein Sicherheitsrisiko sein, wenn eine Person Richtlinien folgt, die Ausforschung und Abhängigkeit beinhalten?
Aufgrund vorliegender Fakten und Beweise wird in den Chefetagen von Unternehmen, die sensibilisiert sind, inzwischen die Frage diskutiert: Wie kann sich eine Firma denn überhaupt schützen? Welche Möglichkeiten hat sie auf rechtlicher Ebene?
Eine Vielzahl von Chefs mittelständischer Unternehmen sind sauer, weil der Staat mit wachsweichen Entscheidungen keinerlei Grundlagen schafft, damit die Expansion und die Unterwanderung gerade im wirtschaftlichen Bereich gestoppt werden kann.

Scientologe und Schlüsselposition

Schaut man sich die Richtlinien der Scientology an, dann ist ganz klar ersichtlich, daß hier an erster Stelle Interessen der Organisation stehen, und die heißen: Die Schlüsselstellen zu besetzen. So verschieden die Wege zu Scientology selber sind, so verschieden sind auch die Wege, um an solche Schlüsselpositionen zu gelangen.
Die von Scientology gestellten Anforderungen und Anweisungen verdeutlichen, in welcher Abhängigkeit Scientologen sind. Eine der wichtigsten Richtlinienbriefe des Hubbard-Kommunikationsbüros hat den Titel »Die Funktionsfähigkeit der Scientology erhalten«. In dieser Anweisung vom 7. Februar 1965 (wieder herausgegeben am 27. August 1980) heißt es:
»... Wenn sich jemand eingeschrieben hat, so ist er an Bord, wenn er an Bord ist, so ist er zu denselben Bedingungen hier wie wir alle – gewinnen oder beim Versuch sterben. Lassen Sie sie niemals halbherzige Scientologen sein.

Die besten Organisationen in der Geschichte sind harte, hingebungsvolle Organisationen gewesen. ... Wenn wir halbherzig ausbilden, uns davor fürchten zu kränken und Angst davor haben, etwas durchzusetzen ... damit werden alle im Stich gelassen ... Die richtige Ausbildungseinstellung ist: Sie sind hier, also sind Sie ein Scientologe. Jetzt werden wir Sie zu einem fachmännischen Auditor machen, was auch immer geschieht. Wir haben Sie lieber tot als unfähig.« L. Ron Hubbard.

Diese Richtlinie zeigt, daß die Organisation es gar nicht zuläßt, daß jemand einen »privaten« Scientology-Weg gehen kann. Die Behauptung, Scientology sei eine »Privatsache«, steht konträr zu allen mir vorliegenden Unterlagen und zu allen Aussagen, die ich – inzwischen weltweit – von Ex-Scientologen gehört habe. Es gibt keinen privaten Bereich bei Scientology. Allein die Struktur ist so aufgebaut, daß ein Kontrollsystem diese Trennung unmöglich macht.

Vor diesem Hintergrund muß die Diskussion beginnen. Denn der Handlungsbedarf ist nicht nur schon längst gegeben, sondern bereits überfällig.

Der Fall Günter D.

Lange habe ich überlegt, ob ich gerade dieses Fallbeispiel nehmen soll, um Ihnen, lieber Leser, die gleichzeitige Dramatik für die Familie sowie für die Firma darzustellen.

Hauptfigur in diesem Beispiel ist ein Mann, Mitte 50, in Hamburg geboren, der bereits seit Anfang der 70er Jahre trainiertes Mitglied der Scientology-Organisation ist. Durch seine beruflich bedingten Wohnsitzwechsel durchlief er in Deutschland mehrere Scientology-Stationen, zum Beispiel in Frankfurt/Main, Ulm und München.

Meine Recherchen ergaben, daß er von Anfang an zu den

stark engagierten Scientologen zählte, der selbst im privaten Freundes- und Bekanntenkreis die Technologie von L. Ron Hubbard zu vermitteln versuchte. Auch die Kindererziehung gestaltete sich mehr und mehr nach den Hubbard-Richtlinien.

Natürlich kostete sein Weg »über die Brücke« (so heißt der Ausbildungsweg bei Scientology) auch Geld. Aus den vorliegenden Listen ist ersichtlich, daß Günter D. die komplette Ausbildungspalette zum linientreuen Scientologen durchlaufen hat; es gingen auch mehrere Überweisungen an andere Organisationen, wie nach Saint Hill (England) oder nach Flag (USA), einem der Hauptausbildungszentren der Scientologen.

So erreichte der Hauptdarsteller dieses Falles die höchste Ausbildungsstufe der Scientology. Aus mir vorliegenden Unterlagen weiß ich, daß es absolut realistisch ist, anzunehmen, daß so ein Weg ca. 400 000 bis 500 000 DM kosten kann.

An dieser Stelle möchte ich einmal ganz deutlich sagen, daß ich meine Aufklärungsarbeit nicht deshalb mache, weil Menschen durch Scientology Geld verlieren. Ich mache sie ausschließlich, weil Menschen von der Organisation manipuliert und instrumentalisiert werden, um ein antidemokratisches, in sich faschistoides, totalitäres System nach vorne zu bringen. Ich finde, es steht mir auch nicht zu, darüber zu urteilen, was andere Leute mit ihrem Geld machen. Es ist inzwischen bekannt, daß Scientology mit ihren Abzocker-Methoden viele Menschen ins Unglück stürzt. Es wäre Sache des Staates Präventivmaßnahmen zu schaffen, damit eben solche Existenzzusammenbrüche und die dadurch bedingten Familientragödien unterbunden werden könnten. Ein Weg dahin ist nun einmal offensive Aufklärung.

Wie viele Ehen ging auch die Ehe von Günter D. in die Brüche. Seine jetzige Lebensgefährtin soll bei einer Bank arbeiten und ebenfalls die Technologie von L. Ron Hubbard beherrschen. Ich denke, an dieser Stelle muß ich nicht mehr erklären, daß ein Mann nach über 20 Jahren Ausbildung bei der Scientology-Organisation bis hin zum Auditor und zur OT-Stufe, nicht nur am Abend nach Geschäftsschluß »privat« die Hubbard-Zielsetzungen verfolgt. Mag sein, daß er in seiner Position nicht mit dem Dianetik-Buch unter dem Arm durch die Führungsetagen seiner Firma läuft. Das braucht er auch nicht. Er hat schon längst die komplette Scientology-Terminologie verinnerlicht und ist sogar bereit, seinen Job aufzugeben, um in die Sea-Org der Scientology einzutreten und dort Aufgaben in der Kaderabteilung zu übernehmen.

Dies war der eine Teil des Beispiels; übrigens ein ganz typisches vom Ablauf her. Die zweite Seite dieses Falles betrifft eine Firma, eine sehr große Firma – die DASA (Daimler-Benz Aerospace). Sie mußte sich nämlich jetzt mit diesem Thema auseinandersetzen, ob sie wollte oder nicht. Nur, wie geht man mit diesem Thema um? Wie geht man mit dieser Situation um?

Was macht ein Personalchef, wenn er Unterlagen auf den Tisch bekommt, die hieb- und stichfest beweisen: Hier hat ein Mann seit über 20 Jahren die Zielsetzungen dieser Organisation vertreten, wurde nach deren Gesetzmäßigkeiten gedrillt und hat in Bezug auf unser Land nur eines im Kopf: »Clear Deutschland«, komme was wolle. Denn eines ist sicher: im »Clear Deutschland«-Plan ist die Daimler-Benz Aerospace garantiert nicht ausgeklammert.

Ich weiß inzwischen, daß es in vielen Personalabteilungen solche Diskussionen gibt. Mir persönlich ist auch klar, daß das Fehlen klarer Aussagen und Entscheidungen von politischer Seite die Situation von Wirtschaft und Industrie nicht gerade erleichtert.

Je höher die Position, desto höher natürlich auch die Problematik. Im Fall Günter D. hat das Thema inzwischen die

Führungsebene der DASA erreicht, denn Günter D. ist nicht irgend jemand: Günter D. ist Finanzrevisor bei der Daimler-Benz Aerospace.
Scientologen sind vor allem verpflichtet, zuallererst der Organisation gegenüber loyal zu sein. Sie erhalten Anweisungen und müssen diese ausführen. Günter D. hat bereits 1979 unter der laufenden Nummer 21331 den Ausbildungsgrad »clear« erreicht, so steht es im Heft »THE AUDITOR – The Monthly Journal of Scientology« vom Oktober 1979.
Aus den vorliegenden Fakten ist eindeutig ersichtlich, daß Günter D. über all die Jahre Scientology-Trainings absolvierte. Zudem trug er sich im Jahre 1994 nachweislich mit dem Gedanken, in der Sea-Org der Scientology tätig zu werden. Damit ist klar, daß er über all die Jahre trainiert wurde, um ein linientreuer Scientologe zu sein. Dazu gehört auch das Schreiben von Wissensberichten, die dann zum Ethik-Offizier der Organisation wandern.
Die Anordnung zur Ausfertigung von Wissensberichten gilt weltweit. Diese Berichte enthalten Informationen jeglicher Art, die natürlich auch für die Organisation verwendet werden können. An dieser Stelle müssen wir uns, um der Diskussion gerecht zu werden, ins Gedächtnis rufen, was laut internen Formulierungen ein Wissensbericht ist. So heißt es in dem Buch »Einführung in die Ethik der Scientology«, das als Grundgesetz der Scientology bezeichnet werden kann, auf Seite 183:
»Wissensbericht: Ein Bericht, der von jemandem geschrieben wird, der von irgendeiner unethischen, von den Richtlinien abweichenden oder destruktiven Handlung oder Unterlassung Kenntnis hat. Wissensberichte werden an die Ethik geschickt, so daß von dorther eine Ermittlung und Handhabung stattfinden kann.«
Genau an diesen Anordnungen der Organisation muß die Diskussion beginnen, wenn wir über die Gefahr reden, die

von einem instrumentalisierten Hubbardisten, in dem Fall in einer Schlüsselposition in der Wirtschaft, ausgeht. Man braucht überhaupt keine Phantasie dazu, sich – mit der Anordnung über Wissensberichte im Hinterkopf – auszumalen, was ein Finanzrevisor an sensibler Stelle in der Industrie alles zu melden haben könnte. Jeder Scientologe ist verpflichtet, die Technologien der Scientology, wann und wo immer, auch zu verbreiten. Wenn zudem ein Mann vom Ausbildungsgrad des Günter D. seine Loyalität der Organisation gegenüber nicht bereits unter Beweis gestellt hätte, dann wäre er gar nicht auf den Gedanken gekommen, 1994 ernsthaft in Erwägung zu ziehen, in die Kaderabteilung der Sea-Org von Scientology einzusteigen.

Übrigens nützt den Zielsetzungen der Scientology ein Scientologe in der Position eines Günter D. natürlich weitaus mehr als ein Handzettelverteiler, der Straßenwerbung macht. Der Kernpunkt der Diskussion, die ich mit diesem Kapitel anstrebe, lautet: Wie soll sich ein Unternehmen, egal welcher Größenordnung, in solch einer Situation verhalten? Inwieweit haben wir eine gesetzliche Regelung, die diese Problematik einbezieht? Was nützen Wirtschaft und Industrie politische Lippenbekenntnisse über die Gefährlichkeit der Organisation Scientology, wenn nicht nach dem Erkennen auch Taten folgen?

Zu allen drei vorangegangenen Fragen kann ich heute aufgrund der mir vorliegenden Beweise und der Tatsache, daß ich selbst in Gesprächen mit Wirtschaft und Industrie mit diesen Fragen konfrontiert wurde, ganz klar sagen: Die politischen Mandatsträger haben beim Thema Scientology aus Gründen, die sicher noch nicht ausdiskutiert sind, versagt. Denn ohne eine klare gesetzliche Regelung, ohne eine Punktstaatsanwaltschaft, die den Auftrag erhält, die Ermittlungen bundesweit aufzunehmen und alle Gesichtspunkte dabei zu betrachten, sowie einer Entscheidung, daß die Organisation Scientology aufgrund

ihrer antidemokratischen, totalitären Zielrichtungen vom Bundesamt für Verfassungsschutz in Köln beobachtet werden darf, solange dies alles nicht geschieht, wird es in diesem Land immer wieder zu der Situation kommen, daß eine Personalabteilung mit der Geschäftsleitung verzweifelt nach einer Lösung sucht.
Eines der zur Zeit am meisten angewendeten »Lösungsmodelle« heißt: Aufhebungsvertrag in beiderseitigem Einvernehmen, verbunden mit einer oft schwindelerregend hohen Abfindungssumme. Daß diese Abfindung für die jeweilige Firma steuerlich absetzbar ist, dürfte jedem klar sein. Vielleicht sollten sich aber die politisch Verantwortlichen und wir als Bürger auch einmal klar machen, daß sich über so eine »Lösung« die zahlende Firma sowie der Staat als Ganzes zum helfenden Kumpan der Scientology macht. Denn niemand wird ja wohl ernsthaft daran glauben, daß von so einer »Abfindungslösung« Scientology nicht profitiert.

Ein Scientologe kommt selten allein

Wenn »Lösungsmodelle« wie oben beschrieben zum Tragen kommen, ist die Situation in den Personalabteilungen nicht befriedigend geklärt. Eine öffentliche Aufklärung und Auseinandersetzung über die Gefahr Scientology und ganz klare Aussagen und Entscheidungen von politischer und juristischer Seite sind überfällig.
Die bekannten Fälle als Einzelfälle abzutun, wäre sträflicher Leichtsinn und führt uns alle keinen Schritt weiter. Allein die mir vorliegenden Fälle zeigen, daß hier alle Bereiche der Wirtschaft, angefangen bei Kleinstbetrieben, die solch ein Problem schon mit einem Mitarbeiter bekommen können, bis hin zu großen Firmen, wo die Unterwanderung natürlich in einer anderen Dimension stattfinden kann, betroffen sind.

Eine scientologische Unterwanderung kann übrigens nicht nur durch Mitarbeiter, sondern auch durch neue Gesellschafter und Kapitalgeber erfolgen. So ist zum Beispiel die Firma Benneck & Partner in Düsseldorf nicht nur in der Personalberatung, sondern auch in Sachen Headhunting und Unternehmenscontacting tätig. Es werden also nicht nur neue Mitarbeiter vermittelt, sondern auch gezielt Führungskräfte bei anderen Firmen abgeworben sowie Kapitalgeber und Beteiligungen für bzw. an Unternehmen vermittelt.

Ich finde immer wieder in meinen Unterlagen die hundertfache Anfrage: »Wie soll ich mich jetzt verhalten? Mir ist bekannt geworden, daß einer unserer führenden Mitarbeiter Scientology-Technologie anwendet«. Mit vollem Recht fragt nun die sensibilisierte Personalabteilung bei der Geschäftsleitung nach und steht dann wiederum vor einer unlösbaren Situation. Inwieweit kann denn nun ein Mitarbeiter, egal in welcher Position, Hubbard-Technologie einführen und sich gleichzeitig auf das Persönlichkeitsrecht zurückziehen, wenn es zu einer Kündigung aus diesem Grund kommt?

Die Rechtsabteilung der Firma BASF kann wahrscheinlich inzwischen zu diesem Thema einen Rechtsberater für Hausjuristen herausgeben. Über Jahre waren die Klagen von zwei Scientologen am Arbeitsgericht anhängig, die nachweislich linientreu nach der Hubbard-Technologie an ihrem Arbeitsplatz agierten.

Schließlich wurde bezüglich Dieter Klee die Kündigung auch in zweiter Instanz vor dem Landesarbeitsgericht Rheinland-Pfalz bestätigt, indem die erstinstanzliche Entscheidung des Arbeitsgerichtes Ludwigshafen vom Mai 1993 im wesentlichen bestätigt wurde.

Der Fall der BASF ging zwar durch alle Medien, zur Erinnerung aber kurz die Fakten:

Am 17. Dezember 1992 wurde der Scientologe und freige-

stellte Betriebsrat Dieter Klee fristlos gekündigt, da er trotz vorangegangener mehrmaliger Abmahnungen massiv und fortgesetzt während der Arbeitszeit für die Scientology geworben hatte. In den Verhandlungen, die nach dieser Kündigung stattfanden, wurde deutlich, daß die Mitarbeiter sich durch die Aktivitäten von Dieter Klee gestört fühlten. Mir liegen sogar Unterlagen vor, in denen der freigestellte Betriebsrat innerhalb seiner Funktion und in den Büroräumen – auf Provisionsbasis – für scientologische Immobilienmakler tätig war. Daß er außerdem die Funktion eines beisitzenden Richters am Arbeitsgerichtes Mainz innehatte, macht die Angelegenheit deshalb nicht harmloser.
In dem zweiten Fall ging es um Dr. Michael Passlack aus Grünstadt, der 1991 auf der WISE-Liste der Scientology steht. In anderen Scientology-Unterlagen findet man den Namen auch als denjenigen, der sogar eine eigene Mission eröffnen wollte. Viele Jahre seines Berufslebens verbrachte er bei der Firma BASF in der Forschungsabteilung. Bis zu dem Tag, als er von der Firma die Kündigung erhielt. Die Auseinandersetzungen gestalten sich genauso schwierig wie bei seinem Scientology-Kollegen Dieter Klee. Als Fakt bleibt aber trotzdem bestehen, daß Michael Passlack aus der Forschungsabteilung Daten mit nach Hause nahm und sie dort über seine WISE-Lizenznehmerfirma bearbeitete und über seine Frau wieder an die BASF zurückverkaufte. Der nachweisliche Schaden, den die BASF beziffern konnte, überschritt die Millionengrenze. Es geht mir heute aber nicht darum, einen bereits in allen Medien ausgetretenen Fall wieder aufzuwärmen. Es geht auch nicht darum, daß Michael Passlack nach dem BASF-Skandal in der Landesgeschäftsstelle der FDP einer Jungliberalen anbot, sich mit ihm über Scientology zu unterhalten, denn immerhin war Passlack im April 1994 immer noch – trotz Unvereinbarkeitsbeschlusses der FDP – Mitglied bei dieser Partei.

Vielmehr geht es darum, daß hier mit einer nicht zu beschreibenden Unverschämtheit die Scientology-Organisation die Angelegenheit Michael Passlack hochstilisiert – bis hin zur UN-Menschenrechtskommission. Dort stellt die Scientology Passlack als Opfer dar, dessen Menschenrechte – aufgrund seiner Zugehörigkeit zu Scientology – in Deutschland verletzt würden. Der Skandal wird perfekt, wenn man bedenkt, daß Michael Passlack die übliche schwarze Propaganda über mich in der BASF verteilte, da er die »dirty tricks« (schmutzigen Tricks) anwendete, wie es bei Scientologen, die ins Schußfeld wegen ihrer Machenschaften geraten, üblich ist. Vor Gericht legte sein Anwalt, Wilhelm Blümel aus München, einen Antrag auf Prozeßkostenhilfe vor, da Dr. Michael Passlack mittellos sei. Obwohl der Scientologe Passlack eine strafbewährte Unterlassungserklärung unterzeichnete, in der er sich verpflichtete, daß er die vom scientologischen Geheimdienst angefertigten Pamphlete zu Rufmordzwecken gegen mich nicht öffentlich verteilen werde, und ich mein Ziel, Unterlassungsanspruch gegen Passlack durchzusetzen, erreichte, hatte ich den Schaden. Ich mußte laut Entscheidung gemäß Paragraph 91 a der Zivilprozeßordnung die Kosten zahlen.

Sofort legten meine Anwälte Einspruch beim pfälzischen Oberlandesgericht Zweibrücken ein. Ich denke, daß diese Entscheidungsbegründung öffentlich diskutiert werden muß.

Der 4. Zivilsenat des pfälzischen Oberlandesgerichts in Zweibrücken entschied durch den Vorsitzenden Richter Freiermut, den Richter Dr. Weber und die Richterin Frau Schlachter, daß die Kosten des Verfahrens ich zu übernehmen hätte, da ich der Firma BASF Informationen geliefert hätte, die zur Kündigung des Mitarbeiters Passlack führten. Hätte ich diese Unterlagen der BASF nicht gegeben, hätte Michael Passlack wahrscheinlich nicht die Kündi-

gung bekommen und – jetzt kommt die »Logik« – dann hätte er auch keine schwarze Propaganda gegen mich in der Führungsetage der BASF verteilt. Was unterm Strich übrig bleibt, steht in der Kostenentscheidung des OLG: Erst auf diesem Weg … (durch mich) habe die BASF nach eigenem Bekunden von der Privatfirma (scientologische WISE-Firma) ihres Mitarbeiters erfahren. Wenn der Antragsgegner (Passlack) unter diesen Umständen gegenüber seinem Arbeitgeber (BASF) die streitgegenständlichen Vorwürfe gegen die Antragsstellerin (Renate Hartwig) erhob, um deren Aktivität ins rechte Licht zu rücken, könne kein Zweifel daran bestehen, daß er dies zu seiner Verteidigung in Wahrnehmung berechtigter Interessen getan habe. Die Beschwerde sei demnach mit der Kostenfolge aus § 97 Abs. 1 ZPO, zurückzuweisen.
An dieser Stelle sollten sich alle drei Richter einmal in Ruhe darüber Gedanken machen, ob sie nicht mit so einer Entscheidung, ob sie wollen oder nicht, Scientology gedient haben.
Natürlich stehen in den Jubel-Flugblättern der Scientology weder die Fakten noch die Hintergründe, aber es steht das Aktenzeichen und das zuständige OLG darauf. So, meine Damen und Herren Richter, kann man zum Kumpan von Scientology werden. Solche Entscheidungen bereiten den Weg zum Scientology-Ziel »Clear Deutschland«.
Der vor Gericht mehrmals als mittellos auftretende Passlack mit Anspruch auf staatliche Prozeßkostenhilfe, die ihm auch gewährt wurde, taucht übrigens 1994 in der Spenderliste der »Kriegskasse« von Scientology (»IMPACT«, Ausgabe 53/1994) wieder als Großspender mit einer Summe von 40 000 US-Dollar auf.

Versetzen statt Auseinandersetzen

Aufgrund der Schwierigkeiten, die einer Firma bei der Auseinandersetzung mit Scientologen und deren Anwälte entstehen, ist es meiner Meinung nach sehr wohl verständlich, daß so mancher Unternehmer einfach den Kopf in den Sand steckt und versucht, über Umstrukturierungen in der Firma Scientologen aus sensiblen Bereichen zu versetzen. Wir kennen die Schriftsätze und Vorgehensweisen von Rechtsanwälten, die Scientology und auch einzelne Scientologen vertreten, und jede Firma müßte die eigene Rechtsabteilung aufstocken, um mit der Papierflut, die dann hereinbricht, überhaupt fertigzuwerden. Auch dies muß diskutiert werden, wenn es darum geht, daß ernste Präventivmaßnahmen und Bemühungen stattfinden müssen, um die Wirtschaft vor der Unterwanderungstrategie der Scientology-Organisation zu schützen. Inwieweit man sich mit dieser Vogel-Strauß-Politik selbst zum Kumpan – wenn auch nicht in der ersten Reihe – macht, wird leider immer vergessen.

Es ist ein Irrtum zu glauben, daß ein Scientologe nach seiner Versetzung einfach aufhört mit dem Versuch, die Scientology-Technologie in der Firma durchzusetzen. Aufgrund der bestehenden Befehlsmechanismen und der dazugehörenden Ethik-Abteilung der Organisation wird eine nach den Hubbardistischen Regeln infiltrierte Person, auf welchem Platz auch immer, scientologisch denken und auch danach handeln.

So sitzt zum Beispiel bei der Firma Siemens AG in München die Scientologin Gabi Haumreiser auf einer Position, bei der es um externe und interne Ausbildungskurse geht. Außerdem geht aus Einladungsunterlagen der Scientology-Organisation in der Beichstraße in München hervor, daß sie dort auch selbst Kurse gibt, zum Beispiel »gegen falsche Zielsetzungen«. Dabei sollen, so sagen Ex-Scientologen und ehemalige Trainer von Scientology, Leute wieder auf die harte Linie der Organisation eingeschworen werden. Wenn natürlich die Firma Siemens jetzt glaubt, das wäre lediglich die Privatsache ihrer Mitarbeiterin – von der sie übrigens schon seit langem wissen, welchen Zielsetzungen sie sich verschrieben hat –, dann wird die Fa. Siemens, ob sie will oder nicht, zum Helfer dieser Zielsetzungen und dadurch zum Kumpan.

Das Unternehmen hat es seinen Mitarbeitern gegenüber zu verantworten, wie lange es noch die dritte Variante weiter verfolgen will: Totschweigen, übrigens eine der häufigsten. Meine Damen und Herren im Siemens-Vorstand: Ich weiß übrigens, daß es auch bei Ihnen kein Einzelfall ist!

Da jetzt bestimmt der eine oder andere Manager großer Firmen im Sessel sitzt und beim Lesen dieser Kapitel denkt: »Mich geht das nichts an, denn von mir steht da ja nichts«, muß ich nochmal wiederholen: Es würde Bände füllen, wenn ich allein die Beweismittel über Unterwanderung in der Wirtschaft an dieser Stelle ausführlich auflisten würde.

Mein Appell zu handeln richtet sich nicht nur an die Verantwortlichen in der Politik, sondern ich wünsche mir auch mehr Zivilcourage in den einzelnen Firmen. Sobald die Firmen von sich aus das Schweigen brechen und ihre Schwierigkeiten auch öffentlich diskutieren, ist es möglich, daß man zusammen den richtigen Weg findet, um diese Gefahr in Griff zu bekommen.

Ein Maulkorb ist keine Lösung

Aus mir vorliegenden Unterlagen geht hervor, daß gerade der Computerbereich für die Strategie von Scientology ein interessantes Gebiet darstellt. An den sensibelsten Stellen eines Unternehmens sind inzwischen Computer einge-

setzt, in denen auch vertraulichste Daten gebündelt sind. Die Fragen bleiben immer gleich: Was bedeutet es für die Kunden, Mitarbeiter und Geschäftspartner, wenn sich auch nur ein Teil des oberen Managements für die Ideologie der Scientology entschieden haben sollte?
Natürlich wird sofort von Scientology-Seite die Zugehörigkeit zur Organisation als reine »Privatsache« abgetan, obwohl in den eigenen bindenden Anweisungen steht, daß Schlüsselpositionen in Unternehmen »erobert« und dadurch Möglichkeiten scientologischer Kontrolle geschaffen werden sollen.
Scientology erwartet natürlich von einer Person, die in einer Schlüsselposition tätig ist, daß der Scientologe die bestehenden Firmenstrukturen an die Hubbardistischen Richtlinien anpaßt. Daß dies nicht mit wehenden Fahnen passiert, sondern mit einer schleichenden Unterwanderung in der Form, daß hier scheibchenweise »Hubbard-Tech« in der Firma eingeführt wird, wird aktenordnerweise belegt durch Berichte und Informationen, die ich gerade in den letzten Jahren aus Wirtschaft und Industrie bekommen habe.

Über Gefahren muß berichtet werden

Ich möchte an dieser Stelle meine eigene Gewissensfrage zur Diskussion zu stellen. Was soll ich machen, wenn Informationen im Laufe der Monate Aktenordner füllen und wenn Mitarbeiter einer Firma mir nachprüfbare Beweismittel bringen, daß in der Firmenspitze des Unternehmens nachweisbar jemand tätig ist, der sich mit Haut und Haaren der Scientology-Zielsetzung verschrieben hat? Auf der einen Seite gibt es die Möglichkeit, es zu archivieren. Und dann? Auf der anderen Seite fühle ich mich verpflichtet, die Öffentlichkeit aufmerksam zu machen.

Im Februar 1995 wollten wir nach Prüfung von vielen Unterlagen, die uns übergeben wurde, eine Stellungnahme der Computer-Firma Top-Call einholen. Hans Lanik, damals Geschäftsführer und Gesellschafter von Top-Call, war in mehreren aufeinanderfolgenden »Impact-Listen« (zum Beispiel durchgängig von Nr. 51 bis 57) aufgeführt. Für mich waren die Referenzlisten der Firma Top-Call entscheidend, die im Zusammenhang mit der Strategie der Scientologen natürlich eine ganz andere Dimension hatten. Egal, ob in Österreich, Deutschland oder in der Schweiz – die Liste der Banken, Behörden (wie Staatsanwaltschaft und Polizei), kleiner und großer Firmen ist endlos und zeigt ganz deutlich, daß hier eine öffentliche Diskussion unumgänglich ist. Übrigens hat so eine Entscheidung für mich auch etwas mit Verantwortung zu tun.
Für mich zählen auch andere Kriterien als Gewinnspannen und Expansion, die, wenn man nach den Referenzlisten der Firma Top-Call geht, schon eine Art Monopolposition in der Branche zu haben scheint. Stellt man die Strategien der Scientology im wirtschaftlichen Bereich dem gegenüber, dann kann man nur die Geschäftsleitung zu einer Stellungnahme auffordern, wie sie denn mit dieser Situation umgeht. Was kam: nichts!
Uns erreichte weder ein Schreiben noch ein Anruf, noch irgendeine Reaktion von Top-Call. Wir haben allerdings aus Wirtschaftskreisen erfahren, daß versucht wurde, Stimmung gegen meine Person und die Bürgerinitiative Robin Direkt zu machen, deren Vorsitzende ich bin.
Ich empfand dies als einen unverhältnismäßigen und unberechtigten Rundumschlag. Schließlich hatte ich die Firma nur um eine Stellungnahme gebeten und hätte gegebenenfalls auch versucht, bei einer Lösung mitzuwirken. An der Vorgehensweise dieser Firma ist aber erkennbar, daß hier versucht wurde, vom Thema abzulenken. Es

Members with Honor Status

The Association's honor status may be awarded to individual members, their families or companies, Scientology Churches, Missions and social betterment organizations who have greatly assisted the Association in achieving its goals. Those who have made donations in excess of $ 5,000 may be awarded Sponsor status. Those who have donated $ 20,000, assisted 20 people to apply for membership or otherwise greatly assisted the Association may be appointed to the Honor Roll. Patron Status is awarded to those who have donated in excess of $ 40,000 to the IAS. Patrons with Honors (whose names appear in heavy type on the Patrons list) have donated $ 1000,000. Patrons Meritorious (whose names appear in Capitals on the Patrons list) have donated $ 250,000. Appointment to the Senior Honor Roll, the Association's highest honor status, is awarded to those who have assisted 100 people to apply for membership or who have made extraordinary contributions toward achieving the purpose of the Association.

Senior Honor Roll

Mary L. Adams
Gianmario Albanese
Dieter Althaus
Louise (Weege) Anderson
Mary Andrews
Mark Arnold
Marco Antonio Artiga
Philippe Badoux
Britta Bang
Michael Bang
Jeff Battershall
Karin Beaty
Howard Becker
Joachim Bendig
Susanne Bendig
Roberto Bertoli
Rainer Biermann
Roland Birrer
Cliff Bowen
Eva Boyd
Ted R. Bragin
Luigi Brambani
Doug Brown
Helen Burke
Enid Byrne
Luca Cantoni
Cathy Carlson
Pascal Carminati
Marie Christine Carroux
Luisa Ceribelli
Force Chamberlain
Alan C.H. Chang
Halina Cirillo
Gerard Condolo
Giulio Cozzoli
Annie Cunningham
Nives Dalby
Missy Davies
Dennis Dawson
Albert De Beer
Ed Dearborn
Tina Dearborn
Rose Denness
Carlo S. Di Lorenzo
Sandy Dodwell
John Donaghy
Joachim Doose
Steve Edelstein
Chris Estey
Andrea Fechner
Raymond Fenech
Ken Ferrara
Lauren Ferriss
Mark Freedman
Paul Friccero
Fabio Frigerio
Cathy Garcia
Josh Garfield
Malcolm Gellatly
Marcel Gemme
Nancy S. Goodwin
Nathalie Grzesiak
Karen Hackenberg
Robin Hanses
Robert Hitz
Fran Hoefer
Dave Horwedel
Freddy Hunkeler
Georges Hussler
Lawrence G. Jaffe
Heber Jentzsch
Laurie Jessup
Kathy Johnston
Stephane-Istvan Juhasz
Björn Karlsson
Steve Kemper
David King
Niels Kjeldsen
Valery Knoll
Brigitte Kramer
Kenneth Krieger
Susan Krieger
Jack Kruchko
Anton Kuchelmeister
Giorgio Lanaro
Pamela Lancaster-Johnson
Heather Landrey
Thierry Langellier
Katherine Leffler
Guillaume Lesevre
Janet Light
William Mackie
Jann Magerowski
Philippe Magnard
Juan Carlos Marijuan
Jessica V. Marks
Sauveur Martin
Susanne Mayer
Mary McCrink
Renee McKinstry
Andre McLean
Randy Merrill
Marianne Meschi
David Miscavige
Michelle D. Miscavige
Ray Mithoff
Antonello Moi
Gregoire Montangero
Karen Morshead
Minoru Motokawa
Dave Motutara
Steven Mueller
Heribert Nonnen
Anne Norlen
Sylvie Orts
Jean-Francois Paris
Massimo Parrino
David Paul
Sammy Peters
Diana Petit
Michael David Phillips
Ken Pirak
Jeff Pomerantz
Luciano Prodorutti
Kevin Pruett
Jerald J. Racheff
Mark C. Rathbun
Heinz Rau
Michael John Rinder
Michael D. Roberts
Ewa Ronnquist
Paul Rood
Albert Ruegg
Gabriele Rupp
Gina Santandreu
Sabine Schneider-Brendel
Dan Shea
Janice Silber
Nicole Sims
Sharon Skonetski
Graziella Spagone
Vincent Spataro
Norman F. Starkey
Roland Stillhart
David W. Stobbe
Andrea Suchanek
Jessica Talley
Jacques Tauzin
Stefan Thut
Irmi Tjarks
Cristina Tonon
Jaap Van Der Meer
Norman E. Vespi
Martina Waidelich Mueller
Robert Walker
Jeanne Walsh
Carole Warren
Benny Weinreb
Sarah Wells
Gregory T. Wilhere
Marc Yager
Tatsuya Yamashita
Bridget Yavaraski
Marjorie Zacks
Karin Zagury
Katharina Zantop
Herbert N. Zerden

Patrons

AUSTRALIA
Delia Atcheson
Doug Atcheson
Ayers Family
Helen Eileen Bassett
Brady Family
John Brennan Family
Caligiuri Family
Noel Carroll Sr.
Ken Klaebe
Mackie & Sommers Furniture
Rob McFarlane
Shane McSweeney
The Rinder Family
John Edgar Simkin
Wurfel Family

AUSTRIA
Engelbert Beisl
Monika Blattl
Alexander Blechinger
Joachim Brunner
Paul Carniel
Renate Gebhardt-Seele
Anton Gfrerer
Wilfried Handl
Helga Heindler
Stefan Kerber
Gernot Langs
Hans Lanik
Ferdinand Marvan
Irmgard Moerz
Karl Moerz
Toni Morell
Helmut Nedved
Johann Niedermayer
Gerald Peissl
Franz Poesniker
Silvia Schmidinger
Ingeborg Schnitzler
Kurt Schobesberger
Maria Schoenhart
Anna Maria & Mia Seidel
Helmut Stahl
Family Steiner
Edwin Storfer
Norbert Svobodnik
Wolfgang Wedenig
Barbara Zieger
Christian Zugmayer

BELGIUM
Jan Bommerez
Suzy Bryon (Van Loocke)
Patrick Daubresse
Solange De Noble
Marleen Grosemans
Marc Janssens
Jean-Marie Surinx
Chantal Valtin
Patrick Valtin

CANADA
A & R Advertising
Ken Bergquist
Andre Bouchard
Daniel Brient
Halina Cirillo
Mario Desrochers
Mike Dolbaczuk
Edna Eaton
Leslie J. Eaton D.C.
Pierre Guenette
Joe Hrovath
Richard Jalbert
Ali Jama
Gene F. La Rose
Huguette Leduc
Selina Lee
Pierre Lefrancois
Claire Manning
Guy Mercier
Serge Monico
Guy Peloquin
Donald Prince
Raymond Rockl
The Sciullo Family
Cameron R. Sleep
Janice Sleep
David Stokes
Jean-Claude Vachon
Steve Watts
Wilkens Building Services
Gus Wollitzer
David Yawrenko

COLOMBIA
Rosario de Saldarriaga

CUBA
Felix Lopez Chacon

DENMARK
Britta Bang
Michael Bang
Chantal Beyer Clausen
Kurt Christensen
Claes Ditlev Ditlevsen
Christian Ehmsen
Fyn Mission
Hans Henriksen
Hans Juel
Dan Larsen
Jorck & Larsen A/S
Genevieve Perrin
Lars Rosenquist
Madeleine Tuth

FINLAND
Tapio Ahokas
U-Man Finland
Timo Hakkarainen
Harry Kafka
Anita Koivisto

FRANCE
Able France
Daniel Beguinot
Fabienne Bellot
Noura Ben Amor
Gerard Bernet
Philippe Chavanne
Laurence Dallaserra
Marc Delomez
Marie-Pierre Delphieux
Xavier Deluc
Alexander-Faust Construction
Georges Fichet
Christian Gounord
Danielle Gounord
Laurent Guinet
Patrick Horny
Daniel Ichbiah
Marie-Therese Jarry
Naja Alexy Maatouk
Michael Machard
Remi Mahieu
Jean-Jacques Mazier
Helene Meuley
Jean-Luc Meuley
Bernard Michel
Patrick Morin
Frank Padva
Jean Michel Parce
Celebrity Centre Paris
Philippe Petitdemange
Jean-Paul Pruniaux
Michel Raoust
Michel Reveillere
Antoine Robert
Marguerite Robin
Nadine Rochel
Luc Secretain
Pascal Sicre
Henry Steimen
Nicole Subtil-Callet
Claude Tizioli
Anne-Marie Tripotin
Isabelle Tzanck
Hendrik van Oordt

GERMANY
Bernd Acker
Heinz Adam
Klaus Ahnemann
Albert Altheimer
Andreas Altheimer
Konrad Ambach
Elvira Baiker
Kay Barre
Ursula Bauer-Ditges
Manfred Beckert
Karl-Robert Behringer
Family Beuchert
Rolf Biselli
Helmuth Bloebaum
Lief Boettcher
Barbara Boetzel
Gudrun Boncz
Arne Bordewick
Crista Bordewick
Rolf Born
Goetz Brase
Brigitte Braunmueller
Werner Braunmueller
Hannelore Breunig
Bernard Bringel
Wolfgang Brugger
Sibylle Bucher
Hans-Ulrich Buehler
Werner Burkhardt
Mauro Cescolini
Karl Otto Clausen
Rainer Hucky Cyris
Reinhard Danne
Gerhard Daubner
Knut Dietrichs
Margit Eberlein
Reinhard Egy
Elke Ehrler
Sigfried Ehrler
Church of Scientology Eppendorf
Helga Ernst
Thomas Ernst
Hans-Peter Fischer
Church of Scientology Frankfurt
Rosemarie Freihoff
Thomas Freitag
Thomas Frigge
Irmgard Fuegen
Dubravko Func
Thomas Ganz
Volker Ganz
Martin Gayer
Stephan Gebhardt-Seele
Inge Geib
Rolf Geiger
Edmar Geissler
Gerard Gerstenberg
Alois Gnannt
Liane Gottwald
Andrea Gregoric
Petra Greiner
Agathe Grenz
Elisabeth Gross
Edeltraut Groz
Bernhard Gut
Gerhard Haag
Sabine Haag
Helgard Hahn
Horst Hahn
Ernst Haible
Celebrity Centre Hamburg
Church of Scientology Hamburg
Roger Harmuth
Monika Hartmann
Doris Heinzel-Rodenhauser
Andreas Herman
Angelika Herx
Werner Herx Dental Technik
Hans-Joachim Hoenig
Juergen Holldorfer
Martina Höpfner
Dagmar Hopp
Michael Igel
Harald Jauss
Hans Dieter Kaffitz
Erwin Karle
Wilma Katzschmann
Claudia Kauer
Emil Kauer
Lisbeth Kausche
Klaus Kempe
Marietta Kempe
Udo Klett
Heidi Klinger
Michael Klinger
Bernard Klumb
Elizabeth Kochsiek
Bernhard Koebke
Winfried Koegler
Stephan Koenig
Klaus Koller
Gabi Korell for Stuttgart Org
Michael Krogmann
Gudrun Kugler
Rolf Kunz
Gerhard Lahm
Conny Lahman
Wolf-Dieter Lahmann
Kathy Laiss
Heinz Lammert
Gottfried A. Lange
Ingrid Lenzke
Ulrich Lenzke
Gerhard Lidl
Georg Liewer
Gunther Lucas
Egon Luck
Heinz Maier
Ferdinand Maisriemler
Anita Mally
Matthias Manthey
Herbert Marks
Konrad Martin
M.W. Massivhaus
Helmut Metzger
Charlotte Mittendorf
Peter Mousiol
Harald Mueller
Ute Mueller
Eckhart Muller
Church of Scientology Munich
Hans Muthmann
Christiane Neu
Aloisia Neuschitzer
Walter Neuschitzer
Gerhard Nichterwitz
Heribert Nonnen
Monika Nonnen
Helmut Oppenborn
Manuela Ostertag
Rainer Ottenweller
Heidelore Passlack
Dr. Michael Passlack
Anita Paternoster
Pet Petermann
Anton Pflug
Dieter Poehlmann
Detlev Poppenburg
Roland Priester
Uwe Rade
Arian Raschidi
Daria Raschidi
Farhad Raschidi
Heidi Raschidi
Heinz Rau
Alfons Rauscheder
Adelheid Rech-Gesche for CC Dusseldorf
Rosl Reddy
Susanne Reich
Walter Reinhardt
Andreas Reupke
Kirsten Reupke
Dagmar Roeder
Thomas Roeder
Pablo Roehrig
Horst Roesener
Dieter Sauer
Hans Sauer
Helmut Scheid
Chris Schlereth
Engelbert Schlipf
Gerald Schmidt
Lena Schmidt
Sylvia Schmidt
Dieter Schmitt
Volker Schmonsees
Christine Schneider
Karl-Heinz Schneider
Sabine Schneider-Brendel
Inge & Hans Schuhboeck
Dieter Schulz
Eveline Schulz
Ulrich Schwab
Hubert Schwarz
Maria Seegerer
Johannes Silli
Graziella Spagone
Christopher Sperling
Lee Spiel
Peter Spiel
Franz Spieler
Fritz Spohn
Henrik Steger
Cathy Steiner
Rita Stockhausen-Fischer
Chris Strobl
Dianetik Stuttgart E.V.
Claudia Tabor
Ingrid Theen
Reiner Theis
Milko Thies
Manfred Tigges
Franz Titscher
Gerd Tjarks
Peter Troebs
Horst Tubbesing
Rudiger Tuschen
Klaus Uckelmann
Alexander Ulbricht
Hannelore Ulbricht
Sylvia Ulbricht
Wilfried Ulbricht
Friedrich Veit
Antje Victore
Jan Vlemmings
Lore Vlemmings
Sylvio Markus Vogel
Rolf Von Pander
Billie Wegmann
Heike Weidenberg
Rupert Weinmann
Martina Weiss
Margret Weissmueller
Roland Wolz
Heinz Wrege
Hubert Wullinger
Wolfgang Zabel
Axel Zeller
Christina Zeller
Leonore Zimmerman
Eka Zoellner
Norbert Zuendorf

GREECE
Xeni Deliolani

HONG KONG
Craig Norris

HUNGARY
Robert Varga

INDIA
Jiten K. Shah

ISRAEL
Galia Halamish
Jehuda Klementz
Vered Ziv Golan

ITALY
Elsa Alessi
Stefano Antonucci
Mariella Baccari Ciocia
Maurice & Ornella Bachi
Franco Baggio
Moreno Baggio
Gabriele Baldarelli
Carlo Bedetti
Enzo Belletti
Franco Beschi
Gianmario Bianchi
Pierangela Borroni
Alessandro Capasso
Casa Dolce Casa S.R.L.
Massimo Cavadenti
Bruno Ceresoli
Dada Cinquepalmi
Patrizia Conti
P. Luigi Cordini
Lorenzo D' Andrea
Pio De Zordo
Gert-Jan Dikkescheij
Clara Ferrua
Guissepe Flora
Marcello Foresta
Fabrizio Francescato
Fabio Frigerio
Roberto Guidi
Enza Guzzo
Herbal Life
Gelateria Icedream
Franco Lombardo
Claudio Lugli
Renata Lugli
Management Time S.R.L.
Carlo F. M. Martelli
Carlo Martinotti
Claudio Masi
Patrizio Maspero
Gianfranco Mauro
Giancarlo Mazzola
Elena Millomagnani
Roberto Missorini
Antonello Moi
Luca Moiana
Davide Moschini
Maria Moschini
Claudio Moventi
Claudio Natale
Bruno Perugini
Renata Perugini
Guiseppe Pezzi
Ezio Poletto
Domenico V. Pregnolato
Jolanda Premoli
Mario Ravasi
Giuseppina Riccardi
Emanuele Ruffinengo
Adriana Saltamerenda

Fabio Sgalbazzini
Franco Simonini
Claudio Toppi
Andrea Turroni
Erica Turroni
Franco Vecchia
Giovanni Zamboni

JAPAN
Hiroko Aoki
Toshiya Iwai
Mike Miwa
Kensuke Nitta
Shigeru Saito

LUXEMBOURG
Michael Sturgis

MEXICO
David Agami
Elias Agami
Jose Octavio Bernot Dubois
Margarita Bernot Jr.
Margarita Bernot Sr.
Jose Maria Curto
The Dabbah Family
Elena N. de Maya
Haim Diner
Annette Galicia
Jose Luis Galicia
Gerardo Garza Santos
Gerardo Garza Snr.
Josele Garza
Nadina Garza
Moises Hemsani
Mario Hernandez Sobrino
Ruben Kleinbaum
Salvador Kleinbaum
Isaac Lan M.
Rodrigo Lobato
Gustavo Loman Villarreal
Jose Martinez Lopez
Leonora Moctezuma De Loman
Carmen Lara Palafort
Cotty Rendon
Roberto Sanios
Laura Santos De Garza
Frances Williams De Santos

NETHERLANDS
Barbara Jonckheer
Dirk Oostenbrug
Gerard Rouweler
Catharina Toos-Feringa
Rene van der Bijl
Joop van der Linde
Ella van Loon
Josina van Loon
E.C. Van Loon-Wynands

NEW ZEALAND
Terry J. Le Sueur

NORWAY
Gaute Borgerud
Knut ARC Pedersen

PORTUGAL
Jose Romeu

PUERTO RICO
Tony Blanco
Tony Blanco Jr.
Patricia Flanagan
Don Pfendler

RUSSIA
Jason Ellenburg

SAUDI ARABIA
Omar A. Jazzar
Vaughn X. Prost

SOUTH AFRICA
Ernest Corbett
Carol De Bonnet
Anthony Horn
Katakuzinos Family
Adrian Kelsey
Lesley Kelsey
Joleen Le Roux
Dianne Miller
Pendl Family
Robert T. Smith
Howard Walker

SPAIN
Felicidad Barrera Molina
Maria Bernal Prieto
Leni Betes Saavedra
Jacinto Castellano Sanchez
Jose Antonio Garcia Velasco
Granada Field Group
Narconon Los Molinos
Narconon Retiro
New OT VIII Committee Spain
Maria Rosa Prieto Vazquez
Felicidad Serrano Barrera
Jesus Serrano Barrera
Jose Eduardo Serrano Barrera
Jorge Serrano Prieto
Anna Serrano Vico
Sara Serrano Vico
Mikel Urizarbarrena
Santiago Vadillo for Narconon Spain
Cheryl Velasco

SWEDEN
Monika Åsberg
Peter Åsberg
Irene Barre
Hans Karlsson
Marianne Karlsson
Bo Nielsen
Siggy Persson
Mårten Runow
Ess L Tex AB

SWITZERLAND
Advanced Technology Service
Charles Aeby
Laurence Althaus-Walter
Felix Altorfer
Heidi Altorfer
Juan Auge
Urs Baumann
Werner Baumann
Church of Scientology Bern
Richard Bovey
Pius Broch
Ernst Brönnimann
Doris Büchel
Reto Büchel
Elisabeth Budin
Hans Jorg Buhler
Ursi Bühler Meyer
Fritz Burgener
Irene Burgener
Max Bürkli
Renzo Cattori
Anita Caya
Jean-Pierre Chauvin
Jean-Christian Chevalier
Henriette Chevrot
Gérard Chiquet
Corrine Chiquet-Grosjean
Roland Christen
Clear Switzerland Committee
Jean-Pierre Collé
Françoise Conod
Marianne Créola
Bernard de Uthemann
Catherine de Uthemann
Erwin Dossenbach
Rico Dossenbach
Pierre-Andre Douady
Olivier Dufour
Albert Ehrler
Corinne Ehrler
Monika Ehrler
Thomas A. Elmiger
Maria Elmiger-Marxer
David Ender
Thomas Ernst
Maria Fallegger
B. Finances SA
Rüdi Flosser
Peter Fluckiger
Albert Francescetti
Rita Fürer
Evelyne Gaille
Chuch of Scientology of Geneva
Marianne Genton
Reto Gfeller for Minibit
Rolf Gruber
Bernard Haeberlin
Werner Hämmig
Barbara Hegetschweiler
Dorly Hegetschweiler
Walter Hegetschweiler
Christa Hitz
Robert Hitz
Benjamin Holenstein
Martin Eric Huber
Kurt J. Hungerbuhler
Lena Hungerbuhler
Peter Hunziker
Robert Hunziker
Brigitte Hunziker-Pfosi
Immac AG.
Maria Jaeggi
Gisela Jaillot
Roger Jaillot
Felix Jenny
Werner Joller
Daniele Jossi
Maja Jossi
Ruedi Jungi
Lucie Jungi-Saner
Hans-Peter Klötzli
Barbara Knecht
Housi Knecht
Ernst Knutti
Peter König
Richard Künzle for Imprimerie Vallorbe
Church of Scientology Lausanne
Mireille Lenyri
Richard Lenz
Tobias Leutenegger
Maria Lienert
Juraj Lipscher
Madeleine Lüthi
Heini Maurer
Eros Mella
Otto Meyer
Ursi Buehler Meyer
Rolf Moll
Gregoire Montangero
Suzanne Montangero
Bretislav Mrkos
Jelena Mrkos
Rosemarie Mrkos
Peter Mueller
Felicitas Murk
Joeri Murk
Lisa Murk
Peter Neuhaus
Gaby Oesch
Aurelia Oliva
Therese Oliva
Arno Piffarretti
Nicolas Prince
Flemming Rasmussen
Felix Reinhard
Christine Rey
Sandra Ricca-Broquet
Annelise Rothen
Alfons Ruegg
Nelly Ruegg
Otto Schafer
Rolf Scherzinger
Silvia Schmidt
Martin Schönenberger
Vreni Schönenberger
Pius Schuler
Judith Schwyter
Ferdinand Seeholzer
Griselda Serafini
Marie-Therese Sicher
Olivia Sicher
Raini Sicher
Vanessa Sicher
Barbara J. Springer
Rolf Springer
Oskar Herbert Stalder
Sylvia Stalder
Yvonne Steiner-Ehrler
Peter Thalmann
Stefan Thut
Agnes Tissot
Tradutext S.A.
Bertil Tropp
Anneliese Tropp-Kraenzlin
Bernard W. Tschupp
Bruno Tschuppert
Bruce Turner
Hans Peter Venzin
Beatrice Weber
Kurt Wicki
Patrick Zagury
Nicolas Zemp
Mission Regensberg Zürich
Jim Zwers
Kathrin Zwers-Wydler

TAIWAN
Solo Chu

UNITED KINGDOM
Mike Alker
Stephen Alpert
Anthony J. Brown
Lorraine Bulger
Michael Champness
Diana Church
Croft Family
Brian Day
Doreen Day
Philip H. M. De Jong
Peter Healey Ede
Daphne h. Farrow
Neil Fraser
Pavane Fraser
David B. Gaiman
Sheila Gaiman
G & G Food Supplies
Malcolm Gellatly
Karin Gerlach-Tubbesing
Edward C. Hamlyn
Janan Harb
Kindermann Family
Mark Kloss
Sharon Kloss
Alfred Kohl
Lightning Couriers
Gisela Metzner
Eveline Ottenweller
Angela Paris
Ken Rabey
Mark Roberts
Dorothy West
Alan White
Clifford Woods
Nick Wynne
Peter Zimmatore

USA
A & B Recision Welders
ABLE International
Lulu Acosta
Ramon Acosta Jr.
Ramon Acosta Sr.
Robert Acosta
Richard Acunto
Robin Adair
Adi Family
Lottie S. Adler
Frank Aggio
Linda Aldrete
Raymond Alemania
Joe Alessandrini
Peter Alevizos
Marie-Dominique Alexandre
Dixon Allen
Gabrielle Allen
Kirstie Alley
Daniel Alston
Athena Anderson
Khonda Andrews
Tracey Andruscavage
Charles Angus
Alain C. Anuszkiewicz
Allen Apfelblat
Philip Arana
Steve Archinal
Brenda Arjes
Douglas Arjes
Dennis Arnzen
Jean Ash
Robert W. Aster
Alan Atkinson-Baker
Sheila Atkinson-Baker
Ben Atwood
Vivian C. Atwood
Auerbach Family
Cassandra Auerbach
Kent Auerbach
Lloyd B. Austin DDS
Jeffrey A. Avrin
Terri Avrin
Edwin Baer-Holenstein
Ruth Baer-Holenstein
Bernice Baeza
Madison Wayne Baird
Christopher S. Bake

Judy S. Bake
Kathy Bannon
Pat J. Bannon
Mark Barber
Baritz Family
Jack Barke
Gregory Barnes
Larry Barragan
Robert Bartell
Raymond T. Barton
Gregory Bashaw
Tamar Baum
Molly Baxter
Randon K. Baxter
Michael Baybak
Jerry Baysdorfer
John Beachy
Karin Beaty
John & Marilyn Beck
Howard Becker
Karen Becker
Charles E. Beckmann
Shelley L. Beckmann
Carol Beeny
Gerald Beeny
Daniel Beeson
Raymond G. Behm Jr.
Elizabeth Bein
Robert Allen Bein
Kathy R. Bennett
Jim Bennett
Gracia Bennish
Michael J. Bennitt
Mitzi Bergman
Wayne Philip Bergman MD
Anthony P. Berka
Cheryl Berman
Bradford Bernstein
Ronald W. Bernstein
John Berryman
Laura Betterly
Richard A. Bishop
Terri Bishop
Eleanor Blankenship
William Boeger
Eleanor Bolger
Arthur R. Bond
Jane Bosan
Rob Bosan
Ruth Bowen
William A. Bowen
Timothy Bowles
Patricia Boyers
Karen Brackett
Stephen Eric Brackett
Bill Bradham
Ted R. Bragin
Jean Brasel
John R. Brasel
Lawrene H. Brennan
Sandra J. Brannan
Carleen Bridgeman
Jonathan J. Bromboz
David Brummer Family
David Brunoehler
Nina Winters-Brunoehler
Andrew Bryan
Claudia Jemal Bryan
Ed Bryan
Larry Buhman
Don Burgett
Family Burke
Debbie A. Butler
Danny H. Byl
Jessica Byrnes
Laura Byrnes
Lawrence F. Byrnes
Caliccio & Company
Guy C. Callahan
David and Raven Campbell
Vera Campion
Maria Campos
Mark Carberry
Gail K. Carroll
Robert W. Carroll
Bob & Carolyn Carter
Kimberly Bright Cassano
Ray Cassano
The Casslemans
Betty Castleman
Joe Catello
Robert E. Cefail Jr.
I. M. Chait
Mary Ann Chait
Robert Chamberlain
The Chambers
Dan Charpentier
George Chelekis
Gwen Chelekis
Vanessa Chisholm
Jamie Christensen
Joanne S. Christensen
Christie-Cullen Family
Bryce B. Christman
Citizens Trust Services
Virginia Clark
Carol J. Clayton
CMI Corporate Marketing
Buford Coan
Duane L. Cochran
Lorraine Cochran
James Codding
Sandra Codding
Judy Code
Keith Code
Jonathan Cole
Ken Coleman
Carlton S. (Bud) Collings
George H. Collins
James Collins
Regina Collins
Deborah Company
Katharine M. Conable
David Cook
Robert J. Corcetti
Chick Corea
Corporation Expansion Systems
Bryan Coyle
Alan Crichton
Lorma Rode Crichton
Eileen Cummins
Tom Cummins
Annie Cunningham
Lyle R. Cunningham
Beth Currier
Don Currier Family
Glenn Currier
Jaye Curry
Michael T. Curry
Dan Curtis
Michael Cushing
George Cuthbertson
Cheryl D'Arezzo
James D'Arezzo
Charles G. Dahlstrom
Marcos Dana
Dana S. Danhoff
Jody R. Darling
Susan de Racedo
James De Vries
Rosa Delaville
The Delphi Academy of Los Angeles
The Delphian School
Jane Deming
Paul Desjardin
Chuck Devoe
David Dewire
Russell E. Dewitt
Mary Lou Dewyngaert
Thomas Dewyngaert
Richard J. Dickman
Karen Diehl
Richard Dineen
Tony Dinges
Ehlaid Dinkane
Irene Dirmann
Jack Dirmann
Dusan Djukich
Bart Dobin
Emma Dobin
Willy Doetschmann
Doug C. Dohring
Laurie A. Dohring
Amy Domjan
Damon Domjan
Daniel G. Domjan
Judy Domjan
Lillian Domjan
Linda Domjan
Domjan Family
Joanne Dorothy
Thomas Drake
Anne Drazkowski
Michael Drazkowski
Tim Droege
Ruth Drye
Dennis Dubin
Mary Jane Duda
Robert W. Duggan
Doug Duimovick
Joe Duncanson
Lindy Duncanson
Joseph Dunham
Dupont-Newman
Durable Slate Co.
Cynthia Durnan
Greg Duvall
Jerry Dyas
Robert Eakin
C. R. Eccles
Lolita X. Echavarria
James E. Eckhart D.D.S.
Steve Edelstein
Donna Edison
Stephen Edison
Ellen Edmondson
Nancy G. Edwards
Steve Ehrenfried
James Eiselt
Ben Elkinton
Gerald Ellenburg
Kristin Mary Tomczak
Laura Jane Ellenburg
Martin Ellenberg
Hugh & Amy Elliott
Guy Eltringham
Pat Emery
Deborah Emlein
Kathleen Enteman
Gary Epstein
Chris Estey
Carol Lee Estrada
Wendy Ettricks Miller
John B. Eurell
Expansion Systems Corporation
Lorene Fabos
Steve Fabos
Craig Fairbanks
Tony Falcaro
Moritz Farbstein
Leonhard W. Feickert
Jeffrey Feldman
Lawrence Feldman
Sekica Feldman
Brad Felsman
Stephen & Elizabeth Ferris
Lynn Ferry
Cindy Feshbach
David Feshbach
Jacob Feshbach
Jessica Feshbach
Joseph Feshbach
Katherine Feshbach
Kathy Feshbach
Kurt Feshbach
Kuryn Feshbach
Mathew L. Feshbach
Max Feshbach
Melissa Feshbach
Rachel Feshbach
Sarah Feshbach
Bernard Fialkoff
Michael L. Finch
Robert Fine
Gary L. Dishman
James E. Fitzgerald
John B. Fleming
David Flood III
Richard Forman
Jonathan Fox
Victoria V. Foyt
Isaac Franco
Susan D. Frank
Judy Freedman
Jeff Friedman
Nancy Fromer Frisch
Georgia Froom
Wayne Fuller
Geoffrey Fushi
John D. Futris
Valerie Futris
Jon Fyffe
Pam Fyffe
David G. Gale
Marie C. Gale
Stephen R. Ganns
Roberta Tibbles Gardner
Ben Garner
Geoff W. Gault
George F. Gaut Jr.
Kenneth Gerbino
Leonard B. Gershman
Stan Gerson
Judith Gilbert
Ronit Gilboa
Yariv Gilboa
William Gillette
Gregory Gloor
Larry Gluck
Avner Golan
Sheldon Goldberg
Marshall Goldblatt
Golden Lion Safari
Sharron Goldwasser
Dawn Gordon
Mary Gordon-Stairs
Edward Goss
Robert M. Graves
Cinthia Gray
Robert Gray
Great American Picture Co.
Maurice Green
Jane Taylor Greenberg
Martin Joel Greenberg
Sherry and Clay Greene
Kent Greer
Kathie Gregory
Scott Gregory
Greenberg & Jackson
Barbara Grizzell
David Grizzel Jr.
Claire Guignon
Peggy Guignon
Rolf Gutermann
J.K. Hackbarth DDS & Assoc.
Hackley Family
Jill Hagan
Diane Haggis
Michael L. Hall
Kevin Hammer
Stina Hans & Joel Kreiner
Lawrence E. Hanson
Simone Harbosky
Rick Harder
Nyla Harris
Phil Harris
Steve Harris
Susan Harris
Forrest K. Harstad
Sally Hasselbrook
Frederic Havrilla
Evelyn Hawkes
Elsa Haydon
Mark Haydon
Paula Hayes
Steven Heard
Susanna Ryburn Hegeman
Devra Z. Heichert
Michelle Heichert
William T. Heichert
Christopher W. Heinzel
Mary & Henning Heldt
Michael Henderson
Jack Hennessy
Robin Hennessy
Randy Herscovici
Polly S. Hertz
James K. Hewson
Abby Heywood
Harry Heike Jr.
Gary T. Hieronimus
John Hill
John Hilton
Mary Hilton
James E. Hochschwender
Charles A. Hodge
Susan Hodge
Linda K. Hodges Leach
Douglas Hoisington
Alan Hollander
Karen Hollander
Barry F. Hollenbeck
Karen Holly
Kim S. Hopkins
Lee Hopp
William Horwich
The Houchin Family
David Houghton
Ronald William Howarth
Mike Hoy
Carol Hubbard
Mary Sue Hubbard
Patricia Huff
Deborah D. Hughes
Gregory K. Hughes
Rick Hull
Deborah Hulthein
John Humphrey
Van Alan Hunter
Heidi Hunziker
Mary A. Huss
Ideal Builders
Lynn Irons

Kim Isaacson
Mark Isham
Richard S. Iwanaka
Jasper Jackson
Lawrence G. Jaffe
Albert Jaquier
Pilar Saldarriaga
Jason
Craig Jensen
Laurel Jensen
Marissa Jensen
Sally Jensen
Byrd Jessup
Hildegard Jessup
Jay B. Johnson
Jervis Johnson
Susan Johnson
Robert E.
Johnson Jr.
Cirrus Jones
Deborah Jones
Penny Atwell Jones
David Joseph
Joseph F. Jurgevich
Gloria Kamph
Julie Kanat
Michael Kaplan
Kamini Kapoor
Anna Kaprielian
Halina Karcz
Stanislaw M. Karcz
Christine Kasle
Michael Kasle
Robert G. Keenan
Dennis Kelly
Rudi Kempner
Ursina Kempner
Kifumi Keppler
Elizabeth Kerner
Bob Kezell
William Kilpatrick
Frederic King
Mary Kingery
Andrew J. Kitt
Clare Kitt
Erin Kitt
Tara Kitt
Monroe Kleiderman
Barry Klein
Janet Klein
Ronald P. Klipstein
Elsa Knewitz
Jochen Knewitz
Helena Kobrin
Michael Kobrin Family
Bruce Korman
Raymond E. Korns
Wouter Korringa
The Eric Krackow
Family
Jayne Kraman
Martha Miller Kras
James Krebsbach
Karen Krebsbach
Bonnie Krumpe
Robert M. Krumpe
Gary Kuever
Nancy Kuever
Ben Kugler
Judy Kugler
Paige Kuhn
Dave F. Kunsemiller
Wilford C. La Rock
Andrew Ladd
Greg Lahde
Chris Lake
John Lake
Thurston Lamberson
Bill Lampard
Bernardo Lan
Jeanie Lan

Curt Larson
Lloyd Latch
Gregory J. Layton
Peter Lazarnick
Michael Leach
Jon Lebeda
Gerald Lee
Nicholas G. Lekas
Ray Leonard
Lawrence Leong
Margaret Leong
Gunter Leonhardt
Melinda Leonhardt
Alvah Levine
Peter K. Lewis
Denise Licciardi
Travis Lierly
Dennis A. Link
Lil Linson
Sylvan Lionni
Robert Lizana Family
William Loftus
Matthew Logmann
Viola A. Long
Woody (E.E.) Long
Victoria Lorentzen
William B. Lorentzen
Robert Lotter
Madeline L. Lowe
Brent Luckman
Patrick Luefan
Barbara Macaluso
Lenny Macaluso
Debbi Mace
Mace-Kingsley Field
Ministry
Phyllis Mack
Jeffrey J. Magee
Joseph Magee
Sara Lynn Magee
Susan Magee
Jack Malloy
Evan E. Malm
Jim Mangiamele
Michael Mann
Pia Mann
Michael Manoogian
Thomas Marcellus
Addison Marchese
Joni Marchese
Stephen J. Marchese
Judith Irene Marcus
Reuvein Marcus
Donn J. Marier
Kathy Marier
Jessica V. Marks
Marsh Family
Edward E. Marsh
Ross C. Martin
Terri Lyn Marx
Laura L. Mason
Donna Maugeri
Ron Maugeri
James Michael Mayer
John P. Mayer
Tito Mazza
Robert McCarty DDS
Susan McCarty
David McClintock
Julie McClintock
Edward McCloskey
E.J. McCrink Jr.
Allan McDaniel
Brenda McDaniel
McDaniel Family
Larry G. McDaniel
Barbara & Cody
McFadyen
Susan McFarlane
Dennis McKenna
Debbie L. McNeely

Gerald W. McNeely
A. Lloyd McPhee
Diane McPhee
Jeffrey A. Medeiros
Patricia McCall
Medeiros
Janice D. Meekcoms
Leon D. Meekcoms
Janet Meinsma
Meitheal Construction
Co. Inc.
Eugenia Merwin
Jim R. Meskimen
Tamra Meskimen
Taylor Meskimen
Charlotte Metzler
Robert Metzler
David A. Meyer
Leann M. Meyer
Warren F. Meyer III
George Meyers
Susan Michlin
Willard Michlin
Gary J. Miller
Barbara Miller
Gil Miller
Lee Ann Miller
Max a. Miller
Paul J. Missonis Jr.
Peggy Mitchell
Jean Marie Mollica
Charles B. Momsen
Vicky Montesinos
Lia Montiglio
Graham R. Morland
Brian Morrell
Kathy Morrill
Patricia Morrill
Terry Morrill
Carol Morse
David G. Morse
David Morse &
Associates
Lynn Morse
Robert Musack
Douglas M. Nagy
Robert Nash
National
Reconveyance
Natural Health
Associates
Jose & Elizabeth
Navarro
Ronald M. Nedd
Linda Neilson
Sandra H. Nelson
Joanne Takano
Nermon
Douglas Neuman
Robert E. Neuwirth
David Newhouse
John Mark Nickels
Richard Nisbet
Dennis Nobbe
Michael Noll
H. James Norman
Northland
Environmental
Aaron Felix Norton
James R. Norton
Vicki Felix Norton
Trod Nossel
Recordings
Norman Novitsky for
Public Home Loans
Brian Nunley
Evelyn Ochart
Benjamin Ochart
Kevin O'Donnell
Maryann O'Donnell
Maureen O'Keefe

Church of Scientology
of Orange County
OT Committee
Orange County
Charles Overfelt
Charles W. Overfelt
Deolinda Overfelt
Ken Overfelt
Overnight Graphics
James E. Owen
Nancy Owen
Pacific Promotions
Company
Joan Page
Pagel & Pagel Medical
Associates
Garnett M. Palmer
Lloyd L. Palmer
Steven C. Palmer
Richard E. Palmquist
George Papaheraklis
Brian Paquette
Katie Paquette
Rosemarie & Brian
Paquette
Min Jung Park &
Takayuki Mori
Charles Parker
David Parker
Mark Parker
Pat Parker
Pat Paskiewicz
Ariane Paul
James Pawloski
Margaret E. Pearson
Ernest Pecoraro
David Pennington Jr.
Michael David Phillips
Neil Phillips
Geoffrey G. Pick
Dr. Michael Pinkus
Vicki Pinkus
Fern Polidori
Mireille Pollack
Ronald Pollack
Ina Pollins
Steve Poore
Rene Pope
Bruce Posner
John Pou
Patricia Pou
Richard & Laura
Poulin
Power Insurance
Bruce G. Pratt Jr.
Chuck J. Prenner &
Joanne Cali
Lori Prescott
Family Prince
Professional
Contractors
Willis J.
Pumphrey Jr. DDS
Quaranto Family
Sharon & Harold
Quay
Quimby Family
G. Holton Quinn
Zahid Qureshi
Jerald J. Racheff
Penny Racheff
Ronald Radstrom
Julie Rakow
Ron Rakow
Steve Ramm
Myron B. Rapp
Adrienne Rappoport
Rockey R. Ratts
Sandy Raymond
Real World
Corporation

Paul E. Redlin
Gayle Rego
Grant Reid
Chris and Michelle
Reile
Nancy Reitze
Tom Reitze
Renovations
Technicians
Mary Rezzonico
Al Ribisi
Al Rice
Mischa Rice
Frances Rich
The Richardsons
Richard Riechel
Bruce Rigney
Rigney Family
Andrea Roberts
Don Roberts
Michael D. Roberts
Pam Roberts
Donna Robinson
Patrick Robinson
Robbie Robinson
Kathleen Roche
Robert and Rosalie
Roder
Ross Rohrer
Lyle Roland
Glenda R. Rose
Jean Rosko
John Rosko
William Ross
Joan Roswell
Cooper Rounds
Karen Rounds
Robert Rounds
Kenneth H. Roush
Sue Rusnak
Charlotte Rutherford
Scott Saks
Judith de Saldarriaga
Eileen Sanders
Roger Sanders
Dennis Sandmann
John Sarros
Andrew Savas
Ronald Savelo
Greg F. Sawtelle
Andrik Schapers
Ronald L. Schefdore
Bert Schippers
Schippers &
Crew Inc.
Gerd Schliemann
Martel Schliemann
Anita Schneider
Douglas Schneider
Maaret Schnier
Joanne Schnitzer
Robert Schoeller
Ronald B. Schoss
The Schuergers
Jeffrey Scott
Sonya Scott
Blaedel/Semon Family
Rocks L. Senger
Settle Family
Joseph Sgroi
William A. Shannon Jr.
Craig M. Sharp
Laura Shermann
Charles E.
Shinneman II
Jeanie Shroyer
Stephen Shurtliff
Steve M. Sigal
Janice Silber
Bruce H. Silton
Barbara Silver

Jeffrey L. Simms
Steve Simon
Andy Simpson
David Singer
Singer Enterprises
Reed Slatkin
David Slaughter
L. D. Sledge
Virginia Smedberg
Brian L. Smith
Dennis Smith
Duke Snider
Scott Snow
Snow Software Corp.
Neal Sobol
Jon H. Soeder
Software Works
Brad Solo
Linda Soloman
Warren A. Sonnenberg
Scott Sparkman
Special Product Engineering Inc.
Jeff Speed
James R. Speiser
Bradlee S. Spence
Joe Spencer
John Spencer
Torrey Spencer
Jay Spina
Jay Spina
Howard Spinner
Joan Sprankle
Neal Springer
Richard Sprinsteed
Deborah Sprott
Chester Spyrka
William Stairs
Vanessa Stapleton D. C.
David Stedman
Mark Steele
Larry M. Steely
Steely Family
Art Stein
Thomas Steiner
Sterling Management
Chel Stith
Randall Stith
David W. Stobbe
David Strutt
Jay R. Stryker
Stryker Systems Inc.
The Sudalnik Family
Michael M. Suggs
Randy Suggs
Reed W. Suggs
Angela Sushko
John M. Sushko
John G. Sutch
Steven C. Syfers
Michele Takacs
Richard C. Talbert
Steven R. Talevi
Paul Taraskewich
George Tatsuno
Robin Taylor
Jane Teis
Telsoft Solutions Inc.
Ann P. Thomas
Seymour Thomas Jr.
Daniel Thompson
Jean Trainor
Lawrence Trainor
John M. Traul
Bonnie & Loren Troescher
John Trowbridge
Traux-Lavin
Sherry A. Tully
Bob Twaalfhoven
Craig Valarik
Elsa Valarik
Ruth Valko
Diana Alicia Venegas
Victor Venturena
Juan D. Villarreal
Albert L. Vitali
David A. Wagner
The Wagnons
John T. Waldron Jr.
Andrea Walker
Douglas Walker
Rohn J. Walker
Jerry Watson
Susan Watson
The Way To Happiness Foundation
Renate Webb
Bennett Weber
Harriet Weber
Linda Wedin
Weidlich Family
Douglas Weigand
Scott Weigand Family
Joy Westrum
Joanne Wheaton
William S. Wherry
Olive Elizabeth Whitehead
Kenneth Whitman
Monika Wieneke
Cary K. Wilkins
Judy Willardson
Christine Williams
John W. Williams
Michael O. Williams
Neil Willner
Barbara Wilson
Bonita Wilson
J. David Wilson
Kevin C. Wilson
Kathleen E. Wilson
Kathleen E. Wiltsey
Gil Winter
WISE International
Marlene Wolfe
Robin Woodley
Woodruff Family
Christine Woodruff
Stephen D. Worthington
Jeanette K. Yates
Sheila Yonemoto
Stan Yonemoto
Susan Young
Robert C. Youngs
Marjorie Zacks
Michael R. Zarnek
Herbert N. Zerden
John W. Zins
Bryan Zwan
June B. Zwan

VENEZUELA
Nelson Albornoz Leyzeaga
Juan Jose Diaz Romero
Jose Olalde
Alberto P. Santinato C.

Honor Roll

Leah Abady
Frederic Abecassis
Susanne Aberg-Winter
Ruth Abraham
Albert Acosta
Angelika Adam
Heinz Adam
Ralph Adams
Gerald P. Adkinson
Vicky Agami
Viviane Agami
Andre Ahern
Eric Carl Ahlroth
Franz Albisser
Juan Luis Alburquerque
Elena Alevizopolou
Giacomo Allegra
Michel Allemann
Jackie Allis
Alfonso Alonso
Philippe Alonzo
Fabio Amicarelli
Nir Amotz
Diana Anderson
Duane Anderson
George Anderson
Jeanette Loft Andersen
Joel Marvin Anderson
Marlin Anderson
Susan D. Anderson
Susan M. Anderson
Roland & Eva Andersson
Frances Andrews
Tracey Andruscavage
Renato Antonini
Valerio Antonucci
Misake Aoki
Hugh Applewhite
Arianna Arie
Gabrielle Arnold
Juan H. Arranz Sanz
Marc Arrighi
Marco Arrigoni
Annick Arsac
Michael Ash
Bruno Attia
Colette Atzel
Roger Augustine
Linda Austin
Shirley & Mike Austin
Ornella Bachi
Caroline Bader-Bonifas
Ofra Bahat
Ray Baiardi
Angela Baiguini
David Bailey
Nancy Baker
Eduardo Barajas
Michel Barbas
John Barber
James Gary Barnes
Hanny Barram
Brenda Bartkovsky
Paul E. Bassham
Jerry Baysdorfer
Kathleen Baysdorfer
Valerie Beardon
Ann Beatty
Richard Beaty
Phil Beaubien
Janet S. Beck
Manfred Beckert
Pearl Y. Beckman
Virginia Becue
U-Man Belgium
Tony Bell
Luisa Giovanna Bellagamba
Kim Belotte
H. Gerhard Benneck
Pamela Bennett
Pearl Bennett
Barbara Benton
Gerhard Berg
Yogi Berger
Angela R. Bergmann
Velma Bergquist
Niels Bergstedt
Helen Berka
Kathi Bertman
Nathan Bertman
Marino Bertoli
Steve Besio
Shawn Bester
Albert Beyer
Annegret Biermann
Jens Billerbeck
Claire Bionda-Camana
David Bizzell
Charles Black
Betsy Blair
Lester Bland
Fianna Blanton
Dan Boardsen
Andre Boissy
Stephen L. Bollinger
Robert L. Bolt
Vittorio Boncore
Gail Bond
Larry Bonifacio
Gian Luca Bordoni
Susanne Bornemann
Dia Bornet
Gabriele Bortolini
Angela Bortolini-Brugemann
John Boshoff
Violette J. Bost
Nicholas Bot
Muriel Bouabre
Leonie Bouhs
Josiane Boureau
Denise Boutin
Marguerite Bowen
Rona Bowles
Gordon El. Bownes
Nancee L. Braan
Patricia Bradley
Steven Curtis Bradley
Aldo Brambilla
Gianfranco Brandini
Beate Braun
Gabi Brendel
Maureen Brigatti
Rita Bright
Kirsten Bringel
Carol Brookes
Wolfgang Brugger
Louisa Brummer
Sandra Brusco
Church of Scn Brussels
Sandra Bryant
Christopher Brymer
Mordecai Bucai
Heimo Bucerius
Angela Bucheli
Roger Budin
Joe Bueno
Beat Buhler
Hamish Bulger
Sabine Bungart
Fritz Burgener
David Burkholder
Peter Buschor
Rex Curtis Bush
Steve Bush
Robert A. Bushling
Udo Buttenhoff
Laura Butki
Heidi Buxton
Gary H. Bydlo
Connie Bylsma
Ann Byrne
Anne Cacaud
Caccamo Family
Michela Caglioni
Steve Cailliau
Mauro Calcioli
Nancy Calkins
Nicole Subtil Callet
Raffaele Calo
Nancy Cameron
Mark Campbell
Jose Luis Campos
Toby Cantine
Alessandro Capasso
John Carolan
Kathy L. Carothers
Elizabeth Carr
Steve Carrier
Michael Carter
Stephanie Cary
Robert A. Cassidy
Allan J. Cassolino
Thomas Cavalier
Fortunata Tilla Cavallaro
Consuelo Cavrini
Simonetta Ceccarelli
Gianfranco Cecchi
Marco Ceriani
Andrew Chalmers
Chapman Family
Stanley Chapman's Family
Pauline Shona Chatterton
Keith Chessell
Geraldine Chevalier
Gianni Chiaravallotti
Corinne Chiquet-Grosjean
Alain Choisnet
Kay Christenson
Elizabeth Clapp
Thomas R. Clapp
Rick Clark
Dennis H. Clarke
Charles Clements
Daniel Clinclin
Derrick Clunis
Barbara Coats
Peter P. Cocolla
Lise Cohee
Ken Coleman
Johnny Colosimo
Odette Come
Marlyse Comte
Sylvester Condit
Russell Condon

Dick Ann Conn
Wendy Cooley
Laurie E. Cootz
Giancarla Coppi
Didier Coquoz
Lina Cordini
Enrico Corti
Rodolfo Cortinovis
John Cowden
Liza B. Cowenhoven
Karen Coyle
Steven F. Craig
Bernard Crausaz
Louis-Marc Crausaz
Peggy Crawford
Guiseppe Cremaschi
Remo Crippa
Giorgio Cristini
Pierre Cros
Gerardo Cucciniello
Martha Culebro
Steven D. Culp
Sherri Cunningham
Jean-Michel Cuomo
Domenico D'Addato
Caroline D'Aragon
Christopher Daines Family
Felipe Dalloul
Ellen Daniel-John
Rod & Lori Daniels
Veronica Dannecker
Giorgio Dante
Darcey Family
Anthea Davies
Cliff & Cathy Davis Family
Clemencia De Gomez
Karen De La Carriere
Antonio De La Serna
Bjorn De Lange
Marc De Turck
James Deboer
Lance Deen
Giles P. Degraff
Antonio Del Francia
Emanuele Del Miglio
Giuseppe Dell'Uomo
Samuel Demeter
Mario Denti
Anthony J. Dephillips II
Catherine Dewitt
Richard Didcoate
Dillard-Dubow Family
Lidia Dinges
George Dinkel
J. D. Dinkins
Hans Disch
Paul Discher
Achour Djekhiane
James A. Doering
Fran Doudna
James Douglas
Jacques Dozois
Steve Drabin
Vicki Dries
David Driscoll
Ronald Drucker
Dan Drury
Ruth Drye
Pontus Du Rietz
Diana Dimon Dubin
Oliver Dufour
George Duggan
Lancelot Duppa-Whyte
Harry Durham
Anna Dysholm
Neisha Eckhert
Peter Edney
Tim Edwards
Ehmcke Family
Julia Janina Ehrler
Manfred Eichmuller
Marit Eisenman
Kristina Ekwall
Maureen Eldridge
Massimo Elia
Nancy Ellis
Holly Elzea
Catherine Emard
Shahab Emrani
Rudolph Epple
Diani Ercole
David Erison
Elsa Ernst
Diane Erwin
Alfonso Esteban
Paul Ettlin
Jim and Martie Fackler
Edil Fai
Sherry Faust
Eloisa Feeney
Bernhard Feichter
Philippe Feijoo
Thomas Felts
Claudia Fendt
Bruno Ferrari
Derek Field
Alfonso Filoscia
Beatrice Findlay
Roland W. Fink
Robert Fitzgerald
Brigitte Flachmeier
Rudi Floesser
Carlo Fontana
Nicole Fordham
Sophie Foret
Robyn Forrest
Tore T. Forsberg
Joseph Forster
Suzanne Fortin
Nathalie Fouche
W. Scott Fowler
Marsha Fox
Judith Francas
Vicki Francies
David E. Francis
Jim Frankel
Fraser-Hardy Neil
Anita Fraser
Brian Fraser
David Fraser
Lars-Goran Fredriksson
Thomas Frei
Rosemarie Freihoff
Berta Frias Valdillo
William H. Friday
John Fudge
Andrea Furrer
Jean-Louis Gagnon
Hubert Gahm
Manfred Gahr
Gordon M. Gale
Elias Galico Bistre
Anthony Gallegos
Riccardo Gallina
Irma Galvani
Elgin Gambert
Richard Gambino
Carlos Gamez
Val Garcia
David Garland
Rainer Garrecht
Mercedes Garrido
Chris Garrison
Michael Roy Garside
Patrick Gauvain
Carolina Gavazzi
Mary Gay
Sam J. Gendusa
Mission De Geneve
Kitti Georgius
Sergio Giannini
Ingrid Gibson
Carmen Giglio
Bernadette Giordano
Rolf Glatt
Albert Gloor
Lois Ann Gloor
George Gluchowski
Reiner Gockeler
Thomas Goeldenitz
Eden Golden
Bruce Goldman
Michael J. Gomes
Carlos Gonzales
Louis Gonzales
Steven J. Goodman
Donn Gorgon
Robert Goransson
Donn Gorgon
Simonetta Gorzanelli
Danielle Gounord
John Gourlay
Hazel R. Grafton
Marie-Jo Grandjean
Joel Granges
Jondavid (JD) Grant
Jerome A. Gray
Chip Green
Jan Green
Marcy Green
Anthony C. Greenway
Leona Grimm
Carolyn Groff
Gene Gross
Scotty Grover
Andrew Groves
Sarah Gualtieri
Nicole Gueroux
Maurizio Guerra
Robert Guignon Jr.
Vincent Gulasa
Brenda Gurney
Veronica Gutierrez Damas
Stephen Guzzetta
Enza Guzzo
Franz Habermacher
Hackbarth Family
Angelo Hadley
Jane Hadley
Brad Hagemo
Paul Haggis
Josef Hahn
Don C. Hall
Robert E. Hall
Mike Hambly
Michael King Hancock
Dieter Hansen
Jan Steen Hansen
Kevin Harness
Hary Harris
Andrew David Harrison
Forrest K. Harstad
Steven Hartofilis
Susan Hatfield
Douglas Hayes
Reed Hazen
Ian Heddle
Leanna Heil
Wolfgang Heim
Pentti Heinonen
Carl Heldt
Monica Helpert
Hemphill Family
Bernice Hemsani
Michael Henry
Daphna Hernandez
Dario Hernandez
James and Gerry Heter
Tilla Hetz
Saul Hildebrand
Jose Angel Hinojosa
Fran Hoefer
Hans Joachim Hoefer
Regina Hoefer
Dieter Hoffmann
Jeanette Holenstein
Jeff Holland
Matthew and Marcella Holtz
Attea Holzhacker
Magda Hoornaert
Marsha Hoover Jaeger
Thilo Horenkohl
Hornnes Family
Barbara Horton
Eugene E. Hougrand III
Timothy Howland
David T. Howson
Nicola Hu
Jan Hudson
Peter Hufnagl
David H. Hughes
Larry David Hughes
Sharon Hughes
Ted & Barbara Humphrey
Hildegard Hunkeler
William Hunsicker
Hunter Family
Peter Hunter
Elizabeth Huntley
Kaspar Hunziker
Mutsuya Ii
Shigeko Ikeda
Sal Ilasi
Georg Illing
Imburgia Family
Jeremy S. Impey
Richard B. Inglis
Thong Nguon Ith
Marita Jacob
Dane Jacobs
Peter M. Jacobs
Hugo Jacomet
Santiago Jaimez
Ammanuel Jamin
Steve Janke
Marc A. Jefferson
Grant Jefford
Jacie Jennings
Niels Arne Jespersen-Skree
Lisa Jeter
Carla Jindela
Drew Johnston
Steve Johnstone
Marianne Joller
Bobby Jones
Susan Offermann Jones
Blaine Joost
Christian Jost
Jean-Jacques Jouanneaux
Ray Jourdain
Norman Jow
Gary Judge
Yoshie Judge
Martha Jung
James Monroe Justice
Beat Kappert
Thomas Karg
Alicia Kartuzinski
David J. Kaup
Robert Kaye
Penny Keaton
Ana Maria Kecht
Wolfgang Keller
Peter Kendall
Suzanne Kendall
The Keplinger Family
Kathleen Kerr
David Kerstetter
Jurgen Kett
Kathie Kezsbom
Carlo Khatchi
Soren Kiersgaard
Helmut Kieslich
Pam Kilmartin
Elke Kimball
Attila Kis
Craig Kitto
Trine Kjeldsen
Joanne & Monroe Kleiderman
Benjamin Klevit
Uwe-Bernhard Klotz
Angela Knight
Mechthild Knust
Andres Koch
Karin Kocken
Tim Kocken
Reinhold Koeglmeier
Les V. Koel
Jordan Konrad
Richard Kraman
Joe Kras
Angela Krause
Ebbe Kristensen
Mark J. Kristof
Judith A. Krueger
Ricci Kreuger
Erich Kueck
Maina Kuhn-Danion
Ron Kule
Patricia T. Kunsemiller
Georgina Kunzli
David La Croix
Michele Labarile
Elke Labes
Jean Philippe Labreze
Helene Lacombe
Jasmin Lahmann
Simone Laine
Hans Lanik
William Tom Large
Michael Larosee
Albert Lasala
Jochen Laschinsky
Steen Laursen
Kevin Leach
John Norwood Lee
Shlomi & Oana Leibovitz
Giacomo Lello
Marc Lemoine
Neil Lemon
John Leong
Gabi Lester
Jean Letarte
Gray Levett
Daniel Levine
Deborah Lewis
Roberto Ley Chin
Marco Licciardello
Sam A. Licciardi
Juergen Lieser
James Likes
Wayne A. Lindberg
Alan Lipchik
Jack Little
Andrea Lloyd-Davis
Janet Lloyd-Myerberg
Dan Locke
Matthew Logmann
Franco Lonati

Desiree Long
Richard Lore
Tobias Loreto
Esther Loria
Nicolo Losi
Rasmus Lossius
Wolf Lotz
Frances Lounsbury
Virginia Louw
Peter Love
Don Lowe
Steve Lower
Henry Lubbe
Silvia Luchini
Tom Lynch
Lawrence Lynn
Michael L. Macdonald
Wayne Macdonald
George F. Machado
Marco Macias
Vicky Mackey
Mary R. Maclean
Susan Scott Madia
Celia Madigan
Maggie Magerowski
Sandrine Magnard
Annelise Maier
Norbert Malcher
Jean Malherbe
Pamela Mallinson
George Malnati
Magali Malvarez-Pasche
Management Efficiency
Ann G. Manierre
Rafael Manriquez G.
Maj-Lis Mansfeld
Judith Irene Marcus
Dario Marin
Diana T. Marino
Julian Marks
Nathalie Marrast
Dave Marris
Edward E. Marsh
Giuseppe Martini
Murray Marvin
Pietro Marzaroli
Donato Marzorati
Alessandro Masini
Guisy Maspero
Cindi Massi
Cheryl Mata
Craig Mathieson
Jere Matlock
Kazue Matsumoto
Konrad Matt
Roberto Mauri
Mary Mauser
Stephen Penn May
Kristine Kerkman Mayer
Vron McAllister
Maurice McCabe
Malcolm McClintock
Michael McCoy
Leslee McDermott
McGaff Family
Ian McIlroy
McKague Family
Russell W. McKevitt
Irene McNulty
John E. McQuilling
Scott McRaven
Veronica Medrano
Daniel Meier
Marie-Therese Meili
Lidia Meingast
Tracy Meisler
Tim K. Melchior
Francesco Membretti
Margaret Merchant
Gerard Mercier
Mohamad Merhi
Andrea Merli
Alessandro Meroni
Massimo Meroni
David Merrill
Gaius Merwin III
Dino Messina
Agnes Meuley
Denise Marie Meyer
Didier Michaux
Samuel Michelson
Miriam G. Miller
Norman Miller
Ray O. Miller
Tiziano Minello
James D. Miner
David I. Minkoff
Jeff Mintz
Peter Miranda
Armin Mischke
Ugo Moi
Barbara Ann Molloy
Patrick Molloy
Patricia M. Moloney
Laura Montu
William C. Moon
Dale Moore
Kim Moore
Carmen Morales Escobar
Marcelo Morandin
Peter Morgan
Susie Moriarty
Midori Morozumi
Gerald P. A. Morris
Concetta Morrone
Elsa Moscoso Hildago
James A. Moyer
Robert Muirhead
Rosemarie Mundl
Tony Munday
Rosemarie Mundl
Mari Carmen Munoz
Daniel D. Murray
Annamaria Musciola
Kenneth Ted Myers
Peter Myers
Robert Nahas
Linda Nahmias
Margaret Nakas
Maruska Napoleone
Narconon Tucano
Antonia Navarro
Roberto Naya
Anja Nehls
Reinhard Nehls
Rebecca Rounds Neuman
Paul Neuweiler
Mary Newman
Nadyne Nickels
Ditte Nielsen
Jose Luis Nieto
Campo Elias Nino Vergel
Richard Nisbet
Christina Nobbe
Paul Nolan
Michael Norris
Derrick C. Northcross
Maurizio Nova
Claudia O'Flynn Phelps
Judee O'Leary
Nigel Oakes
Lothar Oberdieck
Rhaiza Ojeda
David J. Oliva
Barrett Oliver
Lynne Orlando
Carlos Osorno
Peter Oswald
Rainer Ottenweller
Mark Owen
Oona Owens
Alberto Ozino
Lucio Pagliarulo
Gelsomina Pagliuso
Claudio Palandri
Christopher Plamer & Family
Jurgen Pantke
Alfonzo Paredes
Floriana Paris
Richard B. Park
Lorraine Parker
Michael E. Parodi
Pat Parodi
Gisela Parris
Juan Passantino
Alfonso Pastora
Linda J. Patterson
Larry Pearce
Margie Pearse
James M. Pearson
Annick Peauroux
Tina Pech
Nydia Pecoraro
Ross Peffer
Bill Penninger
Mark Andrew Perkins
Roberta Perry
Jurg Peter
Lynn Peters
Anne Kristin Petersen
Daniele Petrin
Ursula Pfennig
Tim Phelps
David Phillips Family
Joel A. Phillips
Anthony C. Phipps
Olyvia Pilo
Augustin Pinto
Anne Piquereau
Alain Pitre
Randy Plasch
Lawrence Plato
Johanne Plourde
Martin Poesniker
Marie-Luce Poiron
Michel Pompidor
Marisela Porta
Lynn Posyton
Jack Potter
Margit Potthoff
Karen Poulin
PR Consult
Gunther Preiss
Udo Preuss
Grant Primrose
Eliane Prince
Martine Princep-Ana
Georg Prinz
Jeff Pritchard
Kay Proctor
Professional Contractors
Phil Proffit
Kevin Pruett
Isabelle Prunkl
Robert Puffer
Roy D. Pulliam
Michel Puzzolante
Michel Queyrou
Clive Rabey
Sue Rabin
Kathrin Rabus
Debbie Radstrom
Gunter Raffel
Volker Rainer
Wino Rall
Gustavo Ramirez
Anita Rebozzi
Adelheid Rech-Gesche
Evely S. Reed
Len Regenass
Elena Reggioli
Katrin Reich
Bernd Reichl
Thomas Reid
Elfie Reiner
Leah Remini
Carol Renna
Monica Resmini
Trixi Reupke
Jaime Reyes Camarena
Gary M. Rich
Mary Rieser
Thomas B. Riley
Andrew Robb
Drew Robb
Annie Roberts
Jo Roberts
Dave Robertson
Maggie B. Robinson
Bonnie Rockwell
Charmaine Roger
Giorgio Rossato
Giorgio Rossi
Marianne Rossini
Thomas Rothfuss
Betsy Roush
Rouweler Family
Kay Rowe
Susan Rowe
Didier Roy
David Royal
Hans Rozemond
Sabine Rudek
Monika Ruegg
Hans Ruscheweyh
Gary Rush
Barbara Russell
Agathe Rutsche
Donna C. Rybacki
Claudio Sabbione
Doug Sadwick
Scott Saks
Guido Sala
Carolyn Sampson
Tony Sampson
Church of Scientology Mission San Francisco
Franco Sanna
Juan H. Arranz Sanz
Giovanni Sarain
Ian Saunderson
Kathleen Savas
Paola Savina
Simonetta Savoia
Lorna Schabes
Gabi Schaefer
Martin Schaefers
Mike J. Scheerens
Peter Schenk
Ken Schick
Pierre Schiemsky
Elisabeth Schleibinger
Christel Schmidt
Helmut Schmidt
Jinny Schmitz
Franz Josef Schneider
Helga Schreiber
Nono Schreiner
Hermann Schubotz
Claudia Schuboeck-Rade
Hansruedi Schurtenberger
Vreni Schurtenberger
Leo & Marie Schwartzmann
Flavio Sciotti
Jeannie Scoglio
Jon W. Sears
Poul Seedorff
Frank Seibert
Dieter Seidenstricker
Loral Selway
Loretta Serafini
Gerd Serfass
Antonio Sestito
Carlo S. Sferco
Ken Shapiro
Christopher G. Sharp
Hyam Shaull
Richard Shaw Jr.
Richel Shay
Peter Robert Shead
David Sheppard
Marty Sherman
Mike Sherry
William B. Shields Sr.
Jeni Shilson
Joann Shonefelt
Mark Shreffler
Rita Shurtliff
Jonathan Silverman
Ruthie Sliverman
Guy Simon
John Simons
Jonas Sjoblom
David L. Skipton
Michael & Marilyn Slagle
Patrik Smekens
Piet hein Smidt Van Gelder
Carol A. Smith
Carole J. Smith
Stephen Smith
James E. Snyder
Derek Sobol
Peter A. Sokoloff
Joyce Sola
Arduino Soliman
David Sonnenfeld
Soren Rode Sorensen
Gailynn Southworth
George Southworth
Jeffrey A. Spina
Fabio Spirito
Robert Springall
Stacy Springer
Suzanne & William Springsteel
A.M.W. Sproat
Lyman D. Spurlock
Chester Spyrka
Paul J. Stahl
Darrell Stansbery
Michael Staples
Ermo Startari
Livio Startari
Siegmund Staufer
Susan Stayne
Cathy Steinberg
Evelyne Steinmetz
Eugenio Sterchele
Robert Stich
Ralf Stofer
Tim Stoner
Katie Strahan
Peter Stromqvist
Strutt Development
Dieter Stuckenbrock
Kathrin Stuckenbrock
Ernst Stuhler
Chrissi Sturges
Ueli Stutz

Kathy Sweigart
Edouard Sylva
Regina Sylvester
Tabibzadeh Family
Daniel L.R. Tabor
Farzad Fam Tafreshi
Arnold Mitch Talevi
Mary Taufer
Douglas J. Terry
Theta Products Corporation
Giusy Thieme
Serge Thomas
Edward J. Thompson
Peter Thompson
Rena Thompson
Dorthy Thorpe-Stokes
Veronique Tichet
Rose Tinklenberg
Marguerite Tissot
Franz Titscher
Alain Tizzioli
Jochen Toepfer
Olli Toivonen
Matteo Tombini
Janice Tomlinson
Elisabetta Tonellotto
Nadia Tonon
Roberto Toppi
Marie Ange Traub
Pascal Traub
Joaquim Triginer
Ulrike Trimmel
Trevor Troyer
Gunther Tschauder
Helen Tschuppert
Trevor Tupholme
John Turczak
Victoria Turrisi
Kathy Twietmeyer
Bruce R. Ullman
United Merchant Services
Anthony Urbanek
Simonetta Vacca
Carlos Valdez Covarrubias
Annick Vallet
Gilles Vallet
Jean Francois Valli
Jaap Van Der Meer
Daniel Van Der Vee
Marco Van Loon
Alexander Van Ovost
Daryl Vance
Marth Lucia Vargas Chavez
Nikolaos Velentzas
Michel Verdru
Andras Vermos-Gabos
Piergiogio Verzeroli
Peter J. Vilinsky
Marco Viscardi
Joachim Von Neuhaus
Salvatore & Alicia Voto
Rita Wagner
The Wakley Family
Michael Walby
Mark Warlick
Warren Newman Family
Ken Warren
Johann Wass
Arlene Waszczak
Don Wayne
Ian Wear
Susan Wear
Linda Weaver
Wayne Weaver
Laurie Webster
Billie Wegmann
Makcb Wegmann
Judy Weigand
Francis J. Weilgart
Shlomit Weinreb Flesch
Patrice Wellhoff
Susan Wells & Jyrki Ikonen
Brigitte Werngren
Melanie Wertin
Andreas Wespi
Bob Westover
Paul Whelan
Lisa Whytock
Wikoff Family
Robert Wilbur
Kevin Wilkins
Patricia Wilkins
Michael J. Williams
Russel A. Williams
Stephen W. Williams
Kenneth R. Willis
Wirsing & Company
Carol Womble
David E. Womble
Harry K. Wong
Jordan Wong
Richard H. Wong
Kevin Wood
Blakely Woodruff
John Woodruff
Brian Wordie
Cherie Wright
Andreas Wuerl
Robert P. Yandow
Samuel Yareck III
Alex Yavaraski
Dewey Yee
Tomoko Yoshinaga
Debra Young
Judy Young
Eric Zabor
Giovanni Zamboni
Giuliana Zanellati
Katharina Zantop
Roland-Gerhard Zengl
Larry Ziebart
Tracy L. Zimmer
Gianfranco Zovi
Michael Zugmayer
Richard Zundel
Uwe Zundel

Sponsors

Following are the names of members who became Sponsors since the last issue of IMPACT.

Jay Alexander Abel
Pietro S. Accardi
Fernando Acereto
Amiram Adini
Rifka Adini
Jurt Akamine
Arthur Anderson
Jacqueline Anderson
Gilma Angulo
Kama Atcheson
Bruce G. Atkinson
Isabel Ayuso Puente
Clark Balcom
Diane Balentine
Alessandro Basile
Guido Benz
Anders Bergdahl
Nadia Bertazzoli
Becky Bertolucci
Goran Bjornange
Sonia Bjornange
Cynthia Blakeslee
Robert Bluemel
Mona Bolster
Bruno Braun
Laurie Brazell
Dominique Brecheteau
William M. Briggs
Janet Brophy
Stephen Brown
Bryce Bushness
Edward Camacho
Stephen Carrico
Susan Carter
Denis Chauvette
Tony Chen
Janis Claunch
Emilie Conod
George Cootz
Guiseppe Cordara
Robert Dam
Mayer Dana Aspani
Dan Daneshrad
Monique De Clerck
Nancy Denlinger
Herve Desbois
Ron Devries
Kevin Dickson
Mike Doughty
James P. Doyle
Teresa Doyle
Patricia Drake
Richer Dumais
Lance Durret
Pierre Duttlinger
Sue Ellsworth-Tyrrell
Gregory J. Elmo
Hilda Embrechts
Steven Erceg
Rick Facteau
Joseph L. Farard
Abilio Fernandes Mendes
Joe Ferraro
Geri Fields
Avital Fitoussi
James Fletcher
Nicholas Peter Flower
Jan Foote
Donal Forbes
John Fordham
Truls Foshaug
Karin Fraser
Ted Froyland
Yves Gabioud
Jocelyn Graneau
Sonja Geissler
Pascal Gendre
Alma Gianfelici
Oliver Giese
Michael Gordon
William D. Gottfried
Drew Graef
Kevin Grenier
Liane Grenier
Sandra Gringeri
Martha Guerra
Duncan Guertin
Craig Hamilton
Bruce G. Hammond
Kim Soefaard Hansen
Tummas Haraldsen
Doug Harpel
Hans-Joachim Hein
Britta Dreyer Henriksen
Lesley Hetherington
Jennifer Hill
Evert Imminkhuizen
Karel Jeelof
David Jefferies
Barney Jensen
Neil Johnson
Gary Judge
Yoshie Judge
France Jutras
Eva Kaellman
Tadaaki Kanamori
Vahe Kantarjian
Norbert Kanz
Thomas Karlsson
Geert Keteleer
Blais Kindschi
Jason Kleiman
Peter Klug
Erika Knapil
Sonja Kohl
Cornelis Korporaal
Helmut Kraiss
Kenneth Krampitz
Brigitte Lacroix
Claudia Lake
Darin Lang
Mandi Laoumtzis
James C. Larsen
Lars Magne Larsen
Sheila Larsen
Jean-Christophe Latron
Heinz Lechler
Ingrid Lechner
Chris Legrow
Ward Legrow
Pino Leone
Sally Lewis
Lucy H. Loraine-Smith
Nancy Susan Lowe
Marth Lubben
Cynthia L. May
John McCormick
James W. McCoy
Mark W. McCrory
Sylvain McDuff
Patrick Menezes
Jeff K. Miller
Francine Mingard
Jacqueline Mingard
Sandra Moatz
Kentaro Mori
Mio Mori
Margaret Murphy
D'Arcy Murray
Inga-Lill Naslund
Hiromi Nishioka
Andre Noomie
Patrick O'Hare
Peg Odom
Alberto Ongania
John William Palmer
Dagmar Papaheraklis
Gloria Y. Parker
Ryan Lee Parker
Frank Pass
Janet Platinsky
Denise Pompini
Fred Porter
George H. Powell
Kauko Pylkkaenen
Terrance F. Raftery
Andreas Rechsteiner
Jon Gudbrand Refseth
Elisabeth Robertson
Michael Rold
Robert Romanens
Linda Rost
Mark L. Rost
Julie Rotenberg
Alan Rothe
Kristina Royce
Giovanni Rutu
Dan Rutstrom
Don Saito
Marzio Salvador
Manuel Scherzinger
Simon Scherzinger
Larry Schluer
C. Anne Schneider
Martin Shapiro
Cecilia Shaw
Colin Shepherd
Dany Sidon
Evert B. Simon
William Skutta
Gat Smilansky
Lucy Lorraine Smith
Elliott Snow
Lavauda Sowell
Loren Spethman
Matthias Stohler
Thomas Strasburger
William Stricker
Imara Tammero Rego
Raf Tarnavski
Catherine Tatsis
Marcelo D. Torres
Joseph Tronset
Hans Van Linschoten
Lidy Van Oort
Stephen Varrall
Juan G. Velez Serrale
Arthur Vermaat
Herman Vernimmen
Thodoris Vidalis
Michele Vitarella
Kerry Watson
Frank Wear
Mary Sue Weaver
Nick Weisen
Josef Widmer
Bill Wilson
Matthew W. Wirsing
Veronika Wirth
Sean Wise
Mike Wright
Tsuneto Yamauchi
Gaetan Yizere
Doron Zalait
Wendy Zammit
Mark C. Zamoyta

(Aus: Impact. The Magazine of the International Association of Scientologists, Nr. 57, 1995)

wurde nicht nur ein Schuldiger gesucht, sondern auch Feinde, die man anprangern konnte, um dieses Thema vom Tisch zu bringen.
Ich bin nach wie vor der Meinung, daß es – gerade in einem so sensiblen Bereich wie Datentransfer – eine Verantwortung gibt, nicht nur Ihnen als einzelnem Leser sondern auch der gesamten Öffentlichkeit gegenüber, daß diese Diskussion geführt werden kann. Wie hier eine Firmenspitze versucht, das Thema vom Tisch zu bekommen, anstatt sich damit auseinanderzusetzen und zwar zum Schutz der – laut Top-Call – 1 800 Kunden in 32 Ländern, finde ich skandalös. Was soll ich von einer Firma halten, die sich nicht nur weigert, sich damit auseinanderzusetzen, sondern auch noch so weit geht, daß sie in Schreiben an die Kunden als Rechtfertigung am Schluß schreibt, »... und es ist uns zutiefst zuwider, auf einem solchen Niveau antworten zu müssen«.
Wenn die Firma Top-Call glaubt, daß Aufklärung über das Thema Scientology im wirtschaftlichen Bereich unter ihrem Niveau sei, dann setzt sie sich mit Lanik in ein Boot – ob sie will oder nicht. Sie macht sich, aus welchen Gründen auch immer, zum Kumpan. Ich denke nach wie vor, daß die Sicherheit der Kunden, und auch der Gesellschaft höher zu bewerten ist, als ein vermeintliches Persönlichkeitsrecht eines einzelnen, der verbohrt die Ideologie einer totalitären Organisation nicht nur finanziert, sondern auch im Kopf mitträgt.
Statt einer Auseinandersetzung, die ich selbst mit Herrn Lanik geführt hätte, wurde Ende März 1995 verschiedenen Kunden lapidar mitgeteilt, man hätte sich von Herrn Lanik getrennt. Vielleicht sollte sich die Firma Top-Call einmal überlegen, daß auch Mitarbeiter in der Firma sehr wohl sehen, was nach außen hin auf dem Papier geschrieben steht und was im Innenverhältnis in der Firma passiert. Außerdem liegt mir schriftlich vor, daß Hans Lanik

noch im Juni 1995 für die Firma Top-Call Gesellschaft m.b.H. in Wien alleinvertretungsberechtigt war. Ist Herr Lanik vielleicht nur für Deutschland aus der Schußlinie genommen worden?
Im Brief eines Informanten steht: »Ich habe heute neue Unterlagen bekommen, und in einem Heft (Source, Ausgabe 1995) stehen übrigen interessante Namen bei den Flag-Abschlüssen (»Source« ist eine Scientology-Publikation und »Flag« ist das Hauptausbildungszentrum in Clearwater/USA; Anm. d. Verf.). Hans Lanik, OT IV, d. h. er ist nicht nur Patron der IAS (International Association of Scientology, der Zusammenschluß aller Scientologen weltweit; Anm. d. Verf.) sondern aktiver Kursteilnehmer. Übrigens, ihr von Robin Direkt, da könnt ihr lange auf eine Erklärung von Top-Call warten!«
Da hatte der Informant recht: eine entsprechende Erklärung von Top-Call kam nicht. Was kam, war eine Unterlassungserklärung, daß ich etwas unterlassen soll, was ich gar nicht gesagt habe. Ich reagierte daher nicht.
Nach Monaten kam nun das übliche, mir inzwischen bekannte Mittel, mich zum Schweigen zu bringen: Der Versuch, über eine einstweilige Verfügung mir wiederum etwas verbieten zu lassen – was ich übrigens nie gesagt oder geschrieben habe.
Obwohl ich den Ausgang dieses Verfahrens bei Abgabe dieses Manuskripts nicht kenne, muß es möglich sein, darüber zu reden. Es muß in einer Demokratie möglich sein, vor einer Gefahr zu warnen, die uns alle betrifft. Wenn das nicht möglich ist, dann haben wir alle versagt.
Mir geht es darum, ein Tabu zu brechen. Viele Firmen haben mit dem Problem »Scientologen in Schlüsselpositionen« zu tun. Den Mantel des Schweigens über dieses Problem zu hängen, ist ebensowenig ein Weg, wie unnötige gerichtliche Auseinandersetzungen. Nur die offensive öffentliche Aufklärung – auch seitens der Unternehmen über

ihre Problemsituation – verhindert Desinformation sowie Verwirrung beim Kunden und in der Öffentlichkeit.

Deutsche Scientologen spielen Verstecken

Seit einigen Monaten fällt uns auf, daß in der Spenderliste für die »Kriegskasse«, die Scientology jeweils in ihrer Zeitschrift »Impact« veröffentlicht, Deutschland nicht mehr aufgeführt wird. Wir vermuten, daß die Nichtveröffentlichung der deutschen Spender steuerliche oder juristische Gründe hat. Immerhin spricht es sich in Deutschland herum, daß Personen, die auf der »Impact«-Liste stehen, aktiv auch die Hetzpropaganda gegen die Bundesregierung (siehe im Kapitel »Scientology und Rechtsradikalismus«) unterstützen und damit beispielsweise deren Image in den USA schaden. Außerdem besteht die Möglichkeit, daß die für die »Kriegskasse« gespendeten Gelder zum Teil an der Steuer vorbeilaufen. Auch in einem solchen Zusammenhang würde die neuerliche Heimlichtuerei einer scientologischen »Logik« entsprechen.

An dieser Stelle ein Gedanke, der mich schon sehr lange beschäftigt. Macht sich eigentlich der Staat auch zum Kumpanen der Scientology, indem er zuläßt, daß Millionen in eine »Kriegskasse« gespendet werden, die zum Ziel hat, Angriffe auf dieses System abzuwehren? Wäre es nicht sinnvoll, daß sich die Steuerfahndung diese »Impact«-Listen einmal genauer anschaut? Denn wenn hier teilweise bis zu 250 000 US-Dollar in die »Kriegskasse« als Spende fließen, dann muß dieses Geld ja irgendwo herkommen, oder? Ich finde es traurig, daß ich 1995 überhaupt noch so eine Frage stellen muß.

In den betreffenden »Impact«-Heften haben wir übrigens keine Begründung für die Streichung gefunden. Ich traue Scientology zu, daß sie auf Nachfragen die immer wieder

herbeigeredete angebliche Verfolgung als Begründung anführt. Das, was Scientology als vermeintliche Verfolgung aus weltanschaulichen Gründen darzustellen versucht, ist aus juristischer Sicht schlichte Strafverfolgung wegen Gesetzesübertretungen der Scientologen oder Konsequenz von Enttarnung scientologischer Machenschaften.
Mich wundert beim Thema Scientology sowieso nichts mehr. Inzwischen weiß ich, daß die Anwälte von Scientologen eine reguläre Strafverfolgung sogar als »Willkürakt« bezeichnen. Das zeigt für mich sehr deutlich, wie weit die Scientology von jeder Rechtsstaatlichkeit entfernt ist.

Scientology-Makler: »Wir arbeiten gegen die Sozialstruktur ...«

Wer kennt ihn nicht? Götz Brase, der Scientologe, der inzwischen in den Medien ein breites Forum bekommt, um seine Zielsetzungen propagieren zu können. Insbesondere in Hamburg kann wohl niemand behaupten, man hätte nicht gewußt, was die Organisation vorhat, zu der Götz Brase seit 1984 gehört.
Scientology heißt die Zielsetzung des Götz Brase – privat und beruflich. In der typischen Scientology-Manier versucht er, Begriffe zu redefinieren und Scientology-Zielsetzungen in geschulter Rhetorik zu transportieren. In einem Interview, das am 11. Mai 1995 mit Foto im »Hamburger Abendblatt« abgedruckt wurde, zeigt sich ganz deutlich, daß Brase es verstanden hat, diese Möglichkeit der öffentlichen Propaganda zu nutzen, um sich als erfolgreichen Scientologen zu präsentieren.
Ich habe dieses Interview nicht nur gelesen, sondern auch versucht, mich in jemanden hineinzuversetzen, der überhaupt nichts über Scientology-Ideologien weiß. Und der

liest dann in einer seriösen Tageszeitung ein Interview mit einem »erfolgreichen Geschäftsmann«, der die ganze Angelegenheit, warum Scientology kritisiert wird, eher so darstellt: Habt ihr alle falsch verstanden, falsch interpretiert und ist gar nicht möglich. In einer Ellenbogen-Gesellschaft, die wir nun mal sind, erkennt man nicht auf Anhieb, was sich hinter der Überschrift dieses Interviews: »Die Unfähigen sind die ohne Ehrgeiz und ohne Ziele« verbirgt. In verschiedenen Fernsehanstalten trat Brase neben dem Scientology-Pressesprecher Franz Riedel aus Hamburg auf und verkaufte unter anderem die scientologische Propaganda, Scientologen würden in Deutschland verfolgt wie die Juden im »Dritten Reich«.

Wer sich ohne Hintergrundwissen und beweisbare Fakten in so einer Fernsehsendung auf diese Diskussion mit einem Götz Brase (der als einer der Köpfe des scientologischen Immobilien-Kartells in Deutschland gilt) einläßt, muß wissen, daß beim unbefangenen Zuschauer auf der anderen Seite der Mattscheibe oder beim unbefangenen Leser der Tageszeitung ganz falsche Eindrücke entstehen – nämlich genau die, die Brase will: Hauptsache, das Ziel »Clear Deutschland« rückt immer näher. Besonders beschämend ist es, wenn dann ein ausgebildeter Scientologe wie Brase den bei Talkshows gegenübersitzenden Politikern und »Experten« vormacht, wie man die Gesellschaft »handhabt«, und diese sich dann auch noch »handhaben« lassen.

Ich bin entsetzt, wenn Götz Brase in einer Fernsehsendung einer Politikerin das Ethik-Buch der Scientology aufgeschlagen in die Hand drückt und sie dann vor laufender Kamera daraus vorliest. Vielleicht geht unser Liberalismus ja irgendwann so weit, daß wir demnächst Dealer zu Fernseh-Shows einladen, damit sie uns sagen können, wie ihr Geschäft funktioniert und wie sie die Drogen transportieren.

Brase-Vortrag auf der »Freewinds«

Götz Brase hielt im August 1993 einen Vortrag über Immobilien auf dem scientologischen Kaderschiff »Freewinds«. Stellen Sie sich ein großes weißes Schiff vor, das sich bevorzugt in internationalen Gewässern befindet, in denen die jeweilige Justiz des Landes keinerlei Zugriffsmöglichkeiten hat. Zutritt zu diesem Schiff bekommt man nur, wenn man vorher gewisse Sicherheits-Checks absolviert hat. Von amerikanischen Ex-Scientologen aus hohen Positionen, die selbst auf der »Freewinds« waren, weiß ich, daß man ein gutes Image genießt, wenn man seine Kurse auf diesem Schiff absolviert. In einer Propagandaschrift steht unter einem Bild der »Freewinds«, dem Hauptquartier der scientologischen OT-Zivilisation: »Die Freewinds mit ihrem Heimathafen in der Karibik ermöglicht Scientologen fernab von den Brennpunkten einer turbulenten Welt, die höchsten Stufen geistigen Fortschritts zu erreichen.«

Ob man nun den Vortrag von Götz Brase auf der »Freewinds« für die Gesellschaft als fruchtbaren geistigen Fortschritt sehen kann, oder aber, so wie ich es sehe, dieser Vortrag die Enttarnung des Geschäftsmannes Götz Brase bedeutet, soll durch die Veröffentlichung von Passagen aus dem Vortrag zur Diskussion gestellt werden.

»Vortrag über Immobilien, gehalten von Götz Brase auf der Freewinds, August 1993«, so lautet die Überschrift des Vortrags, der folgendermaßen beginnt:

»Der Wert der Immobilien hängt hauptsächlich von der Inflation ab und vom Wirtschaftswachstum. Wenn ein Land sehr fleißig ist, also viel produziert, man nennt es immer das Bruttosozialprodukt, wenn das sich steigert, dann steigert sich das Vermögen der Leute, und die Leute haben ein höheres Einkommen und können dann auch mehr Geld ausgeben.«

Im zweiten Abschnitt seines Vortrages beruft sich Brase auf seine Ausführungen am Vortag und schreibt: »... *Ich habe gestern auch von diesem Herrn Bubis erzählt, der mal mit einer Immobilie in Frankfurt DM 20 Millionen verdient hat und dann also das Startkapital hatte und dann praktisch gekauft und gekauft hat und gekauft hat.*«
Woher der Scientologe Götz Brase diese Informationen hat, entzieht sich meiner Kenntnis, was er mit dieser Aussage seinem Publikum sagen will, geht auch nicht aus dem weiteren Text hervor. Ich weiß, daß Herr Bubis und Herr Brase beide im Immobiliengeschäft tätig sind und daß beide, Herr Bubis noch heute und Brase bis zu seinem Austritt, FDP-Mitglieder sind beziehungsweise waren. Daher wäre sehr interessant, was in Parteikreisen zu den nun folgenden Aussagen des Herrn Brase gedacht und gesagt wird:
»*Was wir also machen, ist, wir heben auch die Verkrustung des Systems auf. Es ist so, es gibt bestimmte Bewegungen innerhalb von einer Stadt, z. B. ist ein Stadtteil wie Eppendorf, der war in den fünfziger Jahren also ein simpler, stinknormaler Arbeiterstadtteil, da haben praktisch die armen Leute gewohnt, also speziell Geschwister-Scholl-Straße oder Kegelhofstraße. Das war eine berühmt-berüchtigte Arbeiterstraße, oder Rehmstraße in Winterhude, das war die Straße mit den meisten Knastjahren auf dem Bukkel. Und es ist jetzt eine sehr begehrte Wohnstraße.... Diese Stadtteile, dadurch, daß sie irgendwie beliebt werden oder so, bewegen sich nach oben und dann werden Bevölkerungsschichten einfach verdrängt. Das heißt, es ist plötzlich ein begehrter Stadtteil und die Leute, die das Geld haben, die wollen in diesen Stadtteil ziehen, und die Leute, die das Geld nicht haben, müssen raus, denn sie können nicht mehr die Mieten und die Preise bezahlen. Es ist halt so eine Bewegung, die da abläuft. Dadurch, daß praktisch Deutschland sozialistisch orientiert ist, versuchen sie, die-*

se Mieter zu schützen und versuchen, die Bewegung zu verhindern und stemmen sich gegen diese Bewegung. In Amerika gibt es das z. B. überhaupt nicht. Da gibt es ganz klare Stadtteile, wo gesagt wird, ok, das ist ein up-state Stadtteil, und das ist ein down-state. Und wenn die Leute mehr Geld verdienen, dann ziehen sie um. D.h. die Nachbarn können sehen, aha, der Vater verdient mehr Geld usw., und jetzt ziehen sie in einen neuen Stadtteil. Also, man kann sagen, in dem Stadtteil ist das durchschnittliche Einkommen so und so hoch und in dem ist es so und so hoch, weil es total flexibel ist, da gibt es überhaupt keine verkrusteten Strukturen.«

Lassen wir uns die Gedanken des Herrn Brase noch einmal auf der Zunge zergehen: Das sei so eine »Bewegung«. Der Scientologe Brase erweckt in seinem Vortrag den Eindruck, als sei die Entmietung und Umwandlung der Miet- in Eigentumswohnungen ein Naturgesetz. Tatsächlich sind Brase und Co. die Auslöser dieser Entwicklung, indem sie Mietshäuser aufkaufen, in Eigentumswohnungen umwandeln, diese wieder teuer verkaufen und so alteingesessene Mieter vertreiben. Daß Brase und Co. dabei nicht nur gut verdienen, sondern auch die Scientology-Organisation über diese Schiene mitfinanzieren, versteht sich von selbst.

Im weiteren Vortrag demaskiert sich Götz Brase, indem er über Immobilien auch seine Grundeinstellung, übrigens die typisch scientologische, in der sicheren Umgebung des Scientologen-Schiffes »Freewinds« zum besten gibt:

»... Das Leben ist halt hart. Wenn man halt up-state ist, dann verdient man viel Geld und wird man entsprechend belohnt, und wenn man down-state ist, ja dann ... So, also deswegen werden wir auch angefeindet, mit dieser Idee der Aufteilung, weil wir praktisch diese Bewegung ausnutzen. Die Leute wollen in diesen Stadtteil rein, und dieser Stadtteil ist sozusagen unterbelichtet. Die Mieten sind zu nied-

rig, sie werden künstlich unten gehalten und irgendwann mal wird der Markt sich durchsetzen.«

Auf Seite 7 seiner Erläuterungen fällt meiner Ansicht nach die Maske des Scientologen Götz Brase total:

»De-Enturbulation, ja, es ist eine Umschichtung. Wir haben so eine Sozialstruktur in Deutschland. Wir arbeiten gegen die Sozialstruktur an, deswegen müssen wir uns auch angucken, wo haben wir unsere Gegner. Das sind die Leute, die die sozialen Ideen vertreten, also die Grünen und die SPD. Die sind einfach gegen uns, weil sie ein anderes Prinzip vertreten. Sie haben immer noch den Kommunismus sozusagen im Hintergrund . . .«.

In der Öffentlichkeit propagiert der Scientologe Götz Brase – und es gibt inzwischen genügend Medien, die ihm als Steigbügelhalter dienen – eine »schöne neue scientologische Welt«. Aber hier bei seinem Vortrag auf dem Scientologen-Schiff, fällt die Maske: *»In Deutschland gibt es ja viele Landstreicher, die man gar nicht sieht, weil jeder hat eine Wohnung und kriegt zu saufen, weil er vom Sozialstaat bezahlt wird. Die werden künstlich sozusagen im Delirium gehalten.«*

Interessant ist, wer unter anderem den Scientology-Maklern mit ihrem menschenverachtenden Weltbild behilflich ist: Auch der hamburgische Notarassessor Dr. Rolf-Hermann Henniges, der als »Verweser für das Amt des Notars Dr. Henning Voscherau« arbeitet. Sie haben richtig gelesen, lieber Leser, die Notariatskanzlei des ersten Bürgermeisters der Freien und Hansestadt Hamburg ist auch für Scientologen tätig. Damit macht sich der oberste Repräsentant und Verwaltungschef Hamburgs möglicherweise zum Kumpanen der Scientology-Organisation – und das, obwohl sich gerade Hamburg immer wieder damit brüstet, einer der Vorreiter bei der Bekämpfung von Scientology zu sein.

Führer befiehl, wir zahlen für dich

Aus einer Führungsanweisung der Sea Org Nr. 2104 INT vom 7. November 1982 geht hervor, daß sich der jetzige Führer der Scientology, David Miscavige, bereits 1982 vor den Führungskadern in Feldherrenmanier präsentierte. Aus der mir vorliegenden Abschrift der »US Mission Holder Konferenz« am 17. Oktober 1982 in San Francisco geht hervor, daß die Leiter amerikanischer Scientology-Gruppen, die »US Mission Holder«, über die Rolle des scientologischen Netzwerkes unterrichtet wurden: Wie sie in koordinierter Weise mit anderen Scientology-Organisationen funktionieren müßten, um das gemeinsame Ziel zu erreichen, wie Leute die Brücke hochkommen und wie der Planet geklärt wird, erfuhren die Konferenzteilnehmer. Die Anweisung unterzeichnete Captain Guillaume Lesevre als »ED international« (internationaler Führungsdirektor).

Ich möchte an dieser Stelle nicht versäumen, aus der Konferenzabschrift zu zitieren, damit auch der Umgangston dieser Organisation mit dem Führungskader einer breiten Öffentlichkeit bekannt wird. Daraus kann man ableiten, daß die einzelnen Führer der lokalen Zentren oder Mitarbeiter in Führungspositionen vom Kommandeur höchstpersönlich linientreu gemacht werden.

Der Ton macht die Musik

Anwesend bei der »US Mission Holder«-Konferenz 1982 in San Francisco waren unter anderem: Commander David Miscavige, Larry Heller (Scientology-Anwalt), Stabsbootsmann Lyman Spurlock, Commander Steve Marlowe, Commander Norman Starkey, Commander Ray Mithoff, Captain Marc Yager, Captain Guillaume Lesevre und

Wendell Reynolds, der internationale Finanzdiktator (kein Schreibfehler! – Anm. der Autorin). Wie viele Scientologen (bzw. »Mission Holder«) sich dieser Konferenz stellen mußten, geht nicht aus dem Papier hervor.

(Aus einer Mitschrift der »US Mission Holder Konferenz«, von der Scientology veröffentlicht unter SO ED 2104 INT vom 7.11.82)

CMDR. Wendell Reynolds, Internationaler Finanzdiktator:
»Einige der Leute, die Ihr hier herumstehen seht, gehören zur Internationalen Finanzpolizei und ihr Job ist, hinzugehen und dieses ganze Zeug herausfinden und wenn Ihr Burschen dann schuldig seid, dann seid Ihr fällig! Sprechen wir da die gleiche Sprache ?
Hat irgend jemand irgend welche Zweifel daran? (Pause.) Okay.
Diese Versammlung kostet die Kirche Geld. Ihr werdet alle pro Kopf 75 Dollar bezahlen – für die Freude des Zuhörens bei alledem – so daß Ihr wißt, was die Stunde geschlagen hat. Ihr werdet alle Eure fünf Prozent Minimalspende vom Nettoumsatz (»CGI«, Korrigiertes Gesamteinkommen) unterschreiben für die Dianetik-Buchkampagne. (...) Informationskarten von den ›Organisationen‹ werdet Ihr keine mehr bekommen. Nichts!
(...) Wenn ich also von einer einzigen Person in diesem Raum höre, welche nicht mindestens fünf Prozent vom Nettoumsatz (»CGI«) ausspuckt, dann wird es einen Untersuchungstrupp in diese ›Mission‹ geben, weil Ihr dann dort noch andere Verbrechen habt. Fragen dazu?
(...)
Haben Sie eine Vorstellung von der Strafe für das Wegnehmen von Organisationskunden? Laut Richtlinie sind es 10 000 US-Dollar pro Kopf (...)
(...) Ihr Burschen werdet heute nacht alle eure Overts und Zurückhaltungen (»O/Ws«) aufschreiben, bevor Ihr geht. Und es wird am E-Meter überprüft. (...) Und wenn Ihr nicht sauber werdet und ich finde später etwas davon heraus, dann wird

diese Richtlinie angewendet. Ihr seid all der Sachen schuldig, die Ihr nicht berichtet habt.«
(Pause für Niederschrift der Overts und Zurückhaltungen (»O/Ws«) und der Wissensberichte).

CMDR. Wendell Reynolds, Internationaler Finanzdiktator:
»Alle Eure Wissensberichte und so weiter werden an den Int. Finanz Ethik Officer auf Flag geschickt und Ihr solltet eine Kopie von allem in der Mission behalten; wenn dann der Einsatztrupp kommt, um die Nachprüfungen und E-Meter-Prüfungen zu machen, dann werden die die Rohdaten gleich dort haben und zusätzlich auf Flag eine ganze Datenbank.
(...)
Dieser Planet ist eine Schlammschüssel und wird es auch bleiben, bis wir ihn flicken. Und ich glaube, in diesem Raum scheint die Entschlossenheit, das wirklich zu tun, nach dem organisatorischen Muster, das LRH vorgegeben hat.
(...)

Capt. Guillaume Lesevre:
Wenn ich einige dieser O/Ws lese, sehe ich daß es eine ganze Menge Zyklen gibt. (...) Sie werden gleich morgen anfangen müssen, das in Ordnung zu bringen.
(...)
Wenn Sie anfangen, Ihre Szene zu bereinigen, schnell, wissen Sie, diese Woche, dann werden Sie auch noch einiges Geld sparen.
(...)

Scientology und Rechtsradikalismus

»Haß und Propaganda«

Obwohl die Scientology-Organisation Kritiker mit Schmutzkampagnen und »Schwarzer Propaganda« überzieht, gezielt Verdrehungen, Lügen und Unwahrheiten verbreitet, stellen sich die Hubbard-Anhänger nur allzu gern als »Verfolgte« dar.
So erschien zum Beispiel 1993 in Nordamerika und den meisten Ländern Europas die sogenannte Haß-Broschüre. In dieser »Dokumentation einer Hetzkampagne gegen die Scientology-Gemeinschaft« werden Berichte über Scientology Artikeln aus dem Nazi-Blatt »Der Stürmer« gegenübergestellt und damit gleichgesetzt.
Eine große Anzahl von Zeitungen, Zeitschriften und Bürgerinitiativen, die von staatlich verbrieften demokratischen Rechten Gebrauch machen, werden mit Goebbels Propaganda einer faschistischen Diktatur gleichgesetzt.
In einer Zeit, in der Menschen fremder Herkunft von aufgehetzten rechtsextremistischen Wirrköpfen bedroht, verprügelt, ja teilweise sogar brutal erschlagen wurden, in einer Zeit, in der das Ausland Angst vor dem wiedervereinigten Deutschland bekam und sich durch fast tägliche Neonazi-Übergriffe an die Zeit von 1933 bis 1945 erinnert

fühlte, in so einer Zeit veröffentlicht die Scientology-Organisation ihre Broschüre »Haß und Propaganda«. Als ob die in einem demokratischen Rechtsstaat erlaubte Kritik und Meinungsäußerung gegenüber einer totalitären, mafiaähnlichen Gruppierung das gleiche sei wie die millionenfache Unterdrückung und Ermordung von Menschen.
Mir dreht sich bei solchen hanebüchenen Vergleichen der Magen um, und eine unglaubliche Wut steigt in mir auf. Ich hatte gehofft, daß die Haß-Broschüre schon der Gipfel der Geschmacklosigkeit wäre und eine Steigerung – schon aus Pietätsgründen – nicht möglich sei. Doch die Scientologen setzten noch einiges oben drauf:

»Ruf zu den Waffen«

»Eure Hilfe wird dringend gebraucht, um die neonazistischen Regierungsattacken auf Scientology Orgs und Kunden in Deutschland zu handhaben. Dies ist so wichtig, daß bei OSA International kürzlich ein Einsatztrupp eingerichtet wurde, mit dem ausschließlichen Zweck, die Situation in Deutschland zu handhaben«. Mit diesen Worten beginnt der »Ruf zu den Waffen Deutschland« des Scientology-Geheimdienstes OSA International. In dem Schreiben vom 4. Mai 1994 werden der Unvereinbarkeitsbeschluß der CDU gegenüber Scientologen (den übrigens mittlerweile die meisten demokratischen Parteien in ihren Statuten haben) sowie angebliche Überfälle auf Scientology-Einrichtungen und -Mitarbeiter als gezielte Aktionen gegenüber der Organisation dargestellt. Jeder Gegner der totalitären »Hubbard-Technologie« wird zum Neonazi abgestempelt. »Je schneller wir als internationales Team arbeiten, desto schneller werden wir Deutschland und den Rest des Planeten gegen einen Aufschwung von Neonazis schützen. ... Gemeinsam werden wir ein

internationales Team mobilisieren, das dieses Krebsgeschwür der Menschheit ausmerzen kann und wird.«
Der Ankündigung folgten schon bald Taten: Eine Gruppe namens »Jüdische Scientologen für religiöse Toleranz« tingelte wenige Wochen später durch Deutschland. Angeblich wollten sie Neonazis bekämpfen; tatsächlich machten sie natürlich Propaganda für Scientology und gegen deren vermeintliche Verfolgung. Die »Neue Zivilisation – Die Zeitschrift für Dianetik und Scientology« brachte einen vierseitigen Sonderdruck zur »Rufmordkampagne gegen Scientology« heraus, in dem der Israeli Ya'aqov Halevi Haramgaal, der dort unter dem Titel »Jüdischer Religionswissenschaftler kämpft für Religionsfreiheit« vorgestellt wird, ebenfalls Parallelen zwischen den Nazi-Pogromen und der angeblichen Scientology-Verfolgung zieht. Vielleicht hatte er ja aufgrund seiner (wie er selbst behauptete) »sehr positiven Erfahrungen mit Scientology« vergessen, was das damalige Deutsche Reich Juden angetan hat und daß es in der Geschichte wohl kaum einen vergleichbaren Akt von Unmenschlichkeit gegeben hat.

»Nie wieder!«

Wenn von Scientology die Rede ist, dann wird meist von einer »Privatsache« gesprochen. Die meisten Leute lehnen sich in ihrem Sessel zurück und sagen: Das geht mich nichts an. Doch wer so denkt, der irrt sich gewaltig. Denn alle Deutschen geht das Thema Scientology an – aus vielen Gründen, aber auch, weil unser Land in ganzseitigen Zeitungsanzeigen in den USA verleumdet wird.
Unter der Überschrift »Nie wieder!« und dem Bild eines Nazi-Aufmarsches mit Hakenkreuz-Standarten während des »Dritten Reiches« wurde zum Beispiel am 22. Septem-

ber 1994 in der »Washington Post« Propaganda gegen die Bundesrepublik Deutschland gemacht. Die Taten mordender und Brandbomben werfender Neonazis werden mit demokratischer Scientology-Kritik im gleichen Atemzug genannt und gleichgesetzt.

»Scientologen erheben angesichts dieser Greuel im heutigen Deutschland die Stimme. Wir können nie wieder erlauben, daß die Welt mitansieht, wie Mitglieder von Minderheiten systematisch gebrandmarkt, geächtet und vernichtet werden.«, hieß es in der ganzseitigen Scientology-Anzeige vom 22. Dezember 1994. In den Vereinigten Staaten wurde so beim uninformierten und unvoreingenommenen Leser der Scientology-Anzeige der Eindruck erweckt, daß in Deutschland Scientologen reihenweise in neue KZs gepfercht würden. – Die New Yorker Rabbiner nahmen öffentlich gegen diese Stimmungsmache seitens Scientology Stellung und verurteilten den Vergleich, den Scientology zwischen ihrer Organisation und den verfolgten Juden im 3. Reich anstellt.

Die Hubbard-Anhänger versuchten mit viel Aufwand außenpolitischen Druck auf Deutschland zu erzeugen. Die Führungsriege von Scientology International erhoffte sich sicher, dadurch auch innenpolitischen Druck auf Kritiker der Organisation auszuüben. Ich vermisse hierzulande eine ganz massive Entgegnung seitens unserer Politiker, die bislang nichts Adäquates gegen diesen infamen Vergleich unternommen haben.

»Diagnosen« von Rechtsaußen

Irgendwann fiel mir auf, daß Rechtsextremisten nicht nur die totalitäre Ideologie, sondern auch die Beanspruchung der angeblichen Opferrolle mit den Scientologen gemein haben. Gibt es da vielleicht eine Verbindung von Hubbardisten ins rechtsradikale Lager? Eine Frage, die immer wieder in meinem Hinterkopf auftauchte. Der Zufall wollte es, daß ich eines Tages Kontakt zu einem Journalisten bekam, der seit rund zehn Jahren zum Thema Rechtsradikalismus recherchiert. Wir diskutierten oft stundenlang über Parallelen in Ideologie, Vorgehensweise und Strukturen von Neonazis und Scientologen.

Beim Aktenstudium stießen wir auf interessante Fakten: Am 18. Januar 1985 schrieb die Rechtsanwaltskanzlei Blümel, Henning, Reichert und Schesack im Auftrag des »College für angewandte Philosophie, Hamburg e.V.«, wie sich damals die Scientology-Organisation nannte, an das Vereinsregister des Hamburger Amtsgerichtes. Dort ist der Verein unter der Registernummer 8069 eingetragen. Die Kanzlei von Blümel & Co. setzte sich gegen Bestrebungen der Freien und Hansestadt Hamburg ein, dem Scientologen-Verein die Rechtsfähigkeit zu entziehen. Um die angebliche Schlechtigkeit von Kritikern der Hubbard-Technologie zu belegen, fügten die Rechtsanwälte unter anderem einen vierseitigen Artikel aus der Zeitschrift »Diagnosen« vom Dezember 1982 zum vermeintlichen Beweis bei.

Nun klingt der Titel »Diagnosen« ja seriös; man könnte fast an ein Ärzteblatt denken. Doch weit gefehlt: Denn bei dieser Publikation handelt es sich um ein rechtsextremistisches und antisemitisches Machwerk, das 1987 seinen Namen in »CODE – Das andere deutsche Nachrichtenmagazin« änderte und vom Verfassungsschutz beobachtet wird.

»Die Schrift vermischt politische mit anderen Themen und versucht durch das Schüren von Angstgefühlen gezielt, ein ausländerfeindliches Klima zu erzeugen«, heißt es in dem vom Bundesinnenminister herausgegebenen Verfassungsschutzbericht 1993. Weltverschwörungstheorien, Auschwitz-Leugnung, Hetze gegen Juden und ähnliche Themen bilden den Inhalt der im Heft stehenden Artikel.

Ein Bericht aus einem solchen Blatt wird von der Rechtsanwaltskanzlei Wilhelm Blümel und Partner zur Kritikerbekämpfung verbreitet, ohne daß der Empfänger weiß, um was für eine Art Zeitschrift es sich handelt. Und eben jener Wilhelm Blümel besitzt dann auch noch die Frechheit, sich in einem Schriftsatz als »Pazifist« zu bezeichnen.

Neonazis und Scientologen benutzen gleichen »Code«

Daß die Zeitschrift »CODE« (übrigens die Abkürzung für »Conföderation organisch denkender Europäer«) bei Scientologen bekannt ist, obwohl sie längere Zeit ausschließlich im Abonnement zu bekommen war, erfuhr auch der bereits erwähnte Journalist, mit dem mich mittlerweile nicht nur berufliches Interesse, sondern auch eine Freundschaft verbindet.
Am 21. April 1995 war ich zu einem Vortrag in der vollbesetzten Aula einer Schule in Neu Wulmstorf bei Hamburg eingeladen. Im Anschluß an mein Referat versuchte ein bekennender Scientologe, den anwesenden Reporter in eine Diskussion zu verwickeln. Um Wahrheit, Informationen und Aufklärung ging das Gespräch. Unter anderem erwähnte der Scientologe dabei die Zeitschrift »CODE« sehr positiv. Vielleicht hoffte er, daß der Journalist das Blatt (Auflage: mehrere tausend Exemplare) nicht kennt und es daher falsch einschätzen würde. Doch er hatte Pech: »Ich kenne ›CODE‹. Das ist ein rechtsradikales, antisemitisches Machwerk, das eine Weltverschwörungstheorie verbreitet. Wenn Sie mir so ein Blatt als ›Künder der Wahrheit‹ verkaufen wollen, dann gibt es keinerlei Diskussionsgrundlage«, sagte der Journalist und drehte sich um.

Weltverschwörungstheorien für die Thetanen

Im »Verlag Diagnosen« erscheint jedoch nicht nur die Zeitschrift »CODE«, die mittlerweile wieder ihren Namen geändert hat und jetzt – wie ihr früherer Untertitel – »Das andere deutsche Nachrichtenmagazin« heißt und wieder im Zeitschriftenhandel erhältlich ist. In diesem Verlag erscheinen auch Bücher mit Titeln wie »Der namenlose Krieg« oder »Wer regiert die Welt?«, in denen genau wie in der Zeitschrift Weltverschwörungstheorien zum Besten gegeben werden. Des Griffin, der Autor des letztgenannten Buches hat auch das Buch »Die Absteiger – Planet der Sklaven?« geschrieben. Dies ist im Wiesbadener »Verlag für außergewöhnliche Publikationen« (VAP-Verlag) von Bruno Goll erschienen, der ebenfalls auf Weltverschwörungstheorien spezialisiert ist. Seit ein paar Jahren nennt sich VAP »Verlag für außergewöhnliche Perspektiven« und verfügt über eine »Edition ScienTerra« in der Titel wie »Scientology – Ein Handbuch für Anwender« oder »Scientology – Mehr als ein Modetrend?« erschienen sind. Auf Büchertischen gegen Scientology konnte ich schon die VAP-Broschüre »Scientology – Kirche auf Irrwegen oder Spirituelle Mogelpackung?« finden, die wegen ihres Titels für ein Kritikerheft gehalten wurde.
Wie bereits aufgezeigt, handelt es sich bei dem Verlag keineswegs um eine demokratische Anti-Scientology-Institution – im Gegenteil: Verlagsinhaber Bruno Goll ist bekennender Hubbard-Anhänger. Er gehört zu den »Squirrlers«, die die LRH-Technology anwenden, aber keine Lizenzgebühren an die Scientology-Organisation abführen. Die Abspaltung nennt sich »Freie Zone«, und Goll war Kontaktperson für deren »Newsletter ›Katalysator‹«.
Schon vorher war Goll sehr aktiv – bei Scientology. Der Gründungsname des VAP-Verlages war nämlich angelehnt an die »Institute« oder »Colleges« der Organisation: »Verlag für angewandte Philosophie«.

Rechtsextreme Drucker mit »Perspektiven«

Wer sich die »außergewöhnlichen Perspektiven« des VAP-Verlages besorgen will, der muß sich an den »VAP-Buch-Service« in Preußisch Oldendorf wenden, dessen Anschrift und Faxnummer identisch sind mit der Firma »Kölle Druck«, die nicht nur für den Hubbardisten Goll sondern auch für die Neonazi-Szene tätig ist.

Über »Kölle Druck« erfolgte zeitweise auch der Vertrieb der Zeitschrift »Die Bauernschaft« des ehemaligen SS-Mannes Thies Christophersen. Der Autor der Schrift »Die Auschwitz-Lüge« wird in Deutschland per Haftbefehl gesucht und hält sich seit Jahren in Dänemark auf.

Bis vor wenigen Jahren war unter der gleichen Anschrift in Preußisch Oldendorf außerdem der rechtsextremistische K. W. Schütz Verlag zu finden, in dem unter anderem die Nazi-Zeit verherrlichende Bücher erschienen.

Um den Bogen jetzt wieder rund zu machen: Bruno Goll war Mitte der achtziger Jahre auch für Konzept und Zeitschrift »Die Neue Zivilisation« verantwortlich, in der für rechtsradikale Verlage und Buchvertriebe sowie für die Zeitschrift und den Verlag »Diagnosen« geworben wurde.

Für die gleiche Redaktion arbeiten neben prominenten Rechtsradikalen wie Lyndon H. LaRouche auch hochrangige Scientologen.

Sie sehen, lieber Leser, Weltverschwörungstheorien und rechtsradikales Gedankengut können auch von Hubbardisten verbreitet werden, obwohl sie sich so gerne als Verfolgte und Opfer darstellen. Aber wer die Schriften der Scientology-Organisation kennt, der weiß, daß diese einer besonderen Verschwörungstheorie nachhängt. Die Psychiater seien die Wurzeln allen Übels. Die hätten »die Vernichtungspläne der Nazis in den dreißiger und vierziger Jahren angeführt« und »mit den Angriffen auf Scientology

in Deutschland« begonnen, heißt es in der Scientology-Hochglanzzeitschrift »Freiheit«, die seit Sommer 1995 überall verteilt wird.
Die Scientologen spinnen diese Verschwörungstheorie aber noch weiter. Ihre Tarnorganisationen »Friedensbewegung Europa/Aktionsbüro Bosnien-Herzegowina« und die »Kommission für Verstöße der Psychiatrie gegen Menschenrechte e.V.« (KVPM) machen für den Krieg in Bosnien ebenfalls die Psychiater verantwortlich. Als Beleg für diese gewagte These zitieren sie ausgerechnet »CODE« und die Rechtsaußen-Postille »Neue Solidarität«, die zum Netzwerk des Rechtsextremisten Lyndon H. LaRouche (»EAP«, »Bürgerrechtsbewegung Solidarität«, »Patrioten für Deutschland«, »Schiller-Institut« . . .) gehört. Autor des Artikels in »CODE« ist der »Unternehmenstrainer« und Scientologe Volker Kubillus, der ehemalige Präsident der KVPM-Landesgruppe Norddeutschland und – laut Scientology-Zeitschrift »Freiheit« – auch Leiter der KVPM Deutschland ist. Er ist »operierender Thetan«, also trainierter Scientologe.
Kubillus ist außerdem Autor des von Scientology in verschiedenen Publikationen angepriesenen Buches »Die Männer hinter Hitler«, in dem natürlich die angebliche Psychiater-Verschwörung dargelegt wird. Solch krudes Gedankengut lassen sich manche Scientologen einiges kosten: Die auf 499 Exemplare limitierte Spezialausgabe in Leder gebunden und mit Goldschnitt kostet für rund 300 Seiten 990 Deutsche Mark.

»Wir sind keine Moralisten.«

Daß Scientology augenscheinlich keine Probleme mit rechtsextremistischem Gedankengut hat, beweist auch die »Johannesburg-Confessional-Liste«. Das »Joburg-Confessional« ist die »schonungsloseste« und »wahrscheinlich die gründlichste, die wir jetzt haben«, heißt es im »HCO-RICHTLINIENBRIEF VOM 7. APRIL 1961RC, REVIDIERT AM 15. NOVEMBER 1987«. Bei dieser umfangreichen Aushorchung muß der Scientologe sämtliche private und intime Geheimnisse verraten und wird dadurch erpreßbar. Die meisten Fragen erforschen eventuelle kriminelle Taten, sexuelle Praktiken und ähnliche Dinge, mit denen sich der Antwortende ausliefert.

Frage 32 lautet: »Hast du je mit einem Mitglied einer andersfarbigen Rasse geschlafen?« und erinnerte den befreundeten Rechtsextremismus-Experten »unwillkürlich an Neonazi-Plakate mit dem Slogan ›Rassenmischung ist Völkermord‹«.

»Hattest du je irgend etwas mit Kommunismus zu tun oder warst du je Kommunist?«, wird unter Punkt 44 erfragt, und ab Frage 77 bis 80 will Scientology es dann ganz genau wissen:

»77. Was ist Kommunismus?
78. Meinst du, daß der Kommunismus einige gute Aspekte hat?
79. Warst du je Mitglied einer Kommunistischen Partei?
80. Warst du je Mitglied irgendeiner Gruppe mit ähnlichen Idealen wie die Kommunistische Partei?
81. Kennst du irgendeinen Kommunisten persönlich?«

Na, lieber Leser, erinnert Sie das nicht auch ganz stark an die McCarthy-Ära in den USA? Allerdings stammt diese Ausfragung nicht aus den Vereinigten Staaten, sondern vom »Hubbard-Kommunikationsbüro« in Groß Britannien, und Senator McCarthy (1909 – 1957) war zum Zeitpunkt der Erstherausgabe dieser Richtlinie bereits tot.

Interessanterweise werden zwar Fragen nach kommunistischen Verbindungen und Sex mit Andersfarbigen gestellt, will Scientology wissen, ob der Befragte erpreßt,

betrogen, vergewaltigt, gemordet oder Bordelle besucht hat oder Polizeispitzel war, doch Fragen in eine andere Richtung werden nicht gestellt.
Warum wird zum Beispiel nicht gefragt: Hast du schon mal einen Andersdenkenden oder Andersfarbigen beleidigt oder angegriffen? Warst du Mitglied einer rechtsextremistischen Partei? Wie bewertest du Hitler? Hast du schon mal einem Flüchtling geholfen?
Erpreßbar wäre der Scientologe hier. Ich wunderte mich zuerst über die Einseitigkeit der Fragen. Folgendes Zitat aus der Anleitung zur »Joburg-Confessional« scheint mir aber in diesem Zusammenhang sehr wichtig zu sein: »Wir sind keine Moralisten. Wir sind in der Lage, Leute zu verändern. Wir sind nicht hier, um sie zu verurteilen«, heißt es dort.
Aus dieser Aussage folgt für mich: Du wirst verändert, wie wir es wollen – auch in der politischen Gesinnung.

Vielleicht sollte sich Ignatz Bubis, der Vorsitzende des Zentralrates der Juden in Deutschland intensiv darüber Gedanken machen, welche Ideologie hinter der Scientology steht. Warum gerade Herr Bubis?
Weil es meiner Meinung nach untragbar ist, daß Herr Bubis, der einerseits die ganze Nation auffordert, gegen jeden Ansatz von faschistischen Tendenzen aufzustehen und sie zu unterbinden (was in der Durchsetzung wünschenswert wäre), andererseits gegenüber faschistoiden Ideologien wie Scientology sehr locker reagiert.
So locker, daß Ignatz Bubis sogar im September 1994 als Eigentümer und Vermieter von Immobilien, in denen zwei wichtige Scientology-Einrichtungen als seine Mieter einquartiert waren, sich darauf zurückzieht, man könne als Vermieter niemand an die frische Luft setzen, nur weil einem die Nase nicht gefällt.
Mit dem Aufstehen gegen faschistische Tendenzen hapert

es da wohl, Herr Bubis und es langt auch nicht, so zu tun, als wäre dies eine ganz »normale« Mietsache. Durch Wegschauen entstand auch das Leid der Opfer, an die Sie richtigerweise erinnern und die Sie auch in Ihrer Funktion vertreten. Für micht bedeutet »wehret den Anfängen« konsequentes Handeln.

Gratwanderung zwischen Demokratie und Kumpanei

Wenn ein Anwalt als Waffe fungiert

Eine der heikelsten Fragen, die offen ist und nicht einmal im Ansatz öffentlich zur Diskussion steht, ist die Frage, inwieweit ein Anwalt Recht nach unserem demokratischen Verständnis vertreten kann, ohne dabei zum Handlanger einer ideologisch ausgerichteten Organisation zu werden, deren Zielsetzung letztendlich die Abschaffung dieses Rechtssystems ist.

Scientology hat mehrere Gesichter – ein Gesicht zeigt ganz deutlich, daß die Organisation sich hier über ein ausgeklügeltes Marketing-Instrument so darstellt, als sei sie der Retter der Welt. Auf dieser Schiene werden auch die Rechtsstreitigkeiten ausgefochten. Das andere Gesicht ist ein Wirtschaftssyndikat, das mit eiskalter Brutalität die Marschrichtung »Kontrolle über Wirtschaftsunternehmen«, »Kontrolle über die Gesellschaft« und den daraus resultierenden Machtanspruch mit einem Heer von Tarnorganisationen durchsetzt, ohne daß die Masse der Bevölkerung es registriert. Was Scientology will, ist, daß ihre Richtlinien Gesetz werden, wie sie bereits innerhalb der Organisation als Gesetze anerkannt sind. Um das zu erreichen, müssen aber demokratische Kräfte ausgeschaltet und vernichtet werden.

Unsere Volksvertreter lassen eine solche Organisation zu? Wird damit nicht auch der Henker der Demokratie geradezu bestellt? Welche Chancen haben da noch die Bürger? Und dann sind da die Anwälte, die aufgrund ihres juristischen Know-how alle juristischen Möglichkeiten ausnützen, um der Organisation und den einzelnen Mitgliedern die Möglichkeit zu schaffen, möglichst ohne gerichtliche Blessuren die eingeschlagene Marschrichtung weitermarschieren zu können. Bereits 1986 wurde der Rechtsanwalt Morell Vannier vom Obersten Gerichtshof in Florida aus dem Anwaltstand ausgeschlossen. Er wurde beschuldigt, im Scientology-Auftrag den früheren Bürgermeister von Clearwater, Gabe Cazares, ausspioniert und sich in ein Büro der Staatsanwaltschaft eingeschmuggelt zu haben. Das Gericht ordnete an, Vannier mit sofortiger Wirkung von der juristischen Praxis in Florida auszuschließen und legte ihm die Gerichtskosten auf. »Es ist bewiesen, daß Vannier freiwillig als Spion und Agent Provokateur für die Scientology und ihre Funktionäre arbeitete, welche versucht haben, ihre Kritiker zu zerstören oder zu zermürben und daß Vannier seinen Eid gebrochen und die Regel der beruflichen Verantwortlichkeit verletzt hat«, so das Gericht. Wenn man bedenkt, daß der Rechtsanwalt auf Aufforderung der Scientology-Funktionäre nach Florida ging und sich dort eine Stellung als Referendar bei Staatsanwalt James Russell, der ein Ermittlungsverfahren wegen krimineller Aktivität der Scientology durchführte, besorgte, dann wird es Zeit, daß auch einmal gegenüber Rechtsanwälten die Samthandschuhe in der Diskussion ausgezogen werden. Durch eine Klageflut ungeahnten Ausmaßes wird versucht, Aufklärung zu verhindern.
Eine scientologische Methode, Kritiker zu diffamieren, sind »dirty tricks« (Scientology-Jargon, dreckige Tricks) und schwarze PR. Die Schriftsätze des Anwalts Wilhelm Blümel, der seit langen Jahren Scientology und einzelne

Scientologen vor Gericht vertritt, können inzwischen als Anschauungsmaterial für diese Tricks verwendet werden. Die Anwürfe der Scientology, die aus Unwahrheiten, Halbwahrheiten und Verdrehungen bestehen, müssen unter dem Gesichtspunkt der Zielsetzung der Organisation angesehen werden. Es ist über Jahrzehnte bewiesen, daß jeder, der sich dieser Scientology Organisation wegen ihrer Zielsetzungen und Machenschaften durch Aufklärung versucht, in den Weg zu stellen, einen Juristenterror ungeahnten Ausmaßes erlebt. Hier wird mit Hilfe von Anwälten, die zugelassen sind auf der Rechtsanwaltskammer, die Justiz instrumentalisiert, um Kritiker des Systems mundtot zu machen.
In dem »Staatsbürgertaschenbuch« aus dem Verlag C. H. Beck steht über Rechtsanwälte:
»... Rechtsanwälte sind die im Rahmen des Gesetzes berufenen, unabhängigen Vertreter und Berater in allen Rechtsangelegenheiten. Sie üben kein Gewerbe, sondern einen freien Beruf aus.
Der Rechtsanwalt (RA) bedarf zur Aufnahme seiner Tätigkeit der Zulassung bei einem bestimmten Gericht. Diese setzt die Befähigung zum Richteramt voraus.
... Voraussetzung zum Richteramt ist, daß er die Gewähr dafür bietet, daß er jederzeit für die freiheitlich demokratische Grundordnung i. S. des Grundgesetzes eintritt und die Befähigung zum Richteramt besitzt.«
Es gibt Anwälte, die versuchen, genau diese Diskussion zu verhindern, indem sie sich rechtfertigen, jeder habe ein Recht auf Verteidigung. Diese Diskussion wird vor allem von Rechtsanwalt Dr. Michael Scheele in München ins Feld geführt, wenn es darum geht, daß hier die Grenzen zwischen juristischem Beistand und Hilfestellung zur Durchsetzung des ideologischen Systems verwischen. In Deutschland ist einer der großen Verfechter für die Rechte der Scientology der Anwalt Wilhelm Blümel aus München.

IM NAMEN DER GERECHTIGKEIT KOMMEN ABERRIERTE LEUTE ZU UNGLAUBLICHEN UNGERECHTIGKEITEN. DER UPSTATE WIRD BESTRAFT. DER DOWNSTATE KOMMT DAVON. GERUECHTE WERDEN ALS BEWEIS ZUGELASSEN.

L. RON HUBBARD

Strei

Es kommt zwischen Geschäftspartnern manchmal vor, daß sie für eine Unstimmigkeit keine Lösung finden können.

Unser gegenwärtiges Rechtssystem bietet hier oft nicht nur *keinen* Schutz sondern schafft obendrein oftmals neues Unrecht. Abgesehen davon, daß es extrem langsam und *kostspielig* ist. Wer hat nicht schon davon gehört (oder sogar selbst erfahren), daß ein empfundenes Recht nicht einklagbar war – Rechtsanwälte und Gerichtskosten waren ganz einfach ein zu großes Risiko.

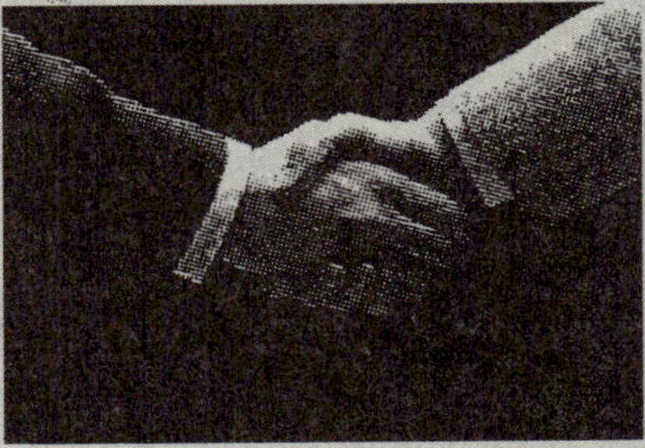

(Aus: Europa News, Die monatliche Zeitung für WISE Mitglieder, WISE, Ausgabe 2)

tigkeiten?

WISE bietet das NEUE,
zu 100% auf L. RON HUBBARD
Technologie basierende
Rechtssystem.
Es wird von Charter
Kommittees verwaltet.

Ein Charter Kommittee setzt sich aus den ethischsten WISE Mitgliedern eines Gebietes zusammen und hat u. a. die Aufgabe, für die anderen WISE Mitglieder in diesem Raum ein wirkliches ***und kostengünstiges*** Rechtssystem zur Verfügung zu stellen.

Das Rechtssystem von WISE verhindert finanziellen Schaden auf BEIDEN Seiten.

Wenden Sie sich an:

CHARTER KOMMITTEE FÜR ZÜRICH
Postfach 33 • CH-5622 Wattenschwil, Switzerland
Tel. +41 – 5722 – 6554
Fax +41 – 5722 – 7220219

CHARTER KOMMITTEE FÜR WIEN
Obere Donaustrasse 59A-1020 Wien, Österreich
Tel. 011-431-214 5250
Fax 011-431-214 6045

CHARTER COMMITTEE
COORDINATOR WISE EUROPA
Store Kongensgade 55, 1264 Copenhaben K, Denmark
Tel. (0045) 33-145 128
Fax (0045) 33-149 571

CHARTER COMMITTEE
COORDINATOR
WISE INTERNATIONAL
6331 Hollywood Blvd, Suite 701
Los Angeles, CA 90028 – USA
Tel. (213) 960-3540
Fax (213) 960-3549

TM

Die von mir selbst erlebten Auseinandersetzungen zivilrechtlicher Art haben mir nicht nur aus den Schriftsätzen gezeigt, daß die Justiz als Schlachtfeld benutzt wird, um gegen kritische Stimmen vorzugehen. Schaut man in die Unterlagen aus den siebziger Jahren, war dies damals nicht anders als heute. Die Strategien der Scientology haben sich verfeinert und den jeweiligen Bedingungen des Staates angepaßt. Nach meinem Verständnis handelt es sich bei Gerichtsauseinandersetzungen doch wohl darum, daß Recht gesprochen wird im Sinne unserer Gesetze – bis zum heutigen Tag hat kein Richter der Bundesrepublik Deutschland wenigstens ansatzweise in seiner Urteilsbegründung die Tatsache angesprochen, daß die Organisation Scientology aufgrund ihres eigenen Rechtsverständnisses in der Organisation überhaupt nicht auf dem Boden eines Rechtsstaates handelt.
Makaber wird es, wenn die Scientology mit Hilfe ihrer Anwälte – es gibt sogar Anwälte, die WISE-Lizenznehmer sind – ihre eigene Justiz dazu benutzt, um über unsere Gerichte ihr eigenes Recht durchzusetzen. Es gilt z. B. bei Scientology als Schwerverbrechen, wenn man gegen die Organisation Aussagen vor Gericht macht. Logischerweise kann kein Richter erwarten, daß ein Scientologe, der als Zeuge von der Organisation Scientology in den Zeugenstand gerufen wird, sich so äußert, daß er die Organisation belastet. Die jeweiligen Gesetze eines Landes spielen dabei überhaupt keine Rolle. Es gibt übrigens spezielle Drills, in denen Lügen gelernt wird, um bei Gericht als Zeuge für die Organisation gut dazustehen.
In unzähligen Unterlagen, die uns vorliegen, können wir beweisen, daß diese Vorgehensweise vor Gericht weltweit gleich ist und als oberste Priorität das Durchsetzen der Scientology-Strategien hat. Wir dürfen doch nicht glauben, daß die Richterkammern in United States of America gegen Scientology-Mitglieder 1977 im District of Colum-

bia in ihren Akten unter der Überschrift »Die Verschwörung« genau festhielt, a) Behinderung der Justiz, b) Behinderung von Strafermittlungsverfahren usw. Wer anders als Juristen kann in diesen Fällen behilflich sein? Wir brauchen gar nicht nach Amerika zu schauen oder 20 Jahre zurück. Wir brauchen nur nach München zu schauen, da gibt es die Einstellungsverfügung mit dem Aktenzeichen 115JS4298/84, in dem Scientologen versuchten, mit Hilfe ihrer Anwälte ein Ermittlungsverfahren gegen die aktiven Kritiker der achtziger Jahre durchzusetzen. Würde der Pfarrer Friedrich Wilhelm Haack noch leben, könnte er heute berichten über die Versuche, wie man ihn mundtot machen wollte. Aber auch Ministerialrat Klaus-Dieter Karbe hat bereits 1981 an die damalige Justizministerin geschrieben und über die Mafia-Methoden der Scientology gegen Kritiker berichtet. Genauso wie Ingo Heinemann, Ralf-Dietmar Mucha oder John Clark, Karl-Hermann Schneider. Sie alle lebende Beweise, daß auch in Deutschland die gleichen Mechanismen in den achtziger Jahren gegriffen haben wie in den siebziger Jahren in Amerika und wie jetzt in den neunziger Jahren immer noch. Immer wieder sind es Anwälte, die solche juristischen Schlachten möglich machen, immer wieder sind es Anwälte, die durch eine strategisch angelegte juristische Kriegsführung versuchen, Kritiker von Scientology zu vernichten. Aus der Anlage der Einstellungsverfügung der Staatsanwaltschaft München, in der Scientology versucht hatte, wegen § 130 (Volksverhetzung) und § 166 (Beschimpfung von Bekenntnissen, Religionsgesellschaften und Weltanschauungsvereinigungen) die damalige Kritikerszene in die Knie zu zwingen, aus dieser Anlage geht hervor, daß damals die Anwaltskanzlei Wunderlich angeheuert wurde und es üblich war, daß in fast allen Fällen die Anwälte des Klienten einen Privatdetektiv anheuern. Es steht dort »... Er kennt auch Dr. Deinlein, Rechtsanwalt in Wunderlichs Kanzlei ganz gut.« Auch der CSU-Politiker Gauweiler war in der Schußlinie der Scientologen und mußte miterleben, was hier für Hilfestellungen von Anwälten geleistet werden, um die Scientology-Zielsetzung »Vernichte Kritiker« durchsetzen zu können. Aus den Unterlagen der Staatsanwaltschaft ist ganz klar ersichtlich, daß Aktionen von Scientologen gegen Kritiker – in Koordination und Zusammenarbeit mit dem Rechtsanwalt – geplant und entsprechend durchgeführt werden.

Die Beweiskette in meinem eigenen Fall ist inzwischen über Jahre lückenlos, auch hier wird bis zum heutigen Tag versucht, über Anwälte eine Konstruktion zu schaffen, die mich zum Stolpern bringen soll. Rechtsanwalt Wilhelm Blümel sagte schon 1992, womit man rechnen muß, wenn er tätig wird. So stand in der Hamburger Presse unter der Überschrift »Sektenanwalt droht: Jetzt greifen wir an«: »Wer mir vor die Flinte kommt, kriegt so eine verbraten, daß er nicht wieder hochkommt.« So äußerte sich Rechtsanwalt Blümel, der die Scientology-Organisation in Rechtsangelegenheiten vertritt, gegenüber einem Harburger Journalisten Reinhard Schrader, der als Chefredakteur des Stader Wochenblattes über eine Anti-Scientology-Tagung der Jungen Union und den Auftritt der CDU-Bürgerschaftsabgeordneten Antje Blumenthal berichtet hatte. Hat sich etwas geändert seit 1992? Nein!

Daß gerade durch die Schriftsätze von Anwälten, die Scientology oder Scientologen vertreten, irreführende Zusammenhänge geschaffen werden, um Gerichte über die wahre Zielsetzung der Scientology zu täuschen, macht die Problematik in dieser Auseinandersetzung nicht einfacher. Aufgrund meiner Erfahrungen in den letzten Jahren bin ich inzwischen überzeugt, daß man auf der einen Seite für die Durchsetzung der Strategien und andererseits zum Kampf gegen Kritiker, die das totalitäre System Scientology bekämpfen, keinen Mitgliedsausweis der

Organisation braucht. Scientology hat inzwischen viele Kumpane, denn wie anders wäre sonst so eine juristische Schlacht gegen jeden Kritiker der Scientology-Organisation möglich?

Vertrauenspositionen

In einem Begleitbrief im IAS-Prospekt 1994 (International Association of Scientologists) steht ein Satz:
»Sie können helfen. Lesen Sie die beiliegende Broschüre und finden Sie heraus, warum *jetzt* die Zeit ist, diesen Krieg in Europa zu führen. Und warum er gewonnen werden muß – und wird.«
Knüpfen wir an die Diskussion Scientology und Rechtsanwälte an, dann muß nun auch öffentlich diskutiert werden, wie die Richtlinien der Scientology und der dazu notwendige Kadaver-Gehorsam sowie die Befehle der Organisation ins Berufsbild Steuerberater, Rechtsanwalt, Staatsanwalt, Richter, LKA-Beamter, Polizist usw. passen. Schaut man auf das Beamtengesetz oder auf die Standesrichtlinien von Rechtsanwälten oder Notaren, dann wird sehr schnell klar, daß eine große Kluft zwischen den Rechtsvorstellungen der Organisation Scientology besteht und den Vorgaben, die diese Personengruppe wie Rechtsanwälte, Notare und Steuerberater usw. aufgrund unserer demokratischen Rechtsordnung haben. Allein die Richtlinien für die Berufsausübung der Steuerberater und Steuerbevollmächtigten, festgestellt gemäß § 86 Abs. 2 Nr. 2 ESBerG, zeigen, daß ein Scientologe mit seinen eigenen Standesrichtlinien in Konflikt kommen muß. Steuerberater und Steuerbevollmächtigter sind die unabhängigen Berater und Vertreter auf allen Gebieten des Steuerrechts. So steht es in der Standesrichtlinie. Die mir vorliegenden Unterlagen beweisen, daß ein Steuerberater, der

scientologische Zielsetzungen vertritt, niemals unabhängig sein kann. Auch die allgemeinen Berufspflichten eines Steuerberaters sagen aus, daß er unabhängig, eigenverantwortlich, gewissenhaft und verschwiegen sein muß. Unter Punkt 1 steht wortwörtlich: »Sie haben sich jeder Tätigkeit zu enthalten, die mit Ihrem Beruf oder mit dem Ansehen des Berufes nicht vereinbar ist. Sie haben sich auch außerhalb der Berufstätigkeit des Vertrauens und der Achtung würdig zu erweisen, die Ihr Beruf erfordert« (§ 57 1 und 2 ESBerG). Unter Punkt 2, Unabhängigkeit, steht geschrieben: »... keine Bindungen eingehen, die Ihre berufliche Entscheidungsfreiheit gefährden könnten«. Und zu guter Letzt hat die allgemeine Berufspflicht der Steuerberater unter Punkt 4, Eigenverantwortlichkeit, festgeschrieben: »... die Eigenverantwortlichkeit erfordert, daß sich der Berufsangehörige sein Urteil selbst bildet und seine Entscheidungen selbst trifft.« Alle diese Pflichten, die mit dem Berufsstand Steuerberater verbunden sind, muß ein Scientologe permanent verwerfen und übergehen, wenn er den Richtlinien der Organisation Scientology folgt, die »Unabhängigkeit« oder »Eigenverantwortlichkeit« keinem Menschen zugestehen.
Angesichts dessen bleibt nur noch die Frage offen: Warum ist bis heute nichts passiert?

Begegnung auf der Autobahn

Eine Frau und ein Mann lernen einander kennen, sie gefällt ihm, er gefällt ihr, der Funke springt über. So haben schon viele Geschichten begonnen. Aber nicht bei allen ist die Fortsetzung die, daß die Frau dann nach einiger Zeit bei mir anruft.
Wir treffen uns zu einem Gespräch, und sie beginnt zu erzählen. Sie hat entdeckt, daß ihr Freund Scientologe ist,

und weiß nicht, was sie tun soll. Und nun hat ihr jemand gezeigt, daß der Name ihres Freundes auf der Liste der »Patrons« steht, die in meinem Buch abgedruckt ist. Darum ist sie bei mir.
Sie möchte, daß ich mich mit ihrem Freund – von Beruf ist er Steuerberater – zu einem Gespräch treffe. »Grundsätzlich ja«, sage ich, »ich glaube aber nicht, daß es was bringt.«
Das Treffen soll in einem von ihr vorgeschlagenen Hotel stattfinden. Als wir, mein Mann und ich, außerdem ein Ex-Scientologe, dort aus dem Auto steigen, sagt Paul: »Wetten, der kommt nicht.«
Paul hat recht. Wir sind noch nicht wieder auf der Autobahn, da geht auch schon das Autotelefon und die Dame, die bei uns zuhause Telefondienst macht, teilt mir mit, eine Frau habe gerufen. »Sie will die Nummer deines Autotelefons. Sie wollte dich treffen, aber sie hat sich verspätet.« »Nee«, sage ich, »gib du mir *ihre* Nummer, ich ruf sie an.«
Ich rufe an, und wer meldet sich? Der Scientologe. Ich falle gleich mit der Tür ins Haus.
»Was soll das? Wieso waren Sie nicht im Hotel?«
»Wissen Sie, es ist so, wir haben uns leider verfahren.« – »Geben Sie mir einmal Ihre Freundin.«
»Soll ich Ihnen was sagen«, frage ich, als ich sie am Telefonhörer habe. »Sie haben ihrem Freund gar nicht gesagt, daß *ich* dabei bin. Sie haben ihm nur gesagt, daß Sie sich mit einem Ex-Scientologen treffen, und erst auf der Fahrt ins Hotel haben sie ihm gesagt, die Hartwig ist auch dabei, und als er das gehört hat, ist er wahrscheinlich sofort an den Pannenstreifen gefahren, um auszusteigen und in Richtung Heimat zu laufen, stimmt's?«
Die Frau gibt zu, daß ich mit meiner Vermutung recht habe. Er sei schier in Ohnmacht gefallen, als er gehört habe, daß er drauf und dran ist, sich mit der Hartwig zu

treffen. Sich mit Renate Hartwig zu treffen, ist für einen Scientologen geradezu Hochverrat!
Mit der Drohung, sie würde mit ihm Schluß machen, hat die Frau ihren Freund dann doch noch zum Treffen mit mir überreden können.
Wir fahren zu einer etwa siebzig Kilometer entfernten Autobahnraststätte. Wieder vergeht eine halbe Stunde, wir sitzen bei Kaffee und Kuchen, lesen Zeitungen – und dann kommen die beiden.
»Als erstes möchte ich von Ihnen wissen, warum Sie hierher gekommen sind«, sage ich. »Sie wissen doch, ich bin ein ›SP‹, und Sie sind ab heute ein ›PTS‹, wenn das rauskommt, daß Sie sich mit mir getroffen haben.« Darauf sagt der Steuerberater: »Es muß ja niemand etwas davon erfahren.«
»Solange Sie mir glaubhaft versichern, daß Sie aus der Organisation wirklich rauswollen, können sie zu hundert Prozent mit meiner Unterstützung rechnen. Wenn ich aber merke, daß Sie im Grunde beides wollen: auf der einen Seite Scientology und auf der anderen Seite die emotionale Bindung zu dieser Frau, dann kann ich Ihnen gleich sagen, es gibt nur *einen* Weg.«
Er senkt den Kopf und schaut nur noch auf den Tisch wie ein verwirrter großer Junge, obwohl er über 40 ist, und mir ist klar, daß er süchtig ist nach Auditing, einem Verfahren bei Scientology, das ich der Welt größtes Ausforschungsprogramm nenne – und das bei seinem Beruf, Steuerberater, in dem Datenschutz und Diskretion das wichtigste sind.
»Ich will Ihnen etwas sagen: Sie können gar nicht mehr raus, weil Sie vollkommen von Scientology abhängig sind. Und aus diesem Grunde werde ich mich von Ihnen jetzt verabschieden. Ich wünsche Ihnen viel Glück für die Zukunft. Ich werde, wenn ich diese Geschichte veröffentliche, sie niemals mit Ihrem Namen veröffentlichen. Das

verspreche ich Ihnen. Aber ich kann Ihnen nicht versprechen, daß ich Sie, wenn Sie mir noch einmal über den Weg laufen – und zwar in Form von Negativberichten Ihrer Kunden –, daß ich Sie dann schonen werde. Denn ich muß mich entscheiden. Vielleicht brauchen die Leute, die zu Ihnen kommen, mehr Hilfe als Sie. Da Sie durch Ihre Abhängigkeit von Scientology prekäre Situationen für Ihre Kunden heraufbeschwören können.«
Drei Tage nach diesem Gespräch ruft mich die Freundin an, um mir zu sagen, sie hätte sich von ihm getrennt. Trotz schriftlicher Abmachung mit ihr sei er wieder zum Auditing gegangen, er könne ohne Auditing nicht mehr leben.

Pflichten des Beamten

Im Bundesbeamtengesetz steht unter Punkt zwei: »Der Beamte dient dem ganzen Volk, nicht einer Partei. Er hat seine Aufgabe mit voller Hingabe an seinem Beruf unparteiisch und gerecht zu erfüllen und auf das Wohl der Allgemeinheit Bedacht zu nehmen. Er muß sich durch sein Gesamtverhalten zur freiheitlichen demokratischen Grundordnung i. S. des GG (Grundgesetz) bekennen und für deren Erhaltung eintreten, bei politischer Betätigung Mäßigung und Zurückhaltung wahren.«
Sicher fragen Sie sich, was in so einem Buch die Pflichten eines Beamten zu suchen haben. Mit den hier zitierten Pflichten eines Beamten kommt ein Scientologe als Beamter schon aufgrund der Zielsetzungen und der Befehlsstrukturen der Scientology in Konflikt.
In der Ausgabe 47 der scientologischen Propagandaschrift »KSW NEWS« (steht für »Keeping Scientology Working« oder »Scientology funktionsfähig halten«) stellt die Organisation wieder einmal ihre allumfassenden Machtan-

sprüche unter Beweis. Hier wird gezeigt, wie Scientology bereits mit ihrem Zweig »Dianetik« jeden einzelnen Lebensbereich durchdringen will. Die Auflistung der verschiedenen Bereiche, in denen die Propagandaschrift versucht, die Dianetik zu etablieren oder einen etablierten Anschein zu erwecken, umfaßt beispielsweise Gerichtsdianetik.
Diese umfaßt »das Gebiet der Urteilssprechung innerhalb der Gesellschaft und zwischen den verschiedenen Gesellschaften des Menschen. Sie muß notwendigerweise die Rechtswissenschaften und ihre Kodizes umfassen und genaue Definitionen und Schlußfolgerungen formulieren, um Gerechtigkeit zu schaffen. Es ist die Wissenschaft des Urteilens«. Schaut man in diesem Zusammenhang einerseits auf das Beamtengesetz der Bundesrepublik Deutschland und betrachtet man gleichzeitig den Richtlinienbrief des Hubbard-Kommunikationsbüros vom 15. August 1960 (Abteilung für Regierungsfragen), in dem es heißt: »... Das Ziel der Abteilung für Regierungsfragen ist, die Regierung und feindliche Philosophien oder Gesellschaften in einen Zustand vollständiger Gefügigkeit mit den Zielen der Scientology zu bringen ...«, dann wird wohl die Konfliktsituation klar, in der ein Scientologe als Beamter steckt. Die in der Öffentlichkeit bereits bekannten Fälle, in denen Beamte – egal welchen Dienstgrades – versucht haben, Scientology in ihrer Behörde zu etablieren, sind keine Einzelfälle.
Vor allem der Umgang mit solchen öffentlich gewordenen Fakten zeigt mir, daß die Problematik nicht erkannt wird – oder man sich dieser Auseinandersetzung nicht stellen will. Im Februar 1995 ging eine Meldung durch die Medien, als Überschrift ist beispielsweise zu lesen: »Berliner Polizist gab Daten an Scientology weiter«. Es folgt die Geschichte des Berliner Polizisten, der Bewerbern für den Polizeidienst einen Persönlichkeitstest der Scientology

ausfüllen ließ und die Daten dann an die Organisation weitergegeben hat. Berlins Justizsprecher, Frank Tiel, erklärte gegenüber dpa, daß gegen den Mann bereits ein Amtsgericht einen Strafbefehl über 16 000 DM wegen Verstoßes gegen das Datenschutzgesetz erlassen habe. Der Beschuldigte habe Einspruch eingelegt, sei aber inzwischen vom Dienst suspendiert. Gegen ihn laufe ein Disziplinarverfahren. Über das Motiv des Beamten könne die Justiz keine Angaben machen. Den Ermittlungen zufolge habe der Polizist den scientologischen Fragebogen Bewerbern für die Polizeitechnische Untersuchungsanstalt vorgelegt, die unter anderem für die Analyse von Waffen zuständig ist. Die Bewerber hätten geglaubt, daß sie die Fragen regulär ausfüllen müßten. Die Antworten habe der Polizist an Scientology weitergegeben, wo die Angaben von einem Computerprogramm analysiert worden seien. – In welcher Form dem Einspruch stattgegeben wurde und wie das Verfahren letztendlich ausging, ist mir bis zur Drucklegung des Buches nicht zur Kenntnis gelangt.

Die Medien berichteten quer durch die Republik über den Fall. Und was passierte dann? Nichts. Denn allein durch die Information kann sich im Polizeidienst nichts ändern. An dieser Stelle muß offensive Aufklärung erfolgen, müssen die Befehlsstrukturen der Scientology-Organisation dem Beamtengesetz gegenübergestellt werden und klare Entscheidungen getroffen werden. Die zuständigen Innenminister des Bundes und der Länder haben das Thema zwar angesprochen, aber außer wachsweichen Formulierungen ist nichts geschehen. Meine Herren Innenminister, an dieser Stelle möchte ich Sie daran erinnern, daß es allein in Deutschland um 80 Millionen Bürger geht, die Ihnen über ihre Stimme die Verantwortung übertragen haben. Verantwortung, im Sinne unseres Grundgesetzes und zum Schutz der Bürger zu handeln, damit eine demokratische Rechtsordnung möglich bleibt.

Inzwischen ist mir auch bekannt, daß auffällig gewordene Beamte, die, weil sie nicht anders können und dürfen, auch innerhalb ihres Dienstes Scientology-Zielsetzungen durchsetzen wollten, versetzt oder sogar in den vorzeitigen Ruhestand »aus Gesundheitsgründen« geschickt worden sind.
Glauben Sie wirklich, meine Herren Innenminister, das sei die richtige Lösung, die richtige Präventivmaßnahme? Ich glaube nicht. Aber ich weiß, daß es innerhalb der Beamtenschaft gerade bei der Polizei – sei es nun in den Landespolizeidirektionen oder Landeskriminalämter – engagierte Beamte gibt, die in ihrer Freizeit auch darüber diskutieren, wie man mit dieser Situation innerhalb einer Dienststelle umgeht. So wie Unternehmer und Personalleiter in ihrer Entscheidung alleine gelassen werden (s. Kapitel: Die Wirtschaft im Würgegriff), so wird auch jeder Beamte in seiner Dienststelle allein gelassen – der Dienststellenleiter ebenso wie der Polizeipräsident.
Bundesarbeitsminister Blüm hat bis heute als einziger eine Entscheidung getroffen – diejenige, die aussagt, daß ein Scientologe keine Lizenz zur privaten Arbeitsvermittlung bekommt. Begründet wird dies unter anderem damit, daß wegen der Scientology-Mitgliedschaft davon auszugehen ist, daß sie die für die Erlaubnis zur Arbeitsvermittlung erforderliche Zuverlässigkeit nicht besitzen, und daß gefestigte Erkenntnisse darüber bestehen, daß sich die Mitglieder der Scientology-Organisation dieser völlig unterwerfen und – auch unter Mißachtung der Rechtsordnung – deren Ziele vorrangig verfolgen.
Wenn hier Minister Blüm zum Schutz der Arbeitsuchenden so eine Entscheidung trifft, dann sicher, weil er sich seiner Verantwortung bewußt ist. Übrigens: Wer mit Entscheidungen zögert, aus welchen Gründen auch immer, macht sich zum Kumpanen – ob er will oder nicht.

Scientology als Sicherheitsrisiko

Berlins CDU-Generalsekretär Dieter Ernst war 1971 Mitbegründer der – als eingetragener Verein firmierenden – Scientology-Niederlassung in der Hauptstadt. Dies ist nun ein Grund dafür, daß er als Kandidat für einen Posten als Staatssekretär für den Sicherheitsbereich in der Berliner Senatsinnenverwaltung Berlin nicht mehr in Frage kommt. Da es derzeit ein Problem »im Sicherheitsbereich mit Scientology« gibt und bei Dieter Ernst der Verdacht der Befangenheit sowie Erpreßbarkeit besteht, mußte der Regierende Bürgermeister seinen Beförderungsplan hinsichtlich Dieter Ernst aufgeben. Das meldete die »Welt am Sonntag« am 15. Januar 1995.
Die ganze Widersprüchlichkeit in der Auseinandersetzung um Scientology kommt hier zum Tragen. Einerseits werden in einem unendlichen Hin und Her Einzelentscheidungen getroffen, die dann in der Öffentlichkeit den Eindruck hinterlassen, daß ja was geschieht. Andererseits steht aber eine längst überfällige grundsätzliche Auseinandersetzung und eine daraus resultierende, notwendige grundsätzliche Entscheidung bis zum heutigen Tage aus.

Innenministerkonferenz ohne Folgen

»Konferenzen sind Bremsspuren der Geschichte«. Diese Aussage paßt zu der Innenministerkonferenz vom Mai 1995.
Wie kam es zu dieser Konferenz? Wenn man alle Konferenzen im Rückblick betrachtet, die zu diesem Thema schon stattfanden, und dann gegenüberstellt, mit welcher Zielstrebigkeit und Finanzkraft hier eine Organisation in alle Bereiche der Gesellschaft vordringt, dann kann man es kaum fassen. Im Januar 1992 haben mein Mann und

ich in unserer Funktion als Vorsitzende der Bürgerinitiative Robin Direkt e.V. ins Justizministerium nach Baden-Württemberg einen ganzen Berg Akten gebracht – zur Information. Wir stellten zu dieser Zeit einen Strafantrag, die Ermittlungen sind heute noch in der Staatsanwaltschaft in Stuttgart anhängig. Der damals zuständige Oberstaatsanwalt, mit dem wir sprachen, hat richtig reagiert und auf dem Dienstweg auch den Innenminister von Baden-Württemberg, damals Herr Ohnewald, informiert. Es haben mehrere Innenministerkonferenzen zu diesem Thema stattgefunden. Wie viele Konferenzen es zu diesem Thema inzwischen genau gab, kann ich nicht sagen, ich weiß aber, daß es zwei entscheidende zwischen Herbst 1994 und Mai 1995 gab.

Aus Wirtschaftskreisen ist mir bekannt, daß man gerade auf die Innenministerkonferenz im Mai 1995 sehr viel Hoffnung setzte; man erwartete, daß hier endlich eine Entscheidung getroffen wird, die auch im wirtschaftlichen Bereich als Leitfaden bei Entscheidungen gelten kann. Und was geschah? Die Innenministerkonferenz entschied, daß alle bekannt werdenden Wirtschaftsstraftaten, die in Zusammenhang mit der Scientology stehen, durch die Landeskriminalämter dem Bundeskriminalamt zur Sammlung und Auswertung übermittelt werden. Sie entschied auch die Zuständigkeit der OK (Sonderkommission Organisierte Kriminalität), aber sie sprach sich dagegen aus, daß Scientology vom Verfassungsschutz beobachtet wird.

In einem Schreiben des Innenministers des Landes Mecklenburg-Vorpommern vom August 1995 an den engagierten Pfarrer Friedrich von Kümmel in Morgenitz steht z. B.: »Da dieser Sekte jedoch keine politischen Bestrebungen zugeordnet werden können, zählt die Scientology ... nicht zu den Beobachtungsobjekten des Verfassungsschutzes.« Und er räumt ein, daß er die Besorgnis um die

Aktivitäten der Scientology Deutschland mit dem engagierten Pfarrer teilt und sowohl die ständige Konferenz der Innenminister und Senatoren der Länder als auch die Justizministerkonferenz sich in diesem Jahr erneut mit dieser Thematik befaßt haben und ebenfalls mit Besorgnis die Aktivitäten, die diese Organisation in der Bundesrepublik Deutschland entwickelt, beobachten. Natürlich könnte man jetzt sagen, eine Konferenz ist immer nur so gut wie die Informationen, mit denen sie arbeitet. Eines dürfte wohl sicher sein, die Information, daß Scientology eine Sekte sei, ist eine falsche Information. Solange eine so wichtige Konferenz von Innenministern immer noch auf der Ebene der von Scientology über Jahrzehnte falsch behaupteten »Kirchenschiene« läuft, kann natürlich niemals eine Entscheidung zum Schutz der Bürger vor Infiltration dieser Ideologie herauskommen.
Nach außen wird es immer so dargestellt, als sei Hamburg der Stadtstaat, der am meisten gegen Scientology unternimmt. In punkto Öffentlichkeitsarbeit in den Medien ist das sicher richtig, zumal der ehemalige Innensenator Hackmann den Arbeitskreis gegen Scientology dem Zuständigkeitsbereich des Innensenats zuordnete. Eine sicher richtige Entscheidung im richtigen Senat. Verwundert bin nicht nur ich, wenn hier gerade der jetzige Innensenator Hartmut Wrocklage zur Zeit keinen Bedarf dafür sieht, Scientology vom Verfassungsschutz beobachten zu lassen. Übrigens, obwohl das Bundesamt für Verfassungsschutz in Köln bereits im Jahre 1993 in einem Geheimgutachten festgestellt hat, daß nach den Plänen der Scientologen »die Voraussetzungen für eine den Vorstellungen der Scientology entsprechende Neugesellschaft geschaffen werden« sollen. Der Fraktionsvorstand der Hamburger CDU hingegen entschied, daß die Beobachtung durch den Verfassungsschutz in der Bürgerschaft beantragt werden soll. Ja, und zu guter Letzt gibt es noch den nordrhein-

Scientology-Anweisung vom 2. 11. 1970
Ausgabe II, Org Serie 12; enthält Anleitung vom 21. 9. 1958,
neu herausgegeben 10. 10. 1985

Die Theorie von Scientology Organisationen

...

Eine total demokratische Organisation hat in Dianetik und Scientology trotz all dieses Geredes über Übereinstimmung einen schlechten Ruf. Durch tatsächliche Experimente (L.A 1950) wurde herausgefunden, daß Menschengruppen, die aufgefordert wurden, aus den eigenen Reihen durch Stimme und Ernennung einen Führer auszuwählen, üblicherweise nur diejenigen auswählen, die sie umbringen würden. Sie wählen diejenigen, die von großen *Taten* sprechen und ignorieren die Schaffer. Sie scheinen ohne Ausnahme die Menschen mit durchschnittlicher Fertigkeit auszuwählen. Das ist niemals gut genug für einen Führer und die Leute leiden an seinem Mangel an Verständnis. Wenn Sie jemals Gelegenheit haben, einen Führer für Ihre Gruppe zu wählen, seien Sie nicht »demokratisch« dabei. (...) Demokratien *hassen* Gehirne und Fertigkeit. Geraten Sie nicht in dieses alte Geleise. In den U.S. Kriegen zwischen den Staaten haben die militärischen Staatsgesellschaften ihre Offiziere ausgewählt, die großen Mangel an Schlachterfolgen hatten. Letztendlich lernten sie nach zehntausenden von Gefallenen, daß Fertigkeit statt Popularität zählte. Wieso zum Gefallenen werden – lernen Sie vorher. Demokratie ist nur in einer Nation von Clears möglich – und sogar die können Fehler machen. Wenn die Mehrheit regiert, leidet die Minderheit. Die Besten sind stets in der Minderheit.

(...)

L. Ron Hubbard

westfälischen Innenminister Herbert Schnoor, ebenfalls SPD, der sich dafür ausgesprochen hat, Scientology durch den Verfassungsschutz beobachten zu lassen, um sie zu verbieten.

Ich denke, jeder Leser, der jetzt das Buch zur Seite legt und überlegt, erkennt, daß hier etwas schiefläuft, oder? Mir geht es auf jeden Fall nicht nur seit heute so.
Es ist widersinnig, daß einerseits die Parteien, zu denen auch die Innenminister gehören, einen Unvereinbarkeitsbeschluß verabschiedet haben, daß ein Scientologe nicht Mitglied einer demokratischen Partei sein kann, und andererseits die Innenministerkonferenz den Verfassungsschutz nicht mit der Beobachtung der Scientology beauftragt. Inzwischen hatte ich Gelegenheit, mit einem Verfassungsschutzbeamten über dieses Thema ein langes Gespräch zu führen. Die Kernaussage, die ich innerlich schon lange ahnte, die aber jetzt zur Bestätigung wurde, heißt: Wenn der Verfassungsschutz durch die Innenminister-Konferenz beauftragt wird, Scientology als verfassungsfeindlich eingestellte Organisation zu beobachten, dann hat der Verfassungsschutz auch die Aufgabe, diejenigen Politiker zu beobachten, die Scientology direkt oder indirekt als Kumpane unterstützen.

Wer ist ein Kumpan?

Ist ein Kumpan jemand, der aufgrund eigener wirtschaftlicher Interessen wissentlich die Organisation unterstützt? Ist es ein Anwalt, der sich anheuern läßt, um die Scientologen juristisch zu beraten und vor Gericht zu vertreten, und der weit darüber hinaus durch falschen Aktivismus Scientology-Zielsetzungen unterstützt? Oder wird man auch zum Kumpanen, wenn man sich aufgrund falscher Aufklärung instrumentalisieren läßt, oft ohne es zu wissen?
Ich meine, es gibt mehrere Fraktionen von Kumpanen der Scientology. Den Scientologen sind sicher die am liebsten, die aufgrund wirtschaftlicher und finanzieller Interessen auch in Abhängigkeit von der Organisation Scientology

geraten, denn die sind leichter zu kontrollieren. Aber dann gibt es unwahrscheinlich viele Kumpane, die vor lauter falsch verstandenem Liberalismus die Auffassung vertreten, daß jeder in einem demokratischen Rechtsstaat wohl glauben könne, was er wolle. Genau, es geht um dieses »Glauben«. Die Scientologen benutzen nämlich das Wort »Glauben« im redefinierten scientologischen Zustand, d. h., sie als Organisation Scientology glauben, einmal uns alle beherrschen und kontrollieren zu müssen. Und damit bekommen Aussagen von Scientologen einen ganz anderen Sinn; wenn Ihnen ein Scientologe einmal sagen sollte, »mein Glaube ist meine Privatsache« (derartige Sätze höre ich jede Woche unzählige Male von bei meinen Vorträgen anwesenden Scientologen), dann wird jeder aufrechte Demokrat sofort sagen, ja natürlich, laß doch den Mann, die Frau glauben, was er oder sie will. Wer aber die Redefinition der Scientologen kennt und auch die Drills, in denen scientologische Kommunikation geübt wird, der weiß sehr wohl, daß hinter dem Wort »Glauben« eben auch stehen kann, daß der Scientologe, der da als sogenannter »glücklicher Scientologe« auftritt, glaubt, daß er einmal Macht über Raum, Materie und Zeit und über alle Menschen haben wird.

Und damit kommen wir der Kernfrage schon sehr nahe. Hier wird nämlich von den Scientologen unser demokratisches Verständnis ausgenutzt, um ihre Zielsetzungen auch in die Bewußtseinsebene der Bürger zu bringen, die von vornherein einfach nicht bereit sind, sich mit sogenannten Glaubensfragen auseinanderzusetzen.

Ich weiß bis heute nicht, ob z. B. der Bürgermeister Röger von der Gemeinde Waldburg einem scientologischen Rhetoriktrick zum Opfer gefallen ist, als er informierte Bürger seiner Gemeinde beruhigte, die ihre Besorgnis äußerten über den Verkauf von Gemeindegrundstücken an die Firma IWR in Ravensburg, bei der der Immobilienmakler

Bernd Kollmus Gesellschafter ist. Die Ängste und Sorgen der Bürger wurden teilweise im Amtsblatt von Waldburg bagatellisiert, indem man darauf hinwies, daß die Baugenehmigung eine Nutzung für Tagesstätten und Verkaufsräume von Scientologen ausschließe. Es geht doch überhaupt nicht darum, ob etwas ausgeschlossen wird – hier wird doch wieder einmal am Thema vorbeidiskutiert! Natürlich ist mir klar, daß für einen Bürgermeister erst einmal andere Kriterien gezählt haben beim Verkauf eines Gemeindegrundstückes als die Ideologie, die ein Gesellschafter der Käuferfirma verfolgt. Die Gemeinde argumentierte gegenüber den Bürgern mit dem Gewinn aus dem Verkauf und versprach, man würde einen Teil davon gemeinnützig einsetzen. Darum geht es überhaupt nicht. Es geht darum, daß die von einem Scientologen, in diesem Fall Kollmus, über Investitionen, in diesem Fall Grundstückskauf, erwirtschafteten Gewinne immer von der Organisation soweit als nur möglich vereinnahmt werden. Durch Kurse, Bücher, Auditingsitzungen oder schlichtweg Spenden wird die Scientology auch von ihrem Mitglied Kollmus finanziert. Die Gelder dienen der Organisation unter anderem, um letztlich über wirtschaftliche Macht, politische Macht und Kontrolle zu erreichen. Es geht nicht um eine Rechtfertigung dieses Verkaufs den Bürgern gegenüber, sondern es geht einzig um die Diskussion, ob mit dieser jetzt schnell eingenommenen Mark nicht auch Einflüsse in die Gemeinde fließen, deren Tragweite offensichtlich nicht gesehen wurde. Die Techniken des Systems, mit denen eben in diesem Fall der Käufer Kollmus ausgebildet wurde, beinhalten äußerst aggressive Maßnahmen gegen alle, die irgendwann nicht mehr zu hundert Prozent mitspielen. Der Käufer des Gemeindegrundstückes untersteht Richtlinien, die beinhalten, daß bereits im Vorfeld einer Zusammenarbeit intensive Ausspähung und Datenerfassung bezüglich aller Personen

die, wenn auch nur am Rande oder als Mittelsmänner, interessant scheinen.
Scientology ist es übrigens egal, *wie* jemand zum Kumpan wird – ob bewußt oder unbewußt, ob mit oder ohne finanzielle Vorteile. Die Gründe sind egal, Hauptsache einer mehr, der die Zielsetzung der Scientology unterstützt. Daß man über verschiedene Interessenlagen zum Kumpanen wird, kann durch viele Beispiele belegt werden.
Ebenfalls um ein Bauvorhaben ging es in Kommern, wo der Scientologe und Möbelhausbesitzer Paul Arenz auf einem sogenannten Filetstück einen Komplex mit Wohnungen, Hotel und acht Arztpraxen bauen wollte. Am 3. 5. 1994 soll der Rat der Stadt ausnahmslos dem Baugesuch zugestimmt haben, so berichteten die Journalisten des WDR in der Radiosendung »Forum West« am 12. 1. 1995. Eine aktive Bürgerinitiative gegen Scientology formierte sich und bekam auch von uns Informationen, um auch mit Beweismitteln agieren zu können. Es gab in den Medien großen Wirbel, denn Paul Arenz hatte sogar schriftlich gegenüber der Scientology Düsseldorf seine Pläne erörtert, das geplante Bauvorhaben, eventuell als Narconon Zentrum (scientologisches Drogenprogramm) zu nutzen. Die Überraschung in Rat und Verwaltung soll groß gewesen sein, als man davon hörte. Dies wäre alles gut und richtig, wenn nicht in dieser Radiosendung durch verschiedene Interviews Hintergrundinformationen bekannt geworden wären. Denn leitende Angestellte der Stadtverwaltung hatten bereits im ersten Halbjahr 1993 Informationen über eventuelle Zusammenhänge zwischen dem Bauvorhaben »Gilsgasse« und Scientology. Diese Information sei übrigens auch dem damals amtierenden Stadtdirektor Bernhard Wachter weitergegeben worden. Und er soll sich mit der Reaktion begnügt haben: Jeder soll nach seiner Facon selig werden! Tja, Herr Wachter, wenn das Seligwerden eines Paul Arenz aber vielleicht

heißt, daß er über Scientology Macht erlangen will – auch über Sie, dann weiß ich nicht, ob dies in ihrem Sinne ist.
Über die Radiosendung wurde die Öffentlichkeit dann auch darüber informiert, daß bei einer interfraktionellen Sitzung bereits im Herbst 1993 auf den Scientology-Hintergrund von Paul Arenz hingewiesen und davor den inzwischen pensionierten Bürgermeister Peter Schüller gewarnt hatte. Der gemessen an der Größe der Ortschaft große Stil des Bauvorhabens machte den damaligen Bürgermeister stutzig. Herr Schüller berichtete außerdem von einem anderen Bauvorhaben des Paul Arenz, bei dem er von seiner eigenen Fraktion unter Druck gesetzt worden sei, damit der Plan den Rat passieren konnte. Zum Beispiel soll der Ratsherr Peter Esser, ebenfalls SPD wie der Bürgermeister, einer der entschiedensten Streiter für den Scientologen Paul Arenz gewesen sein. Obwohl Esser Kenntnis hatte von Arenz Schreiben an die Düsseldorfer Scientology Zentrale, in dem er das Kommener Bauvorhaben darlegte, half er auch nach Aussagen der Bürgerinitiativensprecher Paul Arenz in seinem Vorgehen auf vielfältige Weise. Esser soll, das sei übrigens weithin bekannt, sogar seine Verbindungen in Rat und Verwaltung genutzt haben – auffallend vor allem bei Grundstücksgeschäften. Übrigens bestritt Esser dies auch gar nicht; laut eigener Aussage verbindet ihn eine jahrelange gute Bekanntschaft mit Paul Arenz. Daß der Bruder von Herrn Esser rein zufällig auch leitender Angestellter im Möbelhaus Arenz ist, ist vielleicht zweitrangig.
Der Sprecher der Bürgerinitiative bekam von Robin Direkt Beweise, daß Arenz die Scientology-Organisation nicht nur verbal unterstützt, sondern auch finanziell und in offiziellen Werbemaßnahmen. Wie kommt es, so fragten sich viele Bürger, die die WDR-Sendung hörten, daß das Problem Arenz so lange heruntergespielt wurde, bis das Bauvorhaben genehmigt war?

Paul Arenz hat nach seinen Aussagen den Stadtdirektor darüber informiert, daß er beabsichtige, ein Haus für betreutes Wohnen zu bauen, falls sich ein Hotel nicht realisieren lasse. Es mußte erst ein Bürgerantrag kommen, damit eine Kommission aus Politik, Verwaltung und Bürgern miteinander den Fall klären sollte.
Fazit in dieser Angelegenheit:
Eine Bürgerinitiative hat wieder einmal die Aufgabe übernommen, aufzuklären, zu informieren und zu warnen. Vielleicht sollte, auch nachdem dieser Fall in der großen Öffentlichkeit vergessen wurde, einmal mehr darüber nachgedacht werden, ab wann jemand zum Kumpan des Scientology-Systems wird. Wir hoffen, daß die Bürger nicht nur in Kommern, sondern hoffentlich auch bald in anderen Gemeinden weiter gegen die Unterwanderung des antidemokratischen Scientology-Systems kämpfen. Ohne Kumpane wäre Scientology diese Art der Expansion überhaupt nicht möglich.

Der Wahnsinn hat Methode

»Wie wir die unterdrückerischen Elemente überwältigten ...«

Nehmen wir an, jemandem gelingt es ein krummes Ding zu drehen, ohne daß er von der Polizei erwischt oder von einem Gericht zur Verantwortung gezogen wird. Kann man sich vorstellen, daß er dann seine Tat an die große Glocke hängt? Wohl kaum. Der gesunde Menschenverstand wird ihm sagen, daß es nicht ratsam ist, überall herumzuerzählen, was er angestellt hat.
Anders bei Scientology: »Hallo, danke schön, merci beaucoup. Die heutige Veranstaltung wird auf der ganzen Welt, auf jedem Kontinent der Weltkugel übertragen, und ich möchte, daß Sie hier in der Schweiz jeden willkommen heißen!«
Mit diesen Worten begrüßte David Miscavige die ihm ergebenen Scientologen, die zur 6. Jahresfeier der IAS (»International Association of Scientologists« / Internationale Vereinigung der Scientologen) nach Lausanne angereist waren. Ich zitiere aus einem Mitschnitt dieser Jubelfeier, die am 5. Oktober 1990 stattgefunden hat.
»Die IAS wurde 1984 gegründet. Zu dieser Zeit sah sich Scientology auf internationaler Ebene Angriffen von un-

terdrückerischen Elementen aus den Reihen der Regierung und der Gesellschaft gegenüber«, sagte Miscavige. »Zu dieser Zeit war man sich darüber im klaren, daß die einzige Lösung dieses Problems auf lange Sicht eine riesengroße Mitgliederzahl von Scientologen auf der ganzen Welt ist.« Das Ziel dieser weltweiten Vereinigung sei es gewesen, »in einer gemeinsamen Aktion jede noch so große Menge an Unterdrückung meistern« zu können.
Miscavige wörtlich: «Was uns ebenso klar war, als wir die IAS 1984 gründeten: daß wir, um die ständigen Abwehrmaßnahmen gegen uns zu vermeiden, lieber mit viel Schwung in allen Bereichen der vierten Dynamik uns daranmachen sollten, unterdrückerische Elemente in der Gesellschaft mundtot zu machen. Dieser Plan wurde in Kraft gesetzt, und heute werden Sie von den großen Fortschritten des letzten Jahres auf diesem Gebiet hören. ... Der erste Sprecher dieses Abends wird Ihnen berichten, wie wir auf die Gesellschaft eingewirkt haben und wie wir die unterdrückerischen Elemente überwältigten, die versucht haben, uns zu stoppen. Bitte, heißen Sie Mr. Mark Rathbun willkommen.«

Wie der scientologische Geheimdienst die geplanten »Gegenangriffe« durchführt

Der ans Mikrophon gebetene Mark Rathbun beginnt seinen Vortrag und erläutert ihn anhand von Lichtbildern. »Da Scientology auf dem gesamten Erdball expandiert und Angriffe schneller und wirkungsvoller abwehrt«, erzählt Rathburn den versammelten Scientologen, habe Scientology »einen Ausweg« ersonnen und »schenkte der Säuberung der verkommenen Schandflecke, die hinter den Angriffen auf die weltweite Verbreitung stehen, mehr Aufmerksamkeit«.

Die »Aussäuberung der Fäulnispunkte in der Gesellschaft« zählt auch sonst zu den stereotypen Fomeln, mit denen Scientologen darüber belehrt werden, was ihre Aufgabe als IAS-Mitglied (Mitglied auf Lebenszeit in der International Association of Scientologists) ist, wie Marguerite Bowen, Director of Membership Services von der IAS – Saint Hill Manor, East Grinstead, Sussex, England –, in einem Brief an die IAS-Mitglieder schreibt. Doch zurück zur Jubelveranstaltung nach Lausanne, wo noch immer Mister Mark Rathbun das Wort führt.

Das Thema des Gegenangriffes sei »hier heute Abend besonders passend«, meint der Vortragende, weil Scientology »diese Gegenangriffe durch das Office of Special Affairs durchführt, indem sie sich Gruppen, bestehend aus IAS-Mitgliedern, bedienen, die sich Reformen auf gesellschaftlicher Ebene widmen.«

Diesen Satz, liebe Leserin und lieber Leser, müssen Sie sich auf der Zunge zergehen lassen. Ich fürchte, daß vielleicht viele über den brisanten Inhalt dieser Aussage einfach hinweglesen, ohne die Tragweite des Gesagten zu begreifen. Hier gibt Scientology zu, daß die OSA – also der derzeitige Geheimdienst von Scientology die von der Scientology-Führung geplanten Aktionen durchführt, und zwar mithilfe von scientologischen Tarnorgnisationen – nämlich von Gruppen, die nach außen hin scheinbar von Scientology völlig unabhängig sind und scheinbar nichts mit Scientology zu tun haben, sondern im Gegenteil Gruppen sind, die für einen Außenstehenden vielleicht sogar einen positiven Eindruck erwecken können, weil sie «sich Reformen auf gesellschaftlicher Ebene widmen«, während sie in Wirklichkeit aus IAS-Mitgliedern, d. h. aus scientologischen Befehlsempfängern bestehen, derer sich Scientology *bedient,* um ihre Ziele durchzusetzen.

Scientology ist keine Privatsache

Das Brisante daran: Hier wird unverblümt zugegeben, was Scientology sonst immer zu bestreiten pflegt: daß es sich nämlich bei solchen Aktionen um etwas handelt, was von oben geplant, befohlen und durchgeführt wird. Gerade in gerichtlichen Auseinandersetzungen argumentieren Scientologen und scientologische Anwälte gerne damit, daß Scientology eine »Privatsache« sei, und hier liefert mir der von David Miscavige in Lausanne ans Rednerpult gebetene Mark Rathbun den Beweis fürs Gegenteil!
Scientology ist *keine Privatsache.* Egal, wo ein Scientologe sich befindet und welche gesellschaftliche Stellung auch immer er bekleidet – sei es in der Wirtschaft, in der Politik, in der Kultur, in der Schule: er ist immer und zuallererst Scientologe. Das heißt, er muß in erster Linie der Organisation gegenüber loyal sein und hat die von oben kommenden Befehle zu befolgen, um die Ziele von Scientology zu verwirklichen.

Wie Scientology gegen Interpol vorging

Im Text der »Guardian Order 060971«, die in den siebziger Jahren bei einer vom FBI veranstalteten Razzia im Scientology Hauptquartier beschlagnahmt worden ist, wird ganz klar gesagt:
»Die wichtigsten Ziele, in die wir den größten Teil unserer Zeit investieren müssen, sind:

(T1) Die Popularität des Feindes bis zum Punkt der Auslöschung verringern.
(T2) Kontrolle übernehmen oder Verbündung sichern mit den Köpfen oder Besitzern aller Nachrichtenmedien.
(T3) Kontrolle übernehmen oder Verbündung sichern mit politischen Schlüsselfiguren.

(T4) Kontrolle übernehmen oder Verbündung sichern mit jenen, die internationale Finanzen regeln.«

Daß die Aktionen der Scientology gegen ihre Gegner von langer Hand geplant sind, kann man ebenfalls anhand des Mitschnittes dieser 6. Jahresfeier der IAS vom 5. Oktober 1990 in Lausanne sehen. Stichwort »Interpol« und Stichwort »IRS« (Internal Revenue Service – so heißt die amerikanische Steuerbehörde).
»Ich werde Ihnen nun etwas über unsere Fortschritte erzählen«, kündigt Rathbun an. Ein Netzwerk von Gruppen, »die sich Reformen auf gesellschaftlicher Ebene widmen« und im übrigen von Scientology »gesponsert werden«, genannt »The National Commission on Law Enforcement and Social Justice« (Landesweite Kommission für die Durchsetzung des Gesetzes und sozialer Gerechtigkeit), habe in den letzten Jahren »intensive Nachforschungen« über Interpol betrieben, sagt er. Das Ergebnis: eine mithilfe einer »Sonderspende« von IAS finanzierte Broschüre, die in einer Auflage von 100 000 Exemplaren gedruckt wurde. Ihr Titel: »INTERPOL – Private Group, Public Menace – A Police Organisation involved in Criminal Activities«. Auf deutsch: »Interpol – Private Gruppe – Öffentliche Gefahr – Eine Polizeiorganisation ist in kriminelle Machenschaften verwickelt.«
In dieser Broschüre wird behauptet, Interpol habe einen »faschistischen Ursprung« und sei dazu benutzt worden, »prominente Juden zur Hinrichtung während des Zweiten Weltkriegs einzufangen«, und werde »bis heute« benutzt, um »den Drogenschmuggel in Pakistan und Südamerika zu fördern«. Mit einem Wort: es wurden angebliche »kriminelle Machenschaften« in die Welt gesetzt, um Interpol in der Öffentlichkeit – insbesondere in den Augen der staatstragenden Politiker – zu diskreditieren.
Scientologe Rathbun im Original-Ton: »Diese Broschüren

werden an jedes Staatsoberhaupt, jedes Parlamentsmitglied und jeden Abgeordneten der ganzen Welt verschickt.« Triumphierend zeigt er den versammelten IAS-Leuten Dias mit Belegen für die Wirkung, die diese Schwarze Propaganda bis zum damaligen Zeitpunkt bereits gezeitigt hat: »Hier können Sie Pressestimmen über die Verhaftungen sehen, außerdem eine Fotografie eines Mannes im Gefängnis, der der frühere Chef von Interpol Mexiko war.«

Scientologys Kampf gegen die Finanzbehörde

»Die zweite Gruppe, über die ich Sie heute informieren möchte, hat ihr Hauptquartier in den Vereinigten Staaten. Sie hat mehr als 120 000 Angestellte. Sie ist viermal größer als die CIA und das FBI zusammen ...« Mark Rathbun spricht von der amerikanischen Finanzbehörde IRS (Internal Revenue Service). Auch in diesem Fall ist Scientology so vorgegangen, daß sie eine dieser Gruppen ins Leben rief, »die sich gesellschaftlichen Reformen widmet«. Ihr Name: »National Coalition of IRS Whistleblowers« (Landesweiter Zusammenschluß derjenigen, die die IRS zurückpfeifen).

Die Methode war ganz einfach. Scientology war bereit, Schmiergeldprämien bis zu 10 000 Dollar für jeden IRS-Angestellten zu zahlen, der Belastungsmaterial gegen die Behörde, in der er angestellt war, erbrachte.

Wer gemeint hätte, so etwas komme höchstens in schlechten Kriminalromanen vor, der wurde vom offenherzigen Bekenntnis des Mister Rathbun am 5. Oktober 1990 eines besseren belehrt. Rathbun erzählte in Lausanne von einer Broschüre, die in tausenden von Exemplaren an IRS-Angestellte verteilt wurde und in der »bis zu 10 000 US-$ Belohnung für denjenigen geboten werden, der genügend

Beweismaterial beibringt, um gerichtlich gegen die Verantwortlichen des IRS vorgehen zu können.«
Die Folgen dieser über das »Office of Special Affairs«, also den scientologischen Geheimdienst, abgewickelten Aktion, sind in der Zwischenzeit bekannt. Scientology ist es in der Tat gelungen, den IRS mit solchen Methoden in die Knie zu zwingen und den Status der Gemeinnützigkeit zuerkannt zu bekommen.
Wie jubelte Mark Rathbun vor David Miscavige und all den anderen Scientologen bei dieser Tagung in Lausanne? – »Wir gewinnen Schlacht um Schlacht.« Und was kündigte er für die Zukunft an? – »Wir werden damit fortfahren, die offensiven Aktivitäten an all diesen Fronten, genau wie LRH im HCO Richtlinienbrief niederlegte, zu verstärken.«
Ich kann allerdings nur sagen – und alle Menschen, denen an der Bewahrung der Freiheit und der demokratischen Grundrechte liegt, werden mir beipflichten: Das kann und wird nicht geschehen!

Verstrickung in kriminelle Aktivitäten

Ein am Bezirksgericht der Vereinigten Staaten von Amerika für den Bezirk Columbia verhandelter Fall gegen zwei führende Scientologen läßt die Kriminalität erkennen, die hinter dem System Scientology steckt. Warum es mir so wichtig ist, mich mit diesen Geschichten aus den siebziger Jahren zu beschäftigen? Weil ich meine, daß auch die Vergangenheit die Gegenwart erklärt. Es geht sicher nicht um diese Personen, die damals nachweislich bestimmte Straftaten verübt haben und dafür verurteilt wurden; es geht auch nicht darum, was diese Leute heute machen oder ob sie überhaupt noch bei Scientology sind. Sondern es geht darum, die Struktur zu erkennen, die hier sichtbar wird.

Nur wenn man die Geschichte der Scientology aufarbeitet, kann man ihre Gegenwart verstehen und verhindern, daß sie ihre Ziele in der Zukunft erreicht. Tatsache ist jedenfalls, daß nach dieser großen gerichtlichen Auseinandersetzung das »Guardian Office« aus PR-Gründen aufgelöst wurde und durch die Abteilung OSA (»Office of Special Affairs«) ersetzt wurde – sozusagen nach dem Motto: die Bösen sind weg, wir sind jetzt sauber und gehen einen neuen Weg! Wenn man aber die OSA-Aktivitäten unter die Lupe nimmt, zeigt sich, daß die Vorgehensweisen auch heute noch immer exakt dieselben sind wie damals. Das heißt, die Strukturen, die zu diesen kriminellen Aktivitäten geführt haben, haben sich nicht verändert. Verändert haben sich nur die Gesichter der Führer. Der damalige Führer hieß L.Ron Hubbard, heute heißt er David Miscavige.
38 eng beschriebene Seiten lang ist der mir in deutscher Übersetzung vorliegende »Schriftsatz zum Strafurteil der Vereinigten Staaten von Amerika« mit dem Aktenzeichen Nr. 78-401 (2) & (3). Es geht um diverse kriminelle Aktionen, die – wie die gerichtlichen Ermittlungen ergaben – im Auftrag des scientologischen Geheimdienstes begangen wurden.
»Die Angeklagten Jane Kember und Morris Budlong wurden beide nach dem Schwurgerichtsverfahren für schuldig befunden, in neun Fällen Einbrüchen zweiten Grades Vorschub geleistet zu haben. Das Beweismaterial, das der Jury zur Urteilsfindung diente, hat gezeigt, daß die Angeklagten in den Jahren 1973 bis 1976 das Begehen von unverschämten, systematischen und andauernden Einbrüchen in Büros der Regierung der Vereinigten Staaten angeordnet haben. Der Zweck war, aus diesen Büros alle Dokumente zu rauben, die für die von ihnen geführte Organisation von Interesse waren – für das Guardian Office, um eine völlige Steuerbefreiung sicherzustellen und um den Gründer der Scientology, L.Ron Hubbard zu schützen.«

Und dann kommen die Einzelheiten: »Diese Verbrechen schlossen ein: Infiltration und Dokumentendiebstahl bei einer Anzahl von privaten, staatlichen und Weltorganisationen, Kanzleien, Redaktionen und Einzelbürgern; die Durchführung von Hetzkampagnen und grundlosen Gerichtsverfahren aus dem alleinigen Grund, Einzelbürger zu zerstören, die ihre Rechte auf freie Meinungsäußerung gemäß dem ersten Verfassungszusatz hatten geltend machen wollen; das Intrigieren gegen Einzelbürger, die Kritik an Scientology geäußert hatten, einschließlich der Dokumentenfälschung, die zur Anklage gegen mindestens eine unschuldige Person geführt hat; und Verletzung der Bürgerrechte von prominenten Einzelbürgern und Beamten«.
Im Schriftsatz wird sodann eine Reihe von Beweisen aufgelistet und ausgewertet – immer fein säuberlich versehen mit Datum und Beweisstücknummer.

»Sie glaubten, sie hätten einen Freibrief, um die Rechte anderer zu verletzen ...«

Ein wichtiger Aspekt ist ferner, »daß die Angeklagten ihre überführten Mitangeklagten und ihre nicht mitangeklagten Mitverschwörer sich ebenso wie die Organisation als über dem Gesetz stehend« betrachteten. »Sie glaubten, sie hätten einen Freibrief, um die Rechte anderer zu verletzen. ... Die Angeklagten und ihre Helfer haben bösartige Verleumdungskampagnen initiiert, Falschaussagen über sie verbreitet, in denen sie Feinde der Scientology gesehen hatten, um sie zu diskreditieren und in einigen Fällen, um sie ihre Anstellungen verlieren zu lassen.
Ihre Zielscheiben umfaßten unter anderem
- den amerikanischen Ärzteverband (American Medical Association, AMA), welcher die ›Dianetik‹-Praktiken der Scientology als ›Quacksalberei‹ gebrandmarkt hatte;

- das Büro für bessere Geschäfte (Better Business Bureau, BBB), welche auf Anfragen von Einzelbürgern über von Scientology angebotene Kurse hatte antworten wollen;
- Zeitungen, die einfach versucht hatten, Neuigkeiten weiterzugeben und die Öffentlichkeit zu informieren;
- Kanzleien, die Einzelpersonen und Organisationen gegen Scientology vertreten hatten, nachdem Scientology Klagen gegen sie angestrengt hatte (oft zum alleinigen Zweck der Belästigung);
- Einzelbürger, die ihre Rechte gemäß dem Ersten Verfassungszusatz geltend gemacht hatten, Organisationen zu kritisieren, deren Taktiken sie verurteilten; und
- Beamte, die ihre Pflicht ausüben wollten, für die sie ordentlich und unparteiisch gewählt und eingesetzt worden waren.«

»Für diese Angeklagten und ihr Gefolge wurde jeder, der nicht mit ihnen in Einklang stand, als Feind betrachtet, gegen den das sogenannte ›Freiwild-Gesetz‹ angewandt werden konnte. Diese Doktrin sieht vor, daß jeder, der als Feind von Scientology oder als ›Unterdrückerische Person‹ betrachtet wird, von jedem Scientologen seines Eigentums beraubt oder möglicherweise verletzt werden kann, ohne daß der Scientologe belangt wird. Er darf geprellt, verklagt, belogen oder zerstört werden.«
Weitere Ziele der geheimdienstlichen Aktivitäten von Scientology waren Prominente (unter anderem kam auch Frank Sinatra dran!) sowie staatliche und lokale Regierungsstellen, kritische Zeitungen und die Vereinten Nationen.

»Verbrechen von unerhörter Tragweite und Umfang«

Am Schluß des Schriftsatzes heißt es: »Die von diesen Angeklagten verübten Verbrechen sind von unerhörter Tragweite und Umfang. Kein Bauwerk, kein Büro, kein Schreibtisch und kein Aktenschrank waren vor ihrer Neugier und ihrem Schnüffeln sicher. Keine Privatperson und keine Organisation waren geschützt vor ihrem verächtlichen Intrigenspiel und ihrem verdrehten Verstand.
Ihr Handwerkszeug waren Miniatursender, Dietriche, Geheimcodes, gefälschte Ausweise und alle anderen Vorrichtungen, die sie zur Durchführung ihrer abscheulichen Intrigen für notwendig hielten. Es ist von Interesse, daß der Gründer ihrer Organisation, der nicht mitangeklagte Mitverschwörer L. Ron Hubbard in seinem Wörterbuch namens ›Modernes Management Technologie definiert‹ schrieb: ›Wahrheit ist, was für Dich wahr ist‹ und daß ›illegal‹ das sei, was ›Statistiken und Richtlinien widerspricht‹ oder was einem ›anerkannten Programm‹ entgegensteht. Somit konnten sie mit dem Segen des Gründer/Commodores böswillig Verbrechen begehen, solange sie im Interesse der Scientology handelten.
Diese Angeklagten belohnten kriminelle Handlungen, die erfolgreich durchgeführt wurden und tadelten diejenigen scharf, die fehlschlugen. Die Regeln menschlichen Verhaltens in solchen Praktiken stellen nicht weniger dar, als die völlige Verdrehung jedes bekannten ethischen Wertesystems.«
Das ist für mich der eigentliche Wahnsinn, und er hat Methode.

Machen wir ein Rollenspiel

Als ich daranging, dieses Kapitel über das systematische, auch kriminelle Vogehen von Scientology zu schreiben und auf dem Schreibtisch die Berge von Unterlagen aus unserem Beweismittelarchiv zu sichten begann, kam mein Mann Paul dazu.

»Wie geht's?« fragte er.

»Ich bin noch immer am Anfang«, erwiderte ich. »Ich weiß nicht, wie ich das Ganze so auf die Reihe kriege, daß der Leser die wirkliche Brisanz dieses Themas mitbekommt. Denn es genügt ja nicht, eine Horrorstory um die andere hinzuknallen, bis der Leser am Ende vor lauter Bäumen den Wald nicht mehr sieht. Es geht ganz einfach darum, daß jeder kapiert, welches System dahintersteckt: daß hier nicht irgendwelche peinliche und bedauerliche Ausrutscher passieren, sondern daß eine solche Organisation mit einer solchen Ideologie gar nichts anderes will, als planmäßig diesen Weg zu beschreiten, um ihre Ziele zu erreichen.«

»Genau«, sagte Paul. »Wie es in Shakespeares ›Hamlet‹ heißt: Ist es auch Wahnsinn, so hat es doch Methode!«

»›Der Wahnsinn hat Methode‹ wäre übrigens eine gute Überschrift über das Kapitel«, meinte ich.

Da hatte Paul noch einen anderen Einfall. »Weißt du was, machen wir ein Rollenspiel!«

»Was für ein Rollenspiel?« fragte ich.

»Spielen wir die folgende Situation durch. Zwei alte Freunde treffen sich wieder. Der eine kommt in einer Luxuslimousine angefahren. Anzug aus feinstem Tuch, exquisitestes Outfit, teure Uhr am Arm, die Brille ein Unikat, Schuhe vom Chefdesigner gefertigt und weiß der Kuckuck was noch alles für Pi-pa-po. Und der andere kommt in ausgebeulten Turnschuhen angelatscht. Abgehalftert, heruntergekommen – der totale Looser-Typ. Es gibt einen

Erfolgreichen, den nennen wir jetzt für dieses fiktive Rollenspiel Hans – dann gibt es den Verlierer, der heißt in diesem Rollenspiel Peter.«

»Und welche Szene stellst du dir vor?«

»Sie treffen sich, wie gesagt, nach vielen Jahren wieder. In ihren jüngeren Jahren waren alle beide aufstrebende Unternehmer. Jung, dynamisch, auf der Überholspur des Lebens. Und jetzt? Der eine offensichtlich komplett abgestürzt, der andere immer noch ganz oben.«

»Wieso?«

»Damit beginnt schon das Rollenspiel. Hans kommt mit der Nobelkarosse angerauscht, sieht seinen alten Freund nach soundso vielen Jahren wieder und merkt, der ist in der Gosse gelandet – und jetzt will er natürlich wissen, wieso.«

Zwei alte Freunde treffen sich wieder

Peter: »Wieso ich in der Gosse gelandet bin? Ach weißt du, ich habe Pleite gemacht. Die Steuer hat mich aufgefressen, die Bankschulden wurden immer größer, die Auftragslage war auch nicht mehr das, was sie einmal war. Die Unternehmensberater komplette Nieten. Gerade noch eineinhalb Jahre, daß ich mich über Wasser halten konnte, dann war die Firma den Bach hinunter.«

Hans: »Ich stand auch kurz davor, Pleite zu machen. Doch dann kam mir ein rettender Gedanke, und jetzt geht's meiner Firma wunderbar. Ich kann es mit jeder Konkurrenz aufnehmen. Ich hab nämlich die Gesellschaftsform meiner Firma geändert.«

Peter: »Was heißt Gesellschaftsform geändert?«

Hans: »Ich habe meine GmbH eines schönen Tages ›Kirche‹ genannt.«

Peter: »Kirche?«

Hans: »Ja. Kirche. Ganz einfach.«

Peter: »Du spinnst. Mit Religion hattest du doch früher nie was am Hut.«

Hans: »Hab ich auch jetzt nicht. Aber du mußt wissen: Kirche ist kein geschützter Titel. Während ich bei einer GmbH die Bilanzen offenlegen muß, im Handelsregister eingetragen bin und jede müde Mark nachvollzogen werden kann, hab ich ganz einfach eine neue gewählt: Kirche – und mir geht's blendend.«

Peter: »Du hältst mich wohl für bescheuert oder was? Man kann doch nicht seine Firma so mir nichts dir nichts ›Kirche‹ nennen.«

Hans: »Doch.«

Peter: »Du willst mich vergackeiern.«

Hans: »Überhaupt nicht, mein Lieber. Ich sag dir, wie es ist. Ich hab mein Unternehmen einfach als eine ›Kirche‹ bezeichnet.«

Peter: »Wenn das so einfach wäre, wie du sagst, dann ...«

Hans: »Es ist so einfach. Wenn ich's dir sag!«

Peter: »... dann könnte das im Grunde doch jeder machen.«

Hans: »Ich kann dich beruhigen. Das macht nicht jeder, das machen nur die besonders Cleveren.«

Peter: »Du willst mir doch nicht einreden, daß das funktioniert.«

Hans: »Klar funktioniert es. Du siehst es doch an mir. Meine Angestellten sind keine Mitarbeiter mehr, sondern Kirchenmitglieder. Daher brauche ich sie nicht zu bezahlen, denn sie arbeiten ja ehrenamtlich. Und weißt du, was noch sehr praktisch ist? Ich kann mich auf die Religionsfreiheit berufen, und wenn mich irgendwelche neidischen Konkurrenten angreifen, dann ruf ich die UNO-Menschenrechtskommission an, und meine PR-Leute sorgen dafür, daß in allen wichtigen Zeitungen geschrieben wird: Sind wir schon wieder so weit, daß man wegen seiner religiösen Überzeugung verfolgt wird?!«

Peter: »Du sagst, du zahlst deinen Angestellten keine Löhne und Gehälter ...«

Hans: »Und die Beträge für Krankenkasse und Sozialversicherung erspar ich mir natürlich auch.«

Peter: »Aber deine Angestellten, was sagen die? Die haben dir doch längst gekündigt, gib's zu.«

Hans: »Warum sollten sie?«

Peter: »Die können doch nicht einmal mehr ihre Wohnungsmiete bezahlen, wenn du sie nur noch um ›Gottes Lohn‹ arbeiten läßt.«

Hans: »Die brauchen auch keine Wohnungsmiete mehr zu bezahlen. Die wohnen bei mir. Ich habe ein altes leerstehendes Mehrfamilienhaus gemietet. Das ist wie ein Kloster. Dort können sie schlafen. Die Zimmer sind karg eingerichtet, mehr ist auch nicht notwendig. Die Leute kommen sowieso nur zum Schlafen hin. Ich hab sie nämlich dazu gebracht, daß sie von frühmorgens bis spätabends für mich arbeiten.«

Peter: »Also wenn ich dir vieles glaube, aber das glaube ich dir nicht. Jetzt hast du dich nämlich entlarvt. Jetzt merkt auch der Dümmste, daß das eine Geschichte ist, die bloß in deiner Einbildung existiert. Was du mir da erzählst, ist kompletter Unsinn. Das würde ich nicht einmal einem Science-Fiction-Schreiber als Roman abkaufen.«

Hans: »Wieso?

Peter: »Weil kein Mensch so blöd ist, so etwas zu tun. Deine Angestellten müßten doch komplett hirnverödet sein, wenn sie für dich malochen, ohne daß sie selber was davon haben.«

Hans: »Sie tun's aber. Und zwar freiwillig. Und außerdem – du brauchst nicht zu glauben, daß sie nichts davon haben. Ich gebe ihnen genau das, was sie sich wünschen.«

Peter: »Ja ja, sie wünschen sich wohl, daß du sie gnadenlos ausbeutest oder was!«

Hans: »Paß auf, mein Lieber, ich will dir was sagen. Weißt du, was du tun mußt, wenn du auf möglichst einfache Art und Weise möglichst viel Geld verdienen willst? Du mußt eine Religion gründen. Verkauf den Leuten ganz einfach ihre eigenen Sehnsüchte, und du wirst sehen, wie sie zahlen, zahlen und zahlen. Versprich ihnen, daß sie todsicher zum großen Durchblick kommen, wenn sie bei dir einsteigen. Gib dir einen seriösen Anstrich, mach ein bißchen in wissenschaftlich. Tu so, als würde hinter deiner Geldgier eine durchdachte Philosophie stehen. Am besten, du machst mit den Leuten einen Test.«

Peter: »Was für einen Test?

Hans: »Einen Persönlichkeitstest. Egal, was sie auf den Fragebogen für Antworten draufschreiben, am Schluß kommt raus, daß sie arme Würstchen sind. Und das sind sie auf alle Fälle. Glaub mir, die Welt wimmelt von armen Würstchen, die alle der Superman werden möchten. Verkauf ihnen ihre Sehnsüchte, und zwar scheibchenweise. Immer so, daß sie glauben, sie hätten schon, was sie wollen, und daß sie aber doch noch mehr davon brauchen. Und immer mehr. Wie bei einer Droge. Es war nicht der dümmste, der gesagt hat: Religion ist Opium für das Volk. Wenn du nach diesem Rezept vorgehst, werden sie dir nach und nach alles geben, was sie haben: ihr Geld, ihren Besitz, ihre letzten Reserven – und dann natürlich noch alles, was sie sonstwie zusammenkratzen können. Alles Geld, das sie ihren Angehörigen und Freunden rauslocken oder bei Banken und Firmen herausholen können. Und das Finanzamt hat zweimal das Nachsehen. Denn was die anderen nicht mehr haben, können sie auch nicht versteuern – und du als ›Kirche‹ zahlst auch keine Steuern, denn du bist doch gemeinnützig!«

Peter: »Eins noch. Du hast vorhin gesagt, du bezahlst kei-

ne Beiträge für Krankenkasse und keine Sozialversicherung – was machst du, wenn einer krank wird? Wer zahlt dann die Krankenhauskosten?«
Hans: »Ein gutes Kirchenmitglied wird nicht krank.«
Peter: »Und die Alten?«
Hans: »In meiner Kirche gibt's keine Alten.«
Peter: »Wie soll ich das verstehen?«
Hans: »Wie ich es sage. Es gibt keine Alten. Alte und Kranke haben keinen Platz in meiner Kirche.«
Peter: »Für die muß dann wohl der Sozialstaat aufkommen?«
Hans: »Sehr richtig.«
Peter: »Das heißt, du läßt die anderen für das zahlen, was du dir ersparst.«
Hans: »Ganz schön clever von mir, nicht wahr? Ich sehe, du hast es erfaßt. Aber ich kann dich trösten. Es landen nicht alle produktionsunfähig gewordenen Alten und Kranken im sozialen Netz des Staates. Wer nicht mehr leistungsfähig ist, weiß, was er zu tun hat.«
Peter: »Was soll das heißen?«
Hans: »Ein gutes Kirchenmitglied entsorgt sich selbst.«
Peter: »Was heißt entsorgt sich selbst?«
Hans: »Selbstmord. Ist ja weiter nicht schlimm. Denn die Wiedergeburt zählt auch zu den Dingen, die ich in meiner Kirche verkaufe. In meiner Kirche wird man Mitglied für mindestens eine Million Jahre.«
Peter: »Und es gibt keinen, dem es auffällt, daß du den Staat und die Kirche und die Gesellschaft, ja im Grunde die ganze Menschheit verarschst?«
Hans: »Natürlich gibt's sogenannte Kritiker, aber mit denen bin ich bisher immer noch fertig geworden.«
Peter: »Wie denn?«
Hans: »Ich hab da schon so meine Methoden.«
Peter: Aber das, was du machst, ist doch kriminell.«
Hans: »Kann schon sein, daß es nach den Gesetzen des

Rechtsstaats kriminell ist, was ich mache. Aber *meine* Gesetze sind nicht eure Gesetze, und *meine* Ethik ist nicht eure Ethik.«

Peter: »Und was ist, wenn dich jemand bei Gericht verklagt?«

Hans: »Dann hab ich auch meine bewährten Methoden. Außerdem bin viel häufiger *ich* es, der klagt. Anklagen ist besser als angeklagt werden. Meist klage ich auch gar nicht, um zu gewinnen, sondern um den Gegner zu zermürben. Ich beschäftige ein Heer von Anwälten, die nichts anderes tun, als einen Schriftsatz nach dem anderen zu verfassen. Was meinst du, was sich so ein Richter denkt, wenn er einen 150 Seiten langen Schriftsatz lesen muß? Dem kommt schon das Kotzen, wenn er das Ding auf seinem Schreibtisch liegen sieht.«

Peter: »Und mir kommt das Kotzen, wenn ich dich noch länger von deiner beschissenen ›Kirche‹ reden höre!«

Der Wahnsinn hat Methode

Ich kann es in meinen Vorträgen und in den Diskussionen, die ich führe, nicht oft genug betonen: Scientology ist keine Kirche. Mit dem gleichen Recht könnte sich die Mafia eine Kirche nennen. Wenn ich sehen muß, daß noch immer so viele Leute das Märchen glauben, Scientology sei eine »Kirche« oder eine »Sekte«, ist das für mich nur ein Zeichen dafür, daß hier jahrzehntelang versäumt wurde, eine konsequente Auflärungsarbeit zu leisten. Andererseits entsteht durch beharrliche Wiederholung einer Fiktion in den Köpfen der Leute allmählich der Eindruck, da sei vielleicht doch was dran. Das wissen auch die Scientologen. Nicht umsonst hat – wie ich von amerikanischen Aussteigern weiß – eines der Trainingsprogramme, mit denen die Hubbardschen PR-Leute geschult werden, das Thema:

»Wie man einen Anschein von Religion schafft«. Und das wußte auch schon der NS-Propaganda-Chef Joseph Goebbels, der gesagt hat: »Erzähl hundertmal eine Lüge, und sie wird zur Wahrheit.«
Die Lüge, Scientology sei eine »Kirche«, ist der Schleier, hinter dem verborgen werden soll, was diese Organisation in Wahrheit ist. Wenn man sich den Organisationsplan von Scientology ansieht, ist ganz klar ersichtlich, daß es sich um eine weltweit straff strukturierte Organisation handelt. Der Kopf, der die Fäden zieht und die Befehle gibt, sitzt in Amerika. Das heißt, auch wenn z. B. einer in München bei Scientology ist, die hier in Deutschland als eingetragener Verein fungiert, ist er trotzdem ein Befehlsempfänger. Die Befehle kommen aus Amerika, es gibt sehr viele Zwischenstellen, die die Befehle weitergeben, und es gibt auch Kontrollstellen für die Befehle.
Wenn man das einmal begriffen hat, muß man in der Konsequenz auch begreifen, daß es wenig Sinn hat, sich nur mit den Einzelschicksalen von scientologygeschädigten Personen zu befassen, ohne die Sache gesellschaftspolitisch anzugehen. Wir von der Schutzgemeinschaft Robin Direkt haben diese Konsequenz gezogen. Darum haben wir auch beschlossen, daß wir nur noch mit Kritikern zusammenarbeiten können, die uns nach vorne bringen in diesem Thema und die nicht stagnieren.

Der Horror, den nur die Insider kennen

Kriminalisierung von Mitgliedern

Es gehört zur Strategie von Scientology, ihre Mitglieder systematisch zu kriminalisieren. Warum eigentlich? Die Antwort ist ganz einfach: Um sie in der Hand zu haben. Um sie erpreßbar zu machen. Um ihnen das Aussteigen unmöglich zu machen oder zumindest erheblich zu erschweren.

Vor mir liegt eine Eidesstattliche Erklärung, die Margery Wakefield am 13. April 1990 in Florida gemacht hat. Sie ist geradezu ein Musterbeispiel dafür, wie Scientology ihre Mitglieder kriminalisiert.

»Wenn man in der Scientology in Schwierigkeiten mit den eigenen Vorgesetzten kommt«, gab Margery Wakefield zu Protokoll, »und nicht so viel arbeitet, wie dieser will (d. h. wenn die Statistiken nicht hoch genug sind), dann wird einem ein ›niedriger Zustand‹ ausgesprochen. Um aus diesem herauszukommen, muß man einem Feind der Gruppe einen Schlag versetzen. In meinem Fall wurde ich darin ausgebildet, wie ich in Gebäude einbrechen könne; ich sollte in Gebäude der Amerikanischen Psychiatervereinigung (»American Psychiatric Association«) in Washington D.C. einbrechen und dort Dokumente stehlen, die die

Scientologen wollten; das tat ich auch. In einem anderen Fall wurde mir beigebracht, wie ich vor Gericht falsch aussagen sollte. Ich sollte als Zeuge in einem Fall aussagen, wo es sich um einen Richter drehte, und ich wurde darin trainiert, was ich zu sagen hätte. Als ich dies hinterfragte, sagte man mir, es sei für das ›größte Wohl‹. In anderen Worten war es für das Wohl von Scientology.«
Wakefield arbeitete auch als Agentin für den scientologischen Geheimdienst. Im Auftrag des Geheimdienstes mußte sie »die Auditingakten eines Mannes durcharbeiten, der sich abgewendet hatte«, also eines Mannes, der aussteigen wollte. Und so hatte sie vorzugehen: »Ich mußte in Rot alle Aussagen von ihm im Auditing markieren (welches vertraulich sein soll), wobei ich besonders alle Aussagen über sexuelle Praktiken oder kriminelle Aktivitäten rot einkreisen und markieren sollte. Diese Informationen konnten verwendet werden, um ihn zu erpressen.«

»Tiefe Sechs«

Was Margery Wakefield außerdem noch über die Aktivitäten des Geheimdienstes von Scientology ausgesagt hat, klingt noch unglaublicher.
»Zur gleichen Zeit, als ich im Guardian Office arbeitete, saß ich in einem Treffen des Guardian Office und hörte von der Planung zweier Morde.
Der eine Mord betraf den Mann, der sich abgewendet hatte. Er war geschnappt worden und sie sagten, sie hätten ihn in einem Motelraum. Am nächsten Tag wollten sie ihn auf See hinausnehmen und ihm die ›Tiefe Sechs‹ geben – ihm Gewichte anhängen und ihn über Bord werfen.
Der zweite Mord, von dessen Planung ich hörte, war an Paulette Cooper, die ein kritisches Buch über Scientology geschrieben hatte. Sie sollte erschossen werden.« Dieser

Mord wurde nie ausgeführt, aber bei diesem Treffen wurde er laut Margery Wakefield geplant.

Im Straflager der Scientology

Die Aussteigerin Margery Wakefield, die übrigens gegen die Organisation im Staatsgericht Tampa, Florida, geklagt hat, kennt das »RPF« (Rehabilitation Project Force) – das berüchtigte Straflager der Scientology – nicht bloß vom Hörensagen. Sie war auch selber drin.
»Ich selbst wurde in zwei Fällen als Strafe in R.P.F. gesteckt wegen Dingen, die ich getan hatte. Ich mußte dabei eine alte Uniform tragen. Ungefähr zwanzig Stunden pro Tag mußten wir schwer arbeiten. Wir durften mit niemandem sprechen, wenn wir nicht selbst angesprochen worden waren und dann nur auf militärische und formelle Art. Manchmal mußten wir Speisen essen, die andere auf ihren Tellern gelassen hatten. Die beiden Male im R.P.F. war ich auf dem Schiff, das die Scientologen in Long Beach, California, als Gefängnis festgemacht hatten.«

Opfer und Täter

Wenn man sich diese Fälle ansieht – einer horribler als der andere – und sich vorstellt, daß all dies im Grunde nur deswegen passieren konnte, weil es diese Ideologie namens »Scientology« gibt, könnte man schier aus der Haut fahren. Aber man darf auch das andere nicht vergessen. Nämlich die Dinge, die diese Leute, denen so viel von der Organisation *angetan* wurde, selber im Namen der Organisation *getan* haben. Wer bei Scientology war und von Scientology wegging, ist nicht einfach nur ein Opfer, er war auch ein Täter.

Im Laufe der Jahre, die ich nun schon meine Aufklärungsarbeit über Scientology betreibe, bin ich mit anderen europäischen Gruppen in Kontakt gekommen, die das gleiche machen wie wir von der Schutzgemeinschaft »Robin Direkt« – und da gibt es mehr, als ich geahnt habe. Über diese Kontakte zu Dänemark, Österreich, Frankreich, Spanien usw. sind wir auch zu Kontakten nach Amerika gekommen. Ich habe Gespräche mit Leuten geführt, die schon seit Jahren nicht nur Informationen sammeln, sondern die diese Informationen auch auswerten und versuchen, jeweils in ihrem Land Aufklärung über Scientology zu betreiben, damit der scientologische Wahnsinn gestoppt werden kann.

Das Engagement amerikanischer Aussteiger

In zahlreichen dieser Gespräche mit amerikanischen Kritikerfreunden habe ich festgestellt, daß Aussteiger in Amerika mit einem ganz anderen Engagement an die Sache herangehen, als es bei uns der Fall ist. Z.B. hat Lawrence Wollersheim vor Gericht gegen Scientology geklagt – gegen dieses Auditing, gegen diese Gehirnwäsche, die mit ihm angestellt wurde. Es war eine millionenhohe Schadensersatzklage, und er hat gewonnen!
Diese Aussteiger sind es auch, die sehr wohl begriffen haben, daß der Hubbardismus im Kopf die Gefahr ist, die überwunden werden muß. Und sie wissen auch, daß man diese antrainierten Mechanismen nicht über Nacht los werden kann – genauso wenig wie einer die Fähigkeit mit einem Auto zu fahren verliert, bloß weil ihm sein Führerschein abgenommen worden ist. Aus diesem Grund sind diese amerikanischen Aussteiger für mich auch glaubwürdiger als so manche Edelaussteiger hierzulande, die nur ihre eigene Geschichte erzählen und Scientology nicht wirklich belasten.

Menschen, auf dem Schiff angekettet

Ein Mann namens Robert Vaughn Young hat – wie mir amerikanische Aussteiger berichteten – in einer Aussage, die er im Zusammenhang mit einem Prozeß in Los Angeles gemacht hat, so manche Interna bekanntgegeben, die einfach erschreckend sind. Er berichtet unter anderem von Menschen, die in einem Raum eingesperrt waren und von mehreren Leuten so lange angeschrieen wurden, bis sie zusammengebrochen sind oder ein Geständnis abgelegt haben. Von Menschen, die auf Befehl von L. Ron Hubbard auf dem Schiff angekettet oder an Händen und Füßen gefesselt über Bord geworfen wurden. Von Menschen, die im scientologischen Straflager nur Reis und Bohnen zu essen bekamen. Die tagelang am Schlafen gehindert wurden. Die auf dem nackten Fußboden, auf dem Klo und in Schweineställen untergebracht waren. Er berichtet von Menschen, die im bereits erwähnten RPF geprügelt wurden und in der heißen Sonne bis zur Erschöpfung rennen mußten.

Auch von Hubbard weiß er einiges zu erzählen. Daß Hubbard ein Mann mit zwei Gesichtern gewesen ist, ein Schizophrener, dessen Schizophrenie sich durch das ganze System Scientology ziehe. Oder vom Geheimdienst. Daß Hubbard bereits seit Anfang der siebziger Jahre ein internationales Spionagenetz zur Verfügung hatte.

Robert Vaughn Young weiß, wovon er redet. Er war ein hochrangiger Scientologe, ehe er 1989 – nach rund zwanzig Jahren Mitgliedschaft bei der Organisation – ausstieg. Er hat so gut wie alle Stadien der Karriere durchlaufen, die man in Scientology durchlaufen kann. Seine Hauptaufgabe war die Pressearbeit. Daß Robert Vaughn Young glaubwürdig ist, zeigt für mich das Interview, das er der Zeitschrift »FOCUS« gegeben hat, und die Tatsache, daß er sich mit seinen öffentlichen Aussagen selbst in eine schwierige Situation bringt. Kein Wunder, daß er in diesem Interview (»FOCUS« Nr. 50/12. 12. 94) auf die Frage, ob er und seine Gattin Stacy Young nach dem Ausstieg als Topmanager von Scientology nicht Angst haben müßten, zur Antwort gab: »Wir müssen uns tatsächlich fürchten. Schließlich sind wir die ersten ehemaligen Spitzenmanager von Scientology, die auspacken. Da stehen Karrieren auf dem Spiel.«

Grenzenlose Menschenverachtung

Weitere Details von dem Horror, den nur die Insider kennen, haben andere hochrangige Aussteiger berichtet:
Zum Beispiel, daß eine hochrangige Scientologin, als sie in Ungnade gefallen war und sich im Straflager befand, ein sogenanntes »Laufprogramm« absolvieren, das heißt stundenlang um einen Pfosten rennen mußte.
Oder daß im Straflager auch sogenannte »Schwarze Dianetik« eingesetzt wurde, das heißt bestimmte Methoden geistiger Manipulation, die die betreffende Person zum Durchdrehen bringt und deren psychischen Zusammenbruch zur Folge hat.
Eine Tortur besonderer Art muß auch das »Überbordwerfen« sein, von dem ein Aussteiger berichtet, der selber einmal im Auftrag Hubbards über Bord geworfen wurde und nur überlebte, weil Hubbard im letzten Moment den Befehl gab, ihn wieder aus dem Wasser ziehen zu lassen. Er selber gibt an, zu Dutzenden Malen gesehen zu haben, wie Leute vollständig bekleidet ins Wasser geworfen wurden, weil sie ihre Statistiken nicht geschafft hatten; diese Maßnahmen habe es sogar im Winter gegeben, wenn das Wasser eiskalt war.
Mehrfach wurde von ehemaligen Scientologen auch ausgesagt, daß David Miscavige Mitarbeiter angebrüllt und geschlagen habe.

Wie mir bekannt ist, hat Vicki Aznaran, eine hochrangige ehemalige Scientologin, ausgesagt, daß David Miscavige die Eigenheit besitze, Fotos von Personen, die bei ihm in Ungnade gefallen sind, als Zielscheibe zum Pistolenschießen zu benutzen.
Mir sind außerdem noch Aussagen von Vicki Aznaran bekannt, denen zufolge David Miscavige angesichts des Todes einer Frau namens Flo Barnett, einer Verwandten von Miscavige, die Worte gesagt habe: »Die Hure hat gekriegt, was sie verdient hat« und denen zufolge Miscavige sogar angesichts des Todes von L. Ron Hubbard geäußert habe, daß er »nichts von dieser Trauerscheiße« sehen wolle.
Kann sich Menschenverachtung noch massiver ausdrükken? Ich fürchte, ja. Denn ein schier unfaßbarer Skandal ist für mich das, was eine Aussteigerin namens Mary Tabayoyon in die Öffentlichkeit gebracht hat. Nämlich die Tatsache, daß innerhalb der Organisation Scientology manche Frauen zur Abtreibung gezwungen werden.

Zur Abtreibung gezwungen

Das will mir nicht in den Kopf hinein. Dieser Widerspruch, diese Doppelmoral. Da verspricht Scientology auf der einen Seite jedem, der zu Scientology kommt und bereits dabei ist, all diese Kurse zu machen und »clear« zu werden, die »Brücke zur Freiheit« überqueren zu können, aber die Freiheit, ein Kind zu haben und aufzuziehen, gilt offensichtlich nicht für alle.
Die Aussteigerin Mary Tabayoyon war nicht irgend eine kleine Zettelverteilerin bei Scientology, sondern eine Frau, die es weit gebracht hatte innerhalb der Hierarchie von Scientology. Sie gehörte jahrelang zu einer Elite-Einheit von Scientology, zur sogenannten »Sea Org«.

Frauen, die der Sea Org angehören, durften ab 1986 keine weiteren Kinder mehr bekommen und wurden, wie Mary Tabayoyon – und zwar als eine unmittelbar Betroffene – erklärt hat, durch psychischen Druck gezwungen, das ungeborene Leben abzutreiben. Als Begründung für dieses Verbot, Kinder zu bekommen, wurde laut Frau Tabayoyon angegeben, die Sea Org hätte einfach nicht genug Zeit und auch nicht die nötigen Mittel, um Kinder richtig großzuziehen.

Und wenn eine Frau trotzdem ein Kind bekommen wollte, wurde sie in irgendeine untergeordnete Abteilung strafversetzt.

Mary Tabayoyon berichtet, daß nicht nur sie, sondern auch andere Frauen abtreiben mußten. Ihren Informationen zufolge dürfte es über zwanzig Fälle gegeben haben. Der Ort, wo schwangere Sea-Org-Frauen abtreiben lassen konnten, hatte übrigens den Namen »Zentrum für geplante Elternschaft«.

»Welt Clearing« ist nicht nur ein Wort

Internationale Verbindungen

Jeden Tag finde ich in den Bergen von Post – oft ohne Absender oder Begleitschreiben – auch Hochglanz-Broschüren, Listen oder Originalunterlagen, in denen Scientology in allen Sprachen die einzelnen Siege rund um den Globus dokumentiert. So wird dem Heer der linientreuen Scientologen (immerhin liegt die Zahl weltweit bei mehr als acht Millionen) dokumentiert, daß die Marschrichtung nicht nur auf dem Papier steht, sondern auch umgesetzt wird. Jeder einzelne Scientologe wird über solche Jubelpropaganda angesprochen und soll motiviert werden, den Kampf für die scientologische Weltherrrschaft an seinem Platz zu intensivieren, damit das Ziel schneller erreicht werden kann. In dem Buch »Was ist Scientology?«, das von der Organisation in verschiedenen Sprachen herausgebracht wird, heißt es: »Gleich, ob in London, Sydney, San Francisco oder an Hunderten von anderen Orten auf jedem Kontinent – ... Scientology ... hat überall dieselbe grundlegende Organisationsstruktur und Arbeitsweise und führt dieselben Aufgaben durch.«

In den Hochglanz-Propagandaschriften wie zum Beispiel »Impact«, »The Auditor«, »Source« und vielen anderen, wird in den höchsten Tönen gelobt, daß zum Beispiel die vier Scientologen Les Miller, Evelyn Clark, Andy Porter, Tony De Philips die Philippinen angehen wollen. Diese vier knüpften Kontakte mit der Universität der Philippinen und schafften es – laut Scientology – ins Fernsehen zu kommen und dort »Dianetik« einem Bürgermeister vorzustellen. Auch der Polizeichef der Philippinen soll laut dem Artikel (Auditor 277) involviert gewesen sein.
In Taipeh (Taiwan) hat Scientology inzwischen eine neue Gruppe eröffnet. Dort hält die Scientologin Lisa Lai Vorträge über Dianetik, und da die Aufklärung in Taiwan noch genauso brach liegt wie in Peru, wo Oscar Morales versucht eine Dianetik-Gruppe aufzubauen, werden solche Gruppen die ersten Stützpunkte sein, von denen aus Scientologen weitermarschieren. Wir vergessen viel zu leicht, daß Hubbard in Amerika 1954 die Organisation gründete und mit diesen Stützpfeilern England erreichte. Von England aus wurde Europa flächendeckend mit Stützpunkten versorgt. Und genau dieses Netz ist gespannt über die ganze Welt.
Gurris Nieto haut einen dieser scientologischen Pflöcke in Mexiko ein – über Radiobeiträge, Buchverkäufe und das Projekt »Der Weg zum Glücklichsein«. Aus den Propagandaschriften geht auch hervor, daß in Lesotho Radiosendungen durchgeführt worden sind. In Ankara (Türkei) ist Alkid Neureau für Scientology aktiv.
In den früheren Ostblock-Ländern versucht Scientology mit Sieben-Meilen-Stiefeln voranzukommen. So hat die Organisation in Rumänien eine Gruppe aufgebaut, die über Budapest (Ungarn) initiiert worden ist.

Scientologen auf dem Roten Platz

Die Expansion von Scientology schreitet in Rußland offenbar ungehindert voran. So steht in »Impact« Nr. 60/1995, daß der gebürtige Österreicher Walter Kotric, ein langjähriger Sea Org-Offizier, als Leiter des OTL (Operation and Transport Liaison Unit) nach Moskau entsandt wurde. Auch die Deutsche Veronika Kegel, die fließend Russisch spricht, ist in Rußland aktiv – als »Kommandierender Offizier« der scientologischen Tarnorganisation ABLE (Association for Better Living and Education). Für den scientologischen Geheimdienst OSA sind Diethelm Alisch als »Kommandierender Offizier« und Berthe Heldt als »Public Relation Officer« in der ehemaligen Sowjetunion.
Scientologen haben erreicht, daß in einer homöopathischen Klinik in Moskau alle Patienten bei der Aufnahme den bekannten 200-Fragen-Test machen müssen.
Damit das Fußvolk bei Scientology weitermarschiert und das große Ziel »Welt Clearing« nicht aus den Augen verloren wird, demonstriert man die Erfolge mit Bildern von Scientologen auf dem Roten Platz in Moskau (Titelseite »Impact« 60/1995).
Die Vorreiterrolle in Rußland spielen also nicht etwa »unscheinbare« Buchverkäufer, die den »Persönlichkeitstest« verteilen, sondern Personen, die uns vom Geheimdienst der Scientology bekannt sind. Intern lautet der Auftrag des OTL: »eine stabile Basis schaffen« und »Expansion zu fördern«. Diese Gruppierung arbeitet Hand in Hand mit der OSA zusammen, bei der viele Fäden der gesamten Organisation zusammenlaufen. So ist es auch möglich, daß die – seit langem bekannte – politische und gesellschaftliche Wühlarbeit des scientologischen Geheimdienstes dafür sorgt, daß jeder, der sich der Organisation in den Weg stellt, plötzlich Gegenangriffe aus teilweise völlig unerwarteten Richtungen bekommt.

In Perm soll der längst verstorbene Scientology-Gründer Hubbard den »Schlüssel der Stadt« verliehen bekommen haben. Solche »hohen Auszeichnungen« werden natürlich zu Propagandazwecken ausgeschlachtet. In der gleichen Stadt, so wird berichtet, soll außerdem ein scientologisches Schulungszentrum gegründet worden sein. Die Gründer sind – laut »Impact« – der Geschäftsführer der Firma Perm Electronics und der stellvertretende Regierungspräsident des Bezirks Perm. Scientology prahlt sogar damit, daß »alle Beamten der Stadt- und der Bezirksverwaltung am Hubbard College trainiert werden, um ein neues Organisationssystem ... einzuführen.«
Für seine besonderen Verdienste bei der Übermittlung der Hubbard-Verwaltungstechnologie an russische Firmen und an die Regierung verlieh die Internationale Vereinigung der Scientologen (IAS) ihre »Freiheitsmedaille 1994« an Bud Reichel. Laut Scientology-Publikationen hat Reichel »von Sibirien bis in den Kreml-Palast« Seminare abgehalten und ist vielfach in den Medien erschienen. Besonders hervorgehoben wurde, daß die Per Motorenwerke mit 30 000 Mitarbeitern nun eine eigene Akademie für die Hubbard-Technologie hätten. Reichel sagte in seiner Ansprache vor scientologischer Zuhörerschaft etwas sehr Bezeichnendes: »Ich nehme diesen Preis als Einzelperson entgegen. Wie aber andere Sprecher vor mir bereits sagten, war es eine Teambemühung. Es gibt einige bestimmte Leute in der Organisation, die die Expansion in unserem Bereich möglich gemacht haben. WISE International- und die Sea Org-Mitglieder in Rußland helfen uns wirklich sehr. Und die Führungskräfte und Mitarbeiter aller Hubbard Colleges für Administration Rußlands machen mit ihrer Arbeit weiter, und sie sind ein Teil des Ganzen«.
Der ausgestiegene Scientology-Mitarbeiter André Tabayoyon definiert die Sea Org (die Kadergruppe von Scientolo-

gy) übrigens folgendermaßen: »Die Sea Org ist für die Scientology das, was die Kommunistische Partei für Rußland und die Gestapo für Nazi-Deutschland« waren.
Inzwischen habe ich Kontakte zu russischen Journalisten und zu Firmen, die in Rußland geschäftliche Beziehungen aufbauen wollen. Auch daher habe ich Informationen, daß die Scientologen ihre Stützpfeiler bereits in den Ballungszentren plaziert haben und mit ihren Angeboten ihr Netz durch die Gesellschaft ziehen. Von Robin Direkt gibt es Flugblätter, die wir über Firmenkontakte an russische Journalisten und zur Aufklärung wenigstens in sensiblen Bereichen, wie an Universitäten, Schulen und vor allem an wirtschaftlichen Knotenpunkten, verteilen lassen. Denn »Mütterchen Rußland« muß aufpassen, daß es nicht vom kommunistischen Regen in die Hubbardistische Traufe kommt!

Aufklärung in Ungarn

Ein engagierter Unternehmer, der auch in seiner deutschen Firma Präventivmaßnahmen zum Schutz vor scientologischer Unterwanderung eingeführt hat, vermittelte uns Kontakte zum Ungarischen Rundfunk. Der sendete ein einstündiges Interview mit mir zur Aufklärung über die Vorgehensweisen der Scientologen. Aufgrund dieser Radiosendung hat sich in Ungarn eine Arbeitsgruppe von Robin Direkt gebildet, die über die Einflußnahme des Systems Scientology Aufklärung betreibt.
Ich denke, daß wir so auch in anderen osteuropäischen Ländern Hilfestellungen leisten können, damit Scientology nicht völlig ohne Gegenmaßnahmen weitermarschieren kann. In Tschechien gibt es inzwischen Arbeitsgruppen, die uns regelmäßig besuchen. Dabei kommt es nicht nur zu einem Gedanken- und Beweismittelaustausch,

sondern es werden auch Überlegungen angestellt zum Aufbau eines europäischen Netzes von offensiven Kritikern. Ich glaube, das ist der effektivste Weg, um die weitere Expansion von Scientology zu verhindern und über die bestehenden Netze der Organisation wirksam aufzuklären.

Scientologen müssen in Tschechien Eintrittsgeld zurückzahlen

Die ersten Scientologen in Tschechien, die von der Hamburger Org »betreut« wurden, gab es kurz nach 1989. 1991 präsentierte sich in Prag erstmals Narconon, die angebliche Drogenrehabilitation der Scientologen, die in den letzten Monaten wieder öffentlich in Erscheinungg trat. Anfang der 90er Jahre erhielt Pavel Kocvarov als erster Scientologe einen Gewerbeschein. Ab Januar 1993 befand sich das Dianetik-Zentrum in Zizkov, bis der Vermieter wegen Mietschulden gegen die Scientologen Lanka Palkova und Petr Kapitan vorging. Seit Januar 1994 befindet sich das Scientologen-Zentrum in Prag-Skalka.
Einer der deutschen Aktivisten in Tschechien war der Hamburger Holger Hackenjos. Der ehemalige selbständige Juwelier ist heute hauptamtlicher Scientology-Mitarbeiter. Seine Frau, die früher im Geschäft mitarbeitete, sitzt heute in der Pressestelle der Hamburger Org am Steindamm.
Am 27. Mai 1994 endet ein Vortrag über »Früheres Leben – Phantasie oder Realität?« mit einem totalen Fiasko. Eben noch hat der Scientologe, so wie er es in seinen Drills und Trainingsroutinen gelernt hat, die Fragen der Zuschauer abgeblockt und sie eingeladen, am nächsten, fünfmal teureren Kurs teilzunehmen. Plötzlich steht ein Mann aus der ersten Reihe auf und sagt: »Einen so

schlechten und fachlich völlig unqualifizierten Vortrag habe ich in meinem ganzen Leben noch nicht gehört. Verehrter Herr, geben Sie mir das Eintrittsgeld zurück, denn für einen solchen Blödsinn zahle ich keine 50 Kronen (umgerechnet etwa 2,50 DM).« Ein Teil des Publikums applaudiert. Die Veranstalter können nicht leugnen, daß auf ihren Flugblättern stand: Bei Unzufriedenheit gibt es das Geld zurück.

»Ich habe Ihnen zu Beginn meines Vortrages gesagt, daß Sie hier nichts glauben müssen, sondern sich selbst von allem überzeugen sollen«, versucht sich der Scientologe herauszureden. Den Zuhörer läßt das alles unbeeindruckt und er geht, mit der Aufforderung an die anderen, es ihm gleich zu tun, zur Kasse, um sein Geld zurückzuverlangen. Da die etwa 100 Besucher den Scientologen davon abhalten, einfach mit der Kasse zu verschwinden, erteilt die herbeigerufene Leiterin des Dianetik-Zentrums die Anweisung, das Geld zurückzuzahlen.

»Mit solchen Ausführungen wäre der Mann nicht einmal in der fünften Schulklasse durchgekommen«, empörte sich der Zuhörer, der sein Geld zurückverlangt hatte, später gegenüber einer tschechischen Zeitung. »Zum Beispiel, daß die vorgeburtlichen Erlebnisse die betreffende Person später beim Sex behindern. Dieser Mann hat doch weder von Biologie noch von Anatomie noch von Sex eine Ahnung.« Als ich dies las, mußte ich unwillkürlich an eine Einladung der Hamburger Scientologen zu einem – in meinen Augen ziemlich bizarren – Dianetik-Seminar denken, bei dem es um Themen wie diese ging: »Welche Auswirkungen hat der Geschlechtsverkehr während der Schwangerschaft für das ungeborene Leben?« und »Kann man das Sperma-Trauma auditieren?«

Wie unsere Prager Freunde berichten, haben sie innerhalb eines Monats zwei Fälle erlebt, bei denen der Sohn bzw. die Tochter die Verbindung mit den Eltern abbrach

und ins Dianetik-Zentrum ging, um dort mitzuarbeiten. Außerdem war zu erfahren, daß in einer Pilsener Firma bereits unter den Gründern ein Scientologe war. Der wollte später die Angestellten zu »ihm bekannten Kursen« schicken. Dies spaltete die Mitarbeiter in zwei Lager und führte die Firma fast an den Rand eines Abgrunds.
Laut Zeitungsberichten sollen bereits über 10 000 Tschechen Kurse bei Scientology absolviert haben. Genau diese Zahl bräuchte die Organisation an Mitgliedsunterschriften, um nach den tschechischen Gesetzen auch dort als Kirche firmieren zu können. »Die Bedingungen für die Registrierung werden wir nicht ändern. Die Antragsteller werden genauso gründlich untersucht wie bisher«, sagte der stellvertretende Direktor für Kirchenfragen im Kultusministerium, Jiri Tesarik, in einem Zeitungsinterview im vergangenen Jahr. »Über Scientology haben wir unterschiedliche Informationen. Wir werden sie sehr, sehr gründlich untersuchen«.
Ich hoffe, daß in Tschechien die Kumpanei mit der Organisation noch nicht so fortgeschritten ist, wie in der Bundesrepublik Deutschland.

Drogenprobleme als Türöffner bei der Schweizer Polizei

Im Juli 1995 versuchte die Scientologin Doris Fattinger aus der OSA-Abteilung Öffentlichkeit durch ein Schreiben an die Polizeireviere in der Schweiz einen Solidaritätsversuch zu starten. Unter dem Betreff »Drogen und Entzug« heißt es: »Drogen! Die Medien konfrontieren uns täglich mit diesem Thema. Direkt oder indirekt ist jeder davon betroffen. Politiker, Fachleute und auch der Mann von der Straße sind sich einig, daß es das Problem Nr. 1 des ausgehenden 20sten Jahrhunderts ist. Gemäß ihrer eigenen Erfahrung können Sie dem sicher zustimmen ... In

der beiliegenden Broschüre wird ein Lösungsansatz vorgestellt, der sowohl die geistigen als auch die körperlichen Aspekte berücksichtigt. Mitglieder der Scientology ... möchten dies zur Diskussion bringen und ihnen damit ebenfalls einen Einblick in die Ideen von L. Ron Hubbard vermitteln ...«.
Doris Fattinger hat sicher eine Erwartungshaltung, was diesen Brief an die Polizeireviere angeht. Vielleicht hofft sie, daß sich möglichst viele Polizeibeamte melden, die am Thema Drogen aus beruflichen Gründen interessiert sind. So kann dann durch eine »vertrauensbildende Maßnahme« wieder eine Klientel angesprochen werden, die Scientology sehr wichtig ist. Ich hoffe, daß die hervorragende Schweizer Medienarbeit in puncto Aufklärung über Scientology auch auf Polizeirevieren wahrgenommen wird und dadurch auch im Bereich der Polizei eine Sensibilisierung stattfindet.

Interpol wirbt für Scientology

In neueren Schriften rühmt sich Scientology, nicht nur den »Krieg« gegen die amerikanische Steuerbehörde IRS »gewonnen« zu haben, sondern nun auch den gegen Interpol. Besiegelt wurde der »Frieden« mit einem Gipfeltreffen zwischen Raymond E. Kendall, dem Generalsekretär der Interpol, und David Miscavige, dem obersten Scientologen.
In der Folge verschickte Kendall kiloweise scientologisches Propagandamaterial an alle Interpol-Stellen, nämlich das Werbebuch »Was ist Scientology?« Gegenüber Reportern des Magazins »Tango« erklärte Kendall, er wolle mit seiner Aktion lediglich dafür sorgen, daß die Scientology ihre Angriffe auf Interpol einstellt (Vgl. Robin Direkt Report, März 1995).

Eine Verhandlungstaktik führt im Zusammenhang mit der Scientology aber erfahrungsgemäß zu Spätfolgen, die kaum zu übersehen sind. Schon ein geringes Entgegenkommen stempelt jede Person oder Unternehmung, mit der Scientology eine Verhandlung gesucht hat, allzuleicht zum manipulierbaren Opfer.
In Firmen werden beispielsweise enttarnte Scientologen verschwiegen oder sogar nach Verhandlungen teuer abgefunden, um Aufsehen zu vermeiden. Dadurch fühlen sich andere Scientologen unter den Mitarbeitern sicher und können die Zielsetzungen der Organisation im Unternehmen weiter verfolgen. Die uns bekannten Firmen, die zu so einer Lösung gegriffen haben, waren alle nicht glücklich darüber. Aufgrund juristischer Kriegsführung der Scientologen auch vor Arbeitsgerichten und der teilweise mangelnden Information im Vorfeld der Entscheidung sahen manche Firmen eine Abfindung als einzige Lösung.
Würde eine Entlassung wegen der in den scientologischen Richtlinien begründeten Unzuverlässigkeit und Gefährlichkeit für das Unternehmen mit einer offensiven Aufklärung zum System Scientology verbunden, dann wäre der Abschreckungseffekt und ein neues Zutrauen zum Unternehmen deutlich größer als bei der derzeit leider üblichen Vertuschungstaktik.

»... sie dazu zu bringen, daß sie um Frieden betteln«

Der Interpol-Chef Raymond E. Kendall ist der Beweis dafür, daß er auf skandalöse Weise einer bekannten Scientology-Technik erlegen ist, die aus Scientology-Unterlagen belegt und auch aus dem scientologischen »Krieg gegen die IRS« (Oberste Steuerbehörde in Amerika) bekannt ist: »Wenn Sie von irgend jemand oder irgend etwas oder irgend einer Organisation an einem wunden

Punkt angegriffen werden, dann finden oder schaffen Sie immer genügend Drohung gegen sie, um sie dazu zu bringen, daß sie um Frieden betteln. Frieden wird durch einen Tauschhandel mit Vorteilen gekauft – sorgen Sie also für Vorteile und schließen Sie dann einen Vergleich. Verteidigen Sie niemals. Greifen Sie immer an. Seien Sie niemals untätig. Unerwartete Angriffe hinter den Frontlinien des Feindes funktionieren am besten« (Scientology-Anweisung vom 15. 8. 60, Organisations Führungs Kurs Bd. 7, S. 483).

Im Fall der IRS hatte die Scientology IRS-Mitarbeiter aufgerufen, Druckmittel gegen Kollegen in der Steuerbehörde zu beschaffen. Die von Scientology versprochene Prämie: bis zu 10 000 Dollar! Im Fall von Interpol hätte die Wühlarbeit der Scientology in Vorwürfen gegipfelt, bei denen die Scientologen in großem Stil verkündet hätte, die Interpol-Oberen seien Nazis und bis heute tief in den internationalen Drogenhandel sowie Terrorismus verstrickt.

Nicht verwunderlich wäre es, wenn innerhalb der Interpol einige getarnte Scientologen seit einiger Zeit für gewisse Vorfälle gesorgt hätten, die dann der Scientology neue Druckmittel geliefert hätten.

Verhandlungen mit Interpol sind bei der Scientology bereits vor mehreren Jahren zur Chefsache erklärt worden. Denn immerhin galt die Interpol lange Zeit als »Feind« der Scientology, als Teil der weltweiten Verschwörung gegen Scientology und deren Gründer L.Ron Hubbard, die dieser hinter jeder Kritik witterte. Der Verfolgungswahn Hubbards nimmt unter dem neuen Scientology-Boß David Miscavige offenbar neue Dimensionen an. Während Hubbard stets aus dem Verborgenen arbeitete, tritt Miscavige schon mal in direkte Verhandlungen oder gibt Interviews für die Presse.

»Sichere Punkte« schaffen

Die Unterwanderungsbestrebungen der Organisation sind international und die Vorgehensweisen werden generalstabsmäßig geplant. Überall werden auf Schulungen Trainings und Drills durchgeführt, damit Scientology in allen Bereichen der Gesellschaft weitermarschiert. So hat zum Beispiel vom 2. bis 7. Dezember 1994 eine Tagung des Weltinstituts scientologischer Unternehmen (WISE) auf dem Scientology-Schiff »Freewinds« stattgefunden. Unter anderem stand auf dem Plan:

»Dynamik Expansion
Fin. Erfolgswoche
Computertagung
Clear Italien-Woche
Clear Schweiz-Woche
Gesundheitsvorsorge-Professionals-Woche
Power-Erziehungs-Woche
Finanz. Wohlstand
Künstler-Tagung«.

In der technischen Zentrale in Florida (»Flag«) stand eine lateinamerikanische Tagung mit einem Thema an, das mich besonders hellhörig werden ließ: »Save Point Conference (sicherer Punkt, Anm. der Verf.). Lassen Sie sich briefen (informieren), wie Sie durch das Schaffen sicherer Orte auf dem Planeten helfen können, Scientology zu expandieren!« Scientology schafft für die Organisation und ihre Mitmarschierer sichere Orte, von denen aus die weitere Expansion vorangetrieben werden kann. Wenn man die weltweiten Stützpunkte betrachtet, die bereits bestehen, das Netz, das wirtschaftlich gespannt wurde, und vor allem das Milliardenvermögen, das hinter dieser Organisation steht, dann gibt es für mich nur einen einzigen Weg, um Scientology zu stoppen.

Der heißt für jeden einzelnen: offensive Aufklärung in seinem eigenen sozialen Umfeld betreiben. Der heißt für Politiker: Präventivmaßnahmen schaffen. Weniger reden und mehr handeln. Das heißt aber auch: die Samthandschuhe ausziehen und wirklich kämpfen.

Monsterprozeß gegen Scientology in Spanien

»Sehr geehrte Frau Hartwig! Während der Lektüre Ihres hochinteressanten Buches lese ich einen für Sie wichtigen Artikel über die Aktivitäten von Scientology in Spanien. Der Prozeß gegen die achtzehn Angeklagten wird in Madrid demnächst beginnen und einige Monate dauern. Für den Hauptangeklagten, Heber Jentzsch (er wird im Artikel als »lider mundial« bezeichnet) fordert der Staatsanwalt 30 Jahre Gefängnis. In seiner Anklage bezeichnet der Staatsanwalt Scientology als Organisation, welche die Religion als Deckmantel benutze. Ihre wirklichen Ziele seien aber grundsätzlich gewinnstrebiger Natur. Der Staatsanwalt erwähnt auch, daß aufgrund der auch im Ausland eingeholten Informationen Scientology als ›außergewöhnlich gefährlich‹ eingestuft werden müsse ...«

Mit diesen Worten beginnt ein Brief mit brisanten Informationen aus Spanien, den ich im April 1995 erhielt.

Briefe wie diese bekomme ich alle Tage; diese Informationen aus Madrid waren allerdings alles andere als alltäglich: »Die Prüfungskommission des Obersten Gerichtshofes hat vorläufig schwere Haftstrafen für 18 Mitglieder der Scientology-Church in Spanien ausgesprochen. Die Prüfungskommission geht davon aus, daß diese Personen 13 Delikte begangen haben. Die höchste Haftstrafe – ca. 30 Jahre – wurde für Heber Jentzsch, den internationalen Präsidenten dieser Organisation, gefordert. Für die anderen variiert das Strafmaß. Eines davon ist 8 Jahre für

Freiheitsberaubung« (José A. Hernández: Tibunales ›Organizaciones‹ Peligrosas – El fiscal pide penas de cárcel para 18 adeptos de la Iglesia de la Cienciologia, in: »El Pais«, 1. 4. 95).

In der 80 Seiten langen Anklageschrift werden die mutmaßlichen strafbaren Aktivitäten aufgezählt, die leitende Persönlichkeiten der Organisation Scientology zur Last gelegt werden – darunter die folgenden:

- unerlaubte Vereinigung,
- Verstoß gegen Freiheit und Sicherheit am Arbeitsplatz,
- Verstoß gegen das öffentliche Gesundheitswesen,
- Steuerhinterziehung,
- Bedrohung von Personen,
- Kurpfuscherei,
- Amtsanmaßung,
- Freiheitsberaubung,
- Körperverletzung,
- üble Nachrede,
- Vortäuschung von Straftaten.

In hohem Grad skrupellos

Der Staatsanwalt geht mit den Scientologen in seinem Schriftsatz hart ins Gericht: »Ihre Skrupellosigkeit ist von einem solchen Grad, daß viele ihrer sittenwidrigen Aktivitäten in einer Art ethischem Code geregelt scheinen, der demütigende Strafen vorsieht für die, die ihn brechen.« Er erwähnt auch noch andere Belästigungen, z. B. die sogenannte »Gehirnwäsche«, die an undisziplinierten Mitgliedern der Organisation vorgenommen wurde und darin bestand, sie tagelang ohne Essen und Trinken, ohne Schlaf und unter Drohungen gefangen zu halten.

Ferner heißt es in der Anklageschrift, daß Scientology den sogenannten »Persönlichkeitstest« benutze, um Anhänger zu gewinnen. Nach der Durchführung des Tests sei es üblich, der betreffenden Person, die den Test gemacht hat, irgendwelche körperliche oder psychische Probleme zu bescheinigen und ihr Heilung zu garantieren, falls diese Person bestimmte sehr teure Kurse belegen würde. Sie hätten sogar behauptet in der Lage zu sein, Krebs heilen zu können; die Wirklichkeit indessen – so der Staatsanwalt – ist eine ganz andere.

Als Beispiel führt er in seiner Anklageschrift den Fall Angel P.I. an. Dieser Mann – ein Diabetiker – wurde von Scientology, nachdem sie ihn dem Test unterzogen hatten, dahingehend informiert, daß er unter psychischen Problemen leide, die geheilt werden könnten, wenn er an einem Kurs teilnähme. Nachdem er 100 000 Pesetas (das sind umgerechnet etwa 1 100 DM) bezahlt hatte, veranlaßte man ihn, bestimmte Substanzen – unter anderem Niacin – einzunehmen, was bei ihm einen diabetischen Schock auslöste. Statt wie versprochen geheilt zu werden, mußte Angel P.I. ins Krankenhaus eingeliefert werden.

In diesem Zusammenhang attackierte der Staatsanwalt auch die Methoden, die Scientology in ihren sogenannten Rehabilitationszentren für Drogenabhängige anwendet. Diese Methoden entbehrten jeder wissenschaftlichen Genauigkeit und seien noch dazu schädlich für die Gesundheit.

Aus den mir vorliegenden Unterlagen geht weiters hervor, daß Scientology im Rahmen dieses Verfahrens ihre üblichen Ausforschungen bis ins persönliche Umfeld durchgeführt hat, um Informationen zu suchen, die man scientologisch umdrehen und als »schmutzige Wäsche« verwenden könnte. Ausgeforscht wurden unter anderem der Untersuchungsrichter, die Abgeordnete Pilar Salarrullana und verschiedene Journalisten, die über Scientology berichtet hatten.

Ein Mann namens Heber Jentzsch

Hauptangeklagter im spanischen Monsterprozeß ist Heber Jentzsch, Präsident von Scientology International. Der Mann, für den der spanische Staatsanwalt in dem 1995 eröffneten Monsterprozeß dreißig Jahre Haft beantragt hat, ist uns nicht nur wegen seiner Versuche, beim Vatikan gegen mein Buch »Scientology – Ich klage an« zu intervenieren, bekannt. Es gibt fast keine Hochglanzbroschüre aus der Propaganda-Abteilung der Scientology in Amerika, in der er nicht abgebildet ist – z. B. wie er beim »Dinner for Patrons« in Los Angeles (»Patrons« sind Personen, die mindestens 40 000 Dollar – umgerechnet ca. 60 000 DM – in die Kriegskasse der Scientologen eingezahlt haben!) die Preisverleihungen für Großspender vornimmt.

Derselbe Heber Jentzsch war bereits im November 1988 mit 69 weiteren Funktionären verhaftet worden und saß circa 30 Tage lang in Haft, ehe er gegen eine Kaution wieder freikam und eilends das Land verließ. Nach spanischem Recht sind Leiter von Organisationen persönlich haftbar für Straftaten der Organisation. Und ein Straftatbestand wird vom Staatsanwalt auch dann weiter verfolgt, wenn der Beschwerdeführer seine Beschuldigung später zurückzieht, wie es in diesem Fall wohl gewesen war. Laut Aussagen der Rechtsanwälte von Heber Jentzsch würde dieser »bereitwillig« in Spanien erscheinen. Ein Nichterscheinen würde zum Schuldspruch führen.

Wer jedoch meint, in der Person von Mister Jentzsch wirklich eine der maßgeblichen Figuren der Scientoloy-Führung vor sich zu haben, könnte sich möglicherweise irren. Laut Berichten von Aussteigern ist er eine Art Strohmann, das heißt der Posten des »Präsidenten« hätte lediglich den Zweck, den wirklichen Drahtziehern hinter dem

Gefüge der scientologischen Organisationen – nämlich David Miscavige und seinem Stab – als legaler Schutzschild zu dienen.
So gesehen könnte man Heber Jentzsch in dieser Situation durchaus als ein Täuschungsmanöver bezeichnen in einem Krieg (den Scientology selbst »intern Krieg« nennt!), der von David Miscavige gegen den Rest der Welt geführt wird, um an die Macht zu kommen.

Skrupellos, terroristisch, prozeßhungrig

Es ist keineswegs so, daß alle Welt auf die Eigenpropaganda von Scientology hereinfällt und von der kriminellen Energie dieser Organisation nichts ahnt.
Das amerikanische »Netzwerk Kultbewußtsein«, eine Behörde in Chicago, die mehr als 200 Kult-Organisationen und Sekten beobachtet, hält Scientology für die »skrupelloseste, terroristischste, prozeßhungrigste und lukrativste Sekte, die Amerika je gesehen hat« (Vgl. Robin Direkt Report, Oktober 1994). Über Jahre und Jahrzehnte hinweg versuchen die Scientologen systematisch, ihre Kritiker mundtot zu machen. Auch bei mir versuchen sie es.
In Dänemark gibt es bereits seit längerem ein Gerichtsurteil, das eine öffentliche Kritik an der Scientology ermöglicht, ohne daß die Organisation dem Kritiker gleich mit juristischen Bomben drohen kann. Ein Gericht hat entschieden, daß die Scientology von ihrer Struktur und ihrer Zielsetzung her so geartet und so zu bewerten ist, daß sie sich Kritik gefallen lassen muß. Dieses Urteil des Kopenhagener Stadtgerichts wurde vom Berufungsgericht Ostkreis bestätigt.
Und so ist es dazu gekommen: Ein engagierter Journalist namens Andersen vom »Extrabladet« und der Schriftstel-

ler Kaj Moos hatten kritisch über Scientology berichtet. Der Journalist war angeklagt worden und hatte den Prozeß gewonnen.
Folgende Dinge spielten für die Entscheidungsfindung der dänischen Justiz eine Rolle:

- »Propagandaaktivitäten«,
- »eine gesellschaftsähnliche Organisation mit Zahlungsforderungen über sehr große Summen für verschiedene Arten von Beratung«,
- »Sammlung persönlicher Daten und interne Rechtssprechung«,
- »eindeutig ausgesprochene Intoleranz gegenüber Psychiatern, Psychologen und weiteren Andersdenkenden«.

Eine Konsequenz dieses Urteils ist, daß sich Scientology mit »offensiver Kritik an ihren Theorien und Aktivitäten« abzufinden hat und sich als so beschaffen betrachten muß, daß sie »Skepsis und Mißtrauen erregt« (Vgl. Robin Direkt Report, April 1995). Das hat Scientology freilich noch nicht daran gehindert, ihren »Krieg« mit allen Mitteln weiterzuführen.

Deutschlands Mühlen mahlen langsam

Spanien hat nun als erster europäischer Staat einen wirklichen Gegenangriff in dieser Auseinandersetzung geführt. Es ist zu hoffen, daß die bisherige Defensive sich nun umkehrt und daß den radikalen Strategen der Scientology deutlich gemacht wird, daß die Scientology nicht immer und überall Bürger terrorisieren kann.
Wenn man bedenkt, wie konsequent die spanische Justiz im Falle der kriminellen Organisation Scientology agiert, und dagegen die deutsche Zaghaftigkeit in Politik und Staatsanwaltschaft bei diesem Thema gegenüberstellt, ist zu hoffen, daß in diesem Fall die Europäische Gemein-

schaft zusammenhält und sich grenzüberschreitend informiert über die Kriminalität der Organisation Scientology. Es geht nicht, wie es bei uns in Deutschland immer wieder praktiziert wird, daß die kriminalisierten Mitglieder zwar auf der Anklagebank sitzen, aber die Köpfe und Anstifter weiterhin ungeschoren davonkommen. Zu jedem kriminalisierten Mitglied der Scientology muß meiner Meinung nach auch der verantwortliche Kopf der Organisation als Anstifter auf die Anklagebank.
In Deutschland ist derzeit (»derzeit«, »jetzt«, »heute« u. dgl. bedeutet in diesem Buch immer: bis zur Drucklegung im Herbst 1995!) nur ein einziger Strafantrag gegen die Organisation Scientology anhängig – nämlich unserer, gestellt von Robin Direkt/Hartwig. Diese Mühlen mahlen langsam. Ein einziger Beamter vom Landeskriminalamt Stuttgart vernimmt seit fast zwei Jahren Zeugen. Die nach 1992 dazugekommenen Beweisunterlagen von Robin Direkt sind bis heute nicht berücksichtigt. Ich frage mich, aus welcher Motivation Politiker nach neuen Sektenbeauftragten schreien, anstatt dafür zu sorgen, daß die Ermittlungsbehörden in diesem Punkt Verstärkung bekommen.

In dem scientologischen Blatt *The Auditor* (Ausgabe 284 Worldwide) wird der Gründer der Scientology mit folgender Aussage zitiert:

Sie hatten schon immer die Vorstellung, den Planeten zu klären, nicht wahr? Nun gut, wir werden es folgendermaßen machen. Zunächst säubern wir alle Mitarbeiter mit SUPER POWER und dann setzen wir es ein, um die Öffentlichkeit zu säubern. Und dann säubern wir die Regierung (And then we clean up the government.) Auf diese Weise klären wir den Planeten.

L. Ron Hubbard

Mit aller Macht gegen Kritiker

Die Bekämpfung von Kritikern kann für Scientology als zentrales Thema bezeichnet werden. Es gibt wohl kaum eine andere Organisation, die sich mit so viel Aufwand dem Kampf gegen Andersdenkende widmet. Innerhalb der Organisation kümmert sich die »Ethik-Abteilung« um Abweichler; für Angriffe von außen ist der scientologische Geheimdienst »Office of Special Affairs« (OSA – Büro für spezielle Angelegenheiten) zuständig. Finanziert werden die vielfältigen Aktivitäten zum einen durch Abgaben der Unterorganisationen, zum anderen aber aus der »Kriegskasse« (»War Chest«). Wenn Scientologen mindestens 40 000 $ einzahlen, dürfen sie sich mit dem Titel »Patron« schmücken. Je mehr Geld gespendet wird, desto fetter wird der Name in der scientologischen Zeitschrift »Impact« gedruckt und desto höher ist der Grad des »Ehrentitels« (s. Liste im Kapitel »Die Wirtschaft im Würgegriff«).
Wie bei allen Aktivitäten von Scientology gibt es auch bei der Kritikerbekämpfung die sichtbare Spitze des Eisberges und das, was unter dem Wasser verborgen bleibt. Als Spitze will ich den offiziellen Kanal nennen. Das sind Rufmordkampagnen – beispielsweise mittels Schmähschriften – gegen Kritiker mit der Zielsetzung, kritische Stimmen im Keim zu ersticken. Dann gibt es den inoffiziellen

Kanal, der in seiner Gefährlichkeit oft unterschätzt wird; über ihn werden – teils mit geheimdienstlichen Mitteln – die Pflöcke eingeschlagen, an denen später ganz öffentlich das Netz der »Schwarzen Propaganda« gegen Andersdenkende aufgehängt wird.
Eine der Richtlinien heißt:

»Stimme NIEMALS einer Untersuchung der Scientology zu. Stimme NUR einer Untersuchung der Angreifer zu ... das ist die richtige Handlungsweise:

(1) Finde heraus, wer uns angreift.
(2) Beginne sofort, den Angreifer auf VERBRECHEN oder schlimmeres zu untersuchen; arbeite dabei mit eigenen Spezialisten und nicht mit Leuten von draußen.
(3) Fahr die Retourkutsche, indem du sagst, wir begrüßen es, daß der Angreifer untersucht wird.
(4) Füttere die Presse mit tatsächlichen Beweisen über die Angreifer, also mit ihren dunklen, blutigen, sexuellen und verbrecherischen Machenschaften. Unterwirf dich niemals einer Untersuchung über uns. Mach es den Angreifern schwer, wie es nur geht. ... Deshalb VERBANNE alle Gedanken daran, daß an eine faire Verhandlung gedacht ist, sobald sie den ersten Schritt tun. Warte niemals ab. Sprich niemals über uns – nur über sie. Benutze ihr Blut, ihren Sex und ihre Verbrechen, um Schlagzeilen zu machen, nicht aber uns.

Ich spreche aus einer fünfzehnjährigen Erfahrung. Bis jetzt hat es noch keinen Angreifer gegeben, der nicht selbst vor Verbrechen nur so gestrotzt hätte. Wir brauchten nur danach zu suchen und stießen auf Mord allerorten.«
L. Ron Hubbard

(»Zusätzlicher Policy Letter« vom 15. Februar 1966)

Der »Skandal Scientology« und die Folgen

Daß die Scientologen so vorgehen, ist bereits mehrfach von Gerichten festgestellt worden. 1971 veröffentlichte die amerikanische Schriftstellerin Paulette Cooper das Buch »The Scandal of Scientology« (Der Skandal Scientology). Die Organisation schlug brutal zurück: Mit einer ausgetüftelten Kampagne aus falschen Beschuldigungen, Rufmord, Prozessen und Diebstählen wurde versucht, die Autorin zu zermürben. In später aufgefundenen Unterlagen der Organisation war das Ziel der Kampagne klar definiert: »P. C. (Paulette Cooper) in ein Irrenhaus oder ins Gefängnis zu bringen«. Der Geheimdienst der Scientology ging sogar so weit, Briefpapier mit den Fingerabdrücken von Frau Cooper zu stehlen, um darauf Bombendrohungen zu schreiben und ihr diese in die Schuhe zu schieben. Ein mir vorliegendes Beweismittel zeigt, daß diese Aktion gegen die Autorin Cooper unter dem Codenamen »Operation Freakout« (Ausflippen) durchgeführt wurde. Die Anweisungen der Drahtzieher des Geheimdienstes für die beteiligten Scientology-Agenten lesen sich wie ein Drehbuch zu einem Kriminalfilm.
Detailliert werden hier Anweisungen gegeben, wie die Strategie, Paulette Cooper in eine Heilanstalt oder ins Gefängnis einsperren zu lassen oder sie zumindestens so schwer zu treffen, daß sie ihre Attacken fallen läßt, umgesetzt werden sollte. Der Auftrag lautete: »Paulette Cooper von ihrer Machtposition zu entfernen, so daß sie die Scientology nicht attackieren kann«.
Im Abschnitt »Kanal 1« ist zu lesen: »1. Rufe PC an, um sicherzustellen, daß sie allein zu Haus ist. Sie muß allein zu Haus sein. 2. Wenn sich zeigt, daß sie allein zu Haus ist (an einem Werktag), rufe zwei arabische Konsulate in NYC (Stadt New York; Anm. d. Verf.) von der Telefonzelle an, die am nächsten bei PCs Wohnung liegt. Anruferin

sollte ein Mädchen sein, das wie PC klingt, der Anruf sollte schnell, akkurat und eindringlich sein«.
Es wurde auch die Anweisung gegeben, daß dieses konstruierte Telefonat durch eine »vollkommen vertrauenswürdige *Nicht*mitarbeiterin« geführt werden muß. Diese Telefonkonstruktion, die zur Falle für Paulette Cooper werden sollte, war als der Anruf einer israelischen Agentin konzipiert; es sollte zum Beispiel gesagt werden: »... ›Euch Bastarde bombe ich weg‹. Sage/fluche irgend etwas Jüdisches und murmele etwas auf jüdisch«. Dieses Telefonat, das an zwei arabische Konsulate gehen sollte, wurde bis ins Detail geplant. Keine Fingerabdrücke auf den Drohbriefen oder auf den Umschlägen, keine Umschläge und kein Papier aus dem Büro der Org – die Anweisungen waren peinlich genau und mehrere Seiten lang. Hätte die amerikanische Bundespolizei FBI sie nicht bei einer autorisierten Razzia bei Scientology beschlagnahmt, dann hätte dieser Plan Paulette Cooper zur Strecke gebracht. Zwei Jahre lang mußte Paulette Cooper mit ihren Anwälten vor Gericht kämpfen, um ihre Unschuld zu beweisen. Dann wurde das Verfahren eingestellt. Ihr Buch »Skandal Scientology« hatte ihr Verleger aus Angst vor weiterem Scientology-Terror schon längst vom Markt genommen.
Emotional kann ich inzwischen aus eigenen Erfahrungen die Situation von Paulette Cooper nachvollziehen. Erschreckend dabei ist aber, daß die Angelegenheit Cooper inzwischen über 20 Jahre zurückliegt und ich heute selber erleben muß, wie Parallelen zu diesem Fall auftreten, wenn es um das Bestreben geht, kritische Publikationen vom Markt zu fegen. Der gemeinsame Nenner ist jedesmal, daß Scientology durch profunde Kritik oder erdrückende Beweise in die Enge getrieben wurde. Früher hat das Guardian Office mit Gegenangriff reagiert und heute reagiert die OSA. Was sich geändert hat, ist der Name des ausführenden Geheimdienstes.

Die Ideologen und Strategen haben aus der damaligen Situation gelernt und gehen heute noch raffinierter vor. Man kann auch davon ausgehen, daß sie heute – nach 20 Jahren Expansion – andere Kumpanenkreise mit einspannen können, um ihre Zielsetzungen zu verfolgen. Das Hauptziel heißt »Welt-Clearing« – damals wie heute; wie damals werden bis zum heutigen Tag im September 1995 Anweisungen für bestimmte Situationen gegeben. Nach außen hin als »Einführung in die Ethik der Scientology« deklariert, steht in dem Kapitel »Die Verantwortlichkeiten von Führern« unter Punkt 5, daß man in bestimmten Situationen die Taschen voll Artillerie haben sollte, genügend Erpressungsmöglichkeiten gegenüber einem jeden einstmaligen Rivalen, unbegrenzte Mittel auf dem Privatkonto und Adressen erfahrener Killer.

Terror gegen Aufklärung

Die Maßnahmen gegen mich als Einzelperson oder Mitglieder meiner Familie sowie gegen die Freunde bei Robin Direkt, die sich aneinandergereiht wie ein Vernichtungsfeldzug lesen, haben nach Erscheinen meines ersten Buches ein ungeahntes Ausmaß angenommen. Wer Scientology durchschaut hat, erkennt sehr schnell, daß die Organisation alles versucht, um sich so gut wie möglich zu tarnen.
Eine der Strategien war, daß nicht Scientologen das Werkzeug sein sollen, das die Hartwigs zum Verstummen bringen, sondern Menschen, deren Verbindung zu Scientology nicht auf den ersten Blick erkennbar war. Wie das »Büro für Spezielle Angelegenheiten« (OSA) in seiner Zeitung »Scientology Today« (Frühjahr 1995) selbst zugibt, wurde ab Februar 1992 ein Netz von Strafanzeigen und Klagen um mich gespannt. Wörtlich heißt es in dem Blatt: »Die

Department für Behördenangelegenheiten

(...)

Zweck: Das Verbessern der öffentlichen Repräsentation, der juristischen Stellung und der Akzeptanz der Scientology bei der Regierung.

Aktionen

(a) Befolgen und Forcieren gegenwärtiger Organisations-Richtlinien bezüglich Presse und Handhabung solcher Presseanfragen und Angelegenheiten.
(b) Befolgen und Forcieren von Richtlinien bezüglich des Rechtsstatus der Organisationen von Scientology auf kontinentaler Ebene.
(c) Kooperation mit Gesellschaften, die ähnliche organisatorische Ziele haben.
(d) Verschlechtern der öffentlichen Meinung und der Haltung gegenüber Gesellschaften und Personen, die Zwecke entgegen den Zielen der Scientology haben.
(e) Anhörungen und Beistand für Feldmitarbeiter, die Ideen zur Förderung der Scientology haben.
(f) Ständigen Druck auf Regierungen ausüben, um Gesetzgebung pro Scientology zu schaffen und um anti-Scientology Gesetzgebung von Gruppen zu verhindern, die der Scientology entgegenstehen.
(g) Handhaben von Sicherheitsproblemen von Feld und Organisationen.
(h) Zeitungs- und andere Akten bezüglich Scientology und anti-Scientology Gruppen, Personen und Aktivitäten zu führen.

Beschreibung

Wenn man die Zwecke und Aktionen dieses Postens untersucht, sollte es sofort offenkundig werden, daß wir hier in Wirklichkeit das Gegenstück des Ministeriums für Propaganda und Sicherheit haben, um es in alten politischen Begriffen auszudrücken.

(...)

Operation

(a) (...)

(f) Die Aktion, eine pro-Scientology Regierung zustandezubringen besteht daraus, daß man einen Freund bei der höchsten erreichbaren Regierungsperson schafft, die man erreichen kann und daß man sogar einen Scientologen in häuslichen oder untergeordneten Posten in dessen Nähe einsetzt und dafür sorgt, daß Scientology seine persönlichen Schwierigkeiten und seinen Fall löst.

(...)

Maximen

Wenn es ein Gruppenproblem ist, finde die Schlüsselperson und beeinflusse sie.
Wenn es nebulös eine Gruppe betrifft ohne Erwähnung einer Schlüsselperson, lassen Sie es.
Nur Daten über Einzelpersonen gelten für den Gebrauch.
Nur Aktionen bezüglich Einzelpersonen sind produktiv.
Vergessen Sie *jene*. Finden Sie ihn oder sie.
Setzen Sie Scientology ein, um individuelle Probleme zu lösen.
Lassen Sie einen Angriff nie fallen, bevor Sie die Schlüsselperson gefunden und kontaktiert haben. Wenden Sie dann Scientology an.
Wecke das Interesse von freiwilligen Scientologen an dem Spiel und laß sie helfen.

Anmerkung zum Personal

(...)

Die Person, die für den Posten des Direktors für Behördenangelegenheiten am besten paßt, ist eine, die Menschen mag und die gut ankommt.
Ein außerordentlicher, angenehmer Gentleman oder eine freund-

liche, charmante Dame, die einen Hang zur Ordnung hat und außerdem Intelligenz, um Ideen in die Köpfe von Menschen zu lenken, würden diesen Posten in bewundernswerter Weise füllen.

(...)

Es könnte sein, daß das Schicksal von Nationen an den Aktionen, an der Brillianz und der Geschicklichkeit des Direktors für Behördenangelegenheiten abhängt bei seiner Handhabung von Individuen, um Hilfe für Scientology zu bekommen.

L. Ron Hubbard

Hubbard-Anweisung vom 13.3. 1961, Organisations Führungs Kurs Band 7, Seite 487 f.

Mitarbeiter der örtlichen Abteilung für Spezielle Angelegenheiten überwanden, gemeinsam mit dem Anwalt ... Wilhelm Blümel, das Hin und Her des Rechtssystems und weigerten sich zuzulassen«, daß ich straffrei davonkomme! Chronologisch betrachtet war es ein Netz von Initiativen, das gegen unsere Familie gesponnen wurde, von dem selbst unser minderjähriger Sohn betroffen war. Obwohl die Fragebogenaktion der – durch einen Strohmann der Scientology ins Leben gerufene – »Initiative Hartwig-Geschädigter« vom Münchner Oberlandesgericht untersagt wurde, verwendete eine der Schlüsselfiguren beim Fallenstellen gegen mich, der Rechtsanwalt Wilhelm Blümel, Daten aus der Fragebogenaktion, um weiterhin Angriffe gegen mich führen zu können. Dazu gehörte, die generalstabsmäßige »Untersuchung« gegen mich zu führen, die ebenfalls beweist, daß die Richtlinien der Scientology bis zum heutigen Tag minutiös angewendet werden: »Stimme niemals einer Untersuchung der Scientology zu. Stimme nur einer Untersuchung der Angreifer zu«. (Hubbard, Scientology-Anweisung vom 15. Februar 1966)

Ich befand mich unter einem Beschuß von Anzeigen, die wie Artilleriefeuer massenweise abgeschossen wurden. Diese Angriffe waren mehr als ein Störfeuer, und sie kosteten Kraft, Nerven und viel Zeit. Erst nach und nach wurde sichtbar, mit welcher Hinterhältigkeit hier ein Plan durchgezogen wurde, der im ganzen betrachtet eine Zielsetzung sichtbar machte: mich entweder ins Gefängnis zu bringen oder durch diese Aktion nervlich so zu belasten, daß ich aufgebe. Dank der Hilfe vieler einzelner und vor allem meiner Familie war es möglich, dieses Dauerfeuer zwar nicht ganz ohne Blessuren, aber doch standhaft zu überstehen. An einem Fallbeispiel soll dokumentiert werden, wie sich hier Rechtsanwaltskanzleien wie Handwerker beteiligten und die Grundsteine für ein von außen nicht sofort erkennbares Komplott legten.
Da ich mich aufgrund der Angriffe gezwungenermaßen mit Juristerei beschäftigte und die Zusammenhänge begreifen lernen mußte, erkannte ich, daß der juristische Krieg auch noch einen anderen Hintergrund hatte. Erstens bekommt jede Strafanzeige ein Aktenzeichen bei der Staatsanwaltschaft und wird dem Anzeigenerstatter auf Wunsch auch mitgeteilt. Zweitens kann der Anwalt des Klägers immer wieder Akteneinsicht verlangen und dabei an Informationen gelangen, die er sonst nur schwer oder gar nicht bekommt. Die Scientology bekam durch diese inszenierte Anzeigenflut nicht nur die Möglichkeit, in ihren Flugblättern zu Rufmordzwecken gegen mich zu behaupten, es liefen gegen mich Anzeigen, sondern sie hatten dadurch auch die Gelegenheit, diese Behauptung mit Aktenzeichen zu untermauern.
Dem unvoreingenommenen Leser, der dann diese Flugblätter entweder vor Veranstaltungen, bei denen ich Vorträge halte, zum Lesen bekommt oder sie im Briefkasten vorfindet, wird hier ein Bild von mir gezeichnet, wie es der Scientology-Gründer L. Ron Hubbard sehen wollte, denn

für ihn waren Leute, die Scientology angreifen, einfach Kriminelle. Bis zum heutigen Tag verfolgt die Organisation diese Strategie und hat die besten Helfer in ihren Anwälten.

Black Propaganda

Ebenso unverständlich für Außenstehende ist die Strategie, in – meiner Ansicht nach – schon fast schizophrener Haltung Tatsachen zu verdrehen und Lebenssituationen auszuschlachten, um das schmutzige Geschäft der »Black Propaganda« aufrecht zu erhalten. In der bereits beschriebenen Einstellungsverfügung gegen Kritiker 115JS der Staatsanwaltschaft München steht bereits: »... Scientology ... benutzt zur Abwehr innerer und äußerer Gegner der Organisation auch geheimdienstliche Methoden, operiert im Grenzbereich zur Illegalität und scheut gegebenenfalls auch nicht vor kriminellen Operationen zurück ...«. Das liest sich in einer Einstellungsverfügung der Staatsanwalt sehr nüchtern, und man registriert, daß hier eine Organisation mit allen Mitteln bereit ist, ihre Gegner abzuwehren. Es wurde sogar eine Kopfprämie von 400 US-Dollar ausgesetzt, wenn es einem Scientologen gelänge, einer unterdrückerischen Person ein staatliches Ermittlungsverfahren anzuhängen. Über diese Strategien der Scientology liegen weltweit bereits Berge von Akten in den Behörden, und jeder, der sich damit auseinandersetzt und -setzen mußte, weiß auch Bescheid, was es bedeutet, im Visier dieser Organisation zu stehen. – Wer jahrelang diesen scientologischen Kriegszustand erlebt und hautnah spürt, der kann gar nicht mehr anders als zu sagen, Scientology ist staatlich geduldeter Terror.

Schachmatt um jeden Preis

Richard Eisenböck, ein OSA-Mitarbeiter aus München, machte einem Detektiv ein Angebot, in dem er 10000 bis 15000 DM von der Scientology anbot, falls es ihm gelänge, sich bei Robin Direkt einzuschleichen. Vorausgegangen waren viele Gespräche zwischen dem Detektiv und verschiedenen Personen, die alle zum Ziel hatten, die Hartwigs auszuforschen. Man wollte wissen, welche Einkünfte wir hätten und wer bei uns aus und ein ginge. Die Hauptabsicht war aber, sich direkt an uns heranzumachen, um über das innerste Umfeld etwas zu erfahren. Erst als Scientology sich als Organisation zu erkennen gab und der oben genannte Richard Eisenböck mit einem Herrn Wagner auftauchte, auf dessen Visitenkarte stand: »Journalistische Recherche«, erkannte der Detektiv, wohin dieser Auftrag führen sollte. Im Gespräch wollte man sich von Eisenböcks Seite nochmals bei der Zentrale rückversichern. Zum Auftrag kam es nie. Wohl aber zu einem anonymen Anruf beim Detektiv. Bei der richterlichen Vernehmung gab der Detektiv zu Protokoll, daß ihm der anonyme Anrufer gedroht habe, er solle den Mund halten, sonst passiere etwas. Der Detektiv sagte aus, daß es aus diesem Zusammenhang für ihn eindeutig sei, daß der Anrufer von der Scientology kam.

Schachmatt durch die Mattscheibe

Die »konstruierte Realität« hat bei der Organisation einen festen Platz. Über »Deckmantel-Interviews« willfähriger Journalisten wird in der Öffentlichkeit Stimmung gemacht, um meine Glaubwürdigkeit zu erschüttern. So gab der unter dem Büronamen »think-tank« arbeitende Hamburger Journalist Michael Erwin Schmidt im Juli 1994 gegenüber einem Reporterkollegen an, daß ich seiner Meinung nach »gestoppt« bzw. »ausgeschaltet« werden müsse. Er sei zwar weder Scientologe noch ein Freund der Organisation, die Durchwahl-Nr. des Redakteurs, mit dem er telefonierte, habe er jedoch vom Hamburger Scientology Vizepräsidenten Franz Riedel erhalten. Bereits Tage vor der Ausstrahlung von Schmidts Fernsehbeitrag erhielten wir anonyme Anrufe, zwei davon in stark schweizerischem Dialekt, die dann immer wieder den gleichen Tenor hatten: »Du wirst per Fernsehen beerdigt«.

Nach Schmidts Aussage gegenüber seinem Reporterkollegen zielte seine Recherche von Anfang an darauf ab, mich zu »entlarven«. Nach eigenen Aussagen hat Schmidt sogar der Organisation Scientology nahegelegt, mit Veröffentlichungen bis zur Ausstrahlung seines Fernsehbeitrages zu warten. Vorab erhielt die OSA von Schmidt bereits Recherchematerial und eine Abschrift seines Beitrages, die heute noch in Gerichtsverfahren als Beweismittel meiner von Scientology propagierten »Unglaubwürdigkeit« vorgelegt wird.

In dieser Sendung interviewte Michael Erwin Schmidt auch Sektenbeauftragte, und deren Aussagen wurden wiederum in Flugblättern der Scientology gegen mich verwendet. Verwundert hat mich an dieser Aktion die Tatsache, daß der Journalist genau wußte, welchen Kontakt ich zu einer bestimmten Polizeidienststelle in Baden-Württemberg hatte und sogar den Namen von dem Beamten wußte, der mit uns wegen einer Ermittlungsangelegenheit Kontakt hatte. Nicht nur die Beamten der Landespolizeidirektion, sondern auch der Pressesprecher waren überrascht, als auf einmal ein Hamburger Journalist mit Fernsehkamera auftauchte und detaillierte Kenntnisse darüber hatte, wer wen vernommen hat und bei welcher Telefonnummer er sich melden müsse. Obwohl dies eine Nummer der Abteilung OK (Organisierte Kriminalität) war, die nicht ohne weiteres zugänglich war, gab der Jour-

nalist freimütig zu, daß er diese Informationen von einer Abteilung der Hamburger Innenbehörde erhalten hat.
Wem letztendlich diese Art Behinderung der Aufklärung nützlich ist, möchte ich an dieser Stelle nicht beurteilen. Ich habe aber in den letzten Jahren gelernt, daß die Strategie der Scientology, mich schachmatt zu setzen, keine Variante ausläßt.

Eine Einstellungsverfügung und die Folgen

Würde ich die Palette der Angriffe von Scientology gegen mich und mein persönliches Umfeld bis zurück zum Februar 1992 hier beschreiben, dann würde dies den Rahmen eines Sachbuches überschreiten. Ich will mich an diese massive Art der Vernichtungsstrategie nicht gewöhnen und werde mich auch in Zukunft mit allen rechtsstaatlichen Mitteln so gut es eben geht wehren.
Daß ein Ermittlungsverfahren gegen Verantwortliche der Scientology Hamburg einmal Gegenstand einer schwarzen PR gegen mich werden könnte, hätte ich nie für möglich gehalten. Die Fakten: die Staatsanwaltschaft Hamburg schrieb am 23. Juni 1994 an Rechtsanwalt Blümel in München einen Brief, in dem Oberstaatsanwalt Klein aus Hamburg mitteilte, daß das Ermittlungsverfahren gegen die Scientology eingestellt sei. In dieser Einstellungsverfügung steht unter anderem auf Blatt 7: »In einem bei der Staatsanwaltschaft bei dem Landgericht Stuttgart anhängigen Verfahren aufgrund einer am 9. 3. 1992 eingegangenen umfangreichen Strafanzeige der durch die Anzeigende Renate Hartwig vertretenen Aktion ›Robin Direkt‹ hat sich nach Auskunft des zuständigen Dezernenten kein Anfangsverdacht strafbarer Handlungen ergeben«. Als die Scientology-Organisation diese Passage der Einstellungsverfügung von Hamburg ähnlich einer Post-

wurfsendung quer durch die Republik schickte, wurde ich bei jenem zuständigen Dezernenten der Staatsanwaltschaft in Stuttgart vorstellig und fragte, wie es zu dieser Aussage von ihm kommen könne. Denn bis heute, 12. September 1995, ist der von mir und Robin Direkt gestellte Strafantrag gegen die Scientology-Organisation Deutschland e.V. bei der Staatsanwaltschaft anhängig und das Landeskriminalamt in Stuttgart ermittelt. Der Dezernent konnte sich nicht vorstellen, wie es zu dieser Aussage kam, denn er wurde – gemäß eigenen Angaben – als zuständiger Dezernent zu diesem Thema weder schriftlich noch mündlich von der Staatsanwaltschaft befragt.
Nachdem auch in öffentlichen Vorträgen Scientologen immer wieder aufstehen und sich auf die Einstellungsverfügung von Hamburg berufen, habe ich im August 1995 die Staatsanwaltschaft beim Landgericht Hamburg angeschrieben und Herrn Oberstaatsanwalt Klein um eine Stellungnahme gebeten:
Am 5. September 1995 antwortete mir die Staatsanwaltschaft beim Landgericht Hamburg:

»Sehr geehrte Frau Hartwig,
auf Ihr o. a. Schreiben vom 25. 8. 1995 hin teile ich Ihnen mit, daß die Akten, auf die sich Ihre Anfrage bezieht, zur Zeit nicht zur Verfügung stehen. Oberstaatsanwalt Klein ist für die Sachbearbeitung nicht mehr zuständig. Die Beantwortung Ihrer Fragen ist zur Zeit deshalb nicht möglich.
Hochachtungsvoll
Lund
Staatsanwalt«

An dieser Stelle möchte ich fragen, wie es möglich ist, daß die Akten einer Einstellungsverfügung, die von der Scientology-Organisation sowie von deren Rechtsanwalt Blümel nicht nur für öffentliche PR-Zwecke verwendet wird, sondern auch innerhalb von Gerichtsverfahren als Argument gegen mich gebracht werden – warum diese Akten trotz Einstellung nicht bei der Staatsanwaltschaft zur Verfügung stehen. Herr Oberstaatsanwalt Klein, der für die Einstellungsverfügung verantwortlich zeichnete, mag zwar für die Sachbearbeitung nicht mehr zuständig sein, aber daß deshalb die Beantwortung nicht mehr möglich ist, ist mir unbegreiflich.

Jagd auf unseren Sohn – ein Kind von Hartwigs hat kein Persönlichkeitsrecht

Inzwischen haben wir eine neue Dimension scientologischer Attacken erreicht. Nachdem die Organisation meine persönliche Hartnäckigkeit und Standhaftigkeit gegenüber ihrer Black Propaganda nun seit fünf Jahren kennt, gibt es eine neue Variante der Dreckigen Tricks (Originaljargon Scientology: Dirty Tricks).
Gerade die Scientology, die über »Verfolgung« in Deutschland ihre PR-Maschinerie weltweit in Gang setzte und sich dabei mit den Opfern des Hitler-Wahnsinns vergleicht, arbeitet bei uns mit Mitteln der Sippenverfolgung wie die Nazis.
Unser minderjähriger Sohn befindet sich nun seit seinem vierzehnten Lebensjahr im Visier der Scientology. Mit größter Anstrengung versuchen wir als Familie, ihm trotz unseres Kampfes gegen das Scientology-System, eine seinem Alter gerechte Entfaltung zu ermöglichen. Wie wir inzwischen lernen mußten, ist dies überhaupt nicht mehr möglich, wenn jemand im Fadenkreuz der Scientology steht.
Eine meiner Aussagen ist seit Jahren, daß Scientology staatlich geduldeter Terror ist.
In einer zivilrechtlichen Auseinandersetzung vor dem

Landgericht in München I/Pressekammer mit dem Vorsitzenden Richter Heiss, wurde mir vorgeführt, daß selbst der Terror gegen Kinder nicht mehr juristisch geahndet wird. Zur Vorgeschichte:
Wie bereits beschrieben hat der Präsident der Scientology International, Heber Jentzsch, in einer Art Familienrundumschlag über einen Brief an den Vatikan versucht, Stimmung gegen mich zu machen und führte dabei auch unseren minderjährigen Sohn ins Feld.
Am 27. Juli 1994 wude ich anläßlich einer Pressekonferenz von Journalisten angesprochen, ob unser Sohn vorbestraft sei. Auf meine Frage, wie die Journalisten zu so einer Aussage kommen, wurde mit erklärt, daß der Scientology-Pressesprecher Georg Stoffel aus München dies in Telefonaten gegenüber Journalisten erwähnt. Erst eineinviertel Jahre später wurde mir klar, daß die Aussage von Georg Stoffel zu diesem Zeitpunkt, im Sommer 1994, ganz gezielt plaziert wurde, um mich öffentlich zu Aussagen zu bringen, die dann wieder gegen mich verwendet werden können.
Und so antwortete ich, daß es richtig ist, daß es eine Verhandlung gegen unseren Sohn gegeben habe, daß aber die Einstellungsverfügung von dieser Verhandlung vorliege. Immer wieder erlebte ich die oben beschriebene Situation.
Um die Tragweite der kommenden Ereignisse überhaupt richtig einschätzen zu können, muß hier noch einmal betont werden, daß es sich bei dem Verfahren um eine Jugendstrafsache handelte, die in nichtöffentlicher Sitzung verhandelt wurde, die niemals öffentlich wurde und die letztendlich zu einer Einstellungsverfügung auf Kosten des Staates geführt hat.
Irgendwann im Sommer 1995 tauchten europaweit Flugblätter auf, in denen die Anklageschrift des bereits zwei Jahre vorher eingestellten Verfahrens abgedruckt wurde. Gegen den Inhalt dieses Flugblattes, hat mein Mann in

Vertretung für unseren minderjährigen Sohn über unseren Anwalt am 3. 8. 1995 eine Antrag auf Erlaß einer einstweiligen Verfügung stellen lassen.
Bereits bei der Klagezustellung kam es zu Schwierigkeiten, da die vom Gericht überstellte Klage nicht ausgehändigt werden konnte, da man im Frankfurter Ring 105 in München (eine der wichtigsten Adressen, unter der Scientology selbst firmiert) weder Scientology Deutschland noch den Pressesprecher Georg Stoffel kannte. Die zuständige Pressekammer des Landgerichts München I unter Vorsitz von Richter Heiss schickte die Klage an unseren Anwalt als unzustellbar zurück und mit neuer Adresse, diesmal Beichstraße 12 in München, wurde sie den Beklagten Scientology und Georg Stoffel dann zugestellt. Dadurch verzögerte sich natürlich auch die Verhandlung, und Scientology konnte ungeniert weitere Wochen die Flugblätter gegen unseren minderjährigen Sohn verbreiten. Es kam dann am 25. 9. 1995 zu einer mündlichen Verhandlung vor dem Landgericht München I mit dem Vorsitzenden Richter Heiss.
Aber wenn Sie glauben, lieber Leser, es wäre einmal in dieser fast zweistündigen Gerichtsverhandlung darum gegangen, daß hier eine Organisation Scientology mit Billigung ihres Anwalts RA Blümel eine Anklageschrift gegen einen Jugendlichen wie eine Postwurfsendung verteilt, noch dazu von einem Verfahren, das seit 3. 11. 1993 eingestellt ist, dann irren Sie sich. Die Richterkammer, die mich als Zeugin vernahm, ging nicht mit einem Satz auf die Begründung des Antrages der einstweiligen Verfügung ein, auch nicht, daß es sich hier um einen gravierenden Verstoß gegen das Persönlichkeitsrecht eiens Minderjährigen handelt, eines Jugendlichen, der hier – wie bei der Sippenhaftung in der Nazi-Zeit – in das Visier der Scientology Organisation geraten ist.
Jeder Schwerverbrecher hat sogar nach einem Knastauf-

enthalt in unserem Land mehr Persönlichkeitsschutz als unserem minderjährigen Sohn zugestanden wird.
RA Blümel eröffnete Störfeuer bei der Verhandlung in Form von Nebenkriegsschauplätzen. Daß hier der Grund der Klage das Veröffentlichen einer Anklageschrift war und daß es sich noch dazu um ein eingestelltes Verfahren gegen ein Kind handelte, wurde nicht diskutiert.
Im Gegenteil: RA Blümel tat so, als sei es völlig normal, daß nicht zugängliche Gerichtsakten bei Scientology landen und zu Rufmordzwecken benutzt werden. Die Richterkammer schien das auch nicht zu interessieren und verhandelte, als sei das was ganz Alltägliches.
Keiner der beiden Richter und der Richterin ging darauf ein, was es für die Entwicklung eines Jugendlichen bedeutet, wenn er in so gravierender Weise in der Öffentlichkeit denunziert wird. Im Gegenteil: der Vorsitzende Richter Heiss machte mich als Zeugin darauf aufmerksam, daß er über die »Streitigkeiten«, wie er es nannte, zwischen mir und Scientology in diesem Verfahren nichts hören wolle. Daß genau der Beweis für die Scientology-Strategie – »Vernichte Kritiker, niemals verteidigen, immer angreifen, finde oder erfinde soviel Belastungsmaterial, daß sie um Frieden betteln müssen ...« zum Greifen nah, bei ihm auf dem Richtertisch, in Form dieser Flugblätter lag, wurde nicht wahrgenommen.
Unabhängige Prozeßbeobachter registrierten, daß hier in mehreren Prozeßunterbrechungen immer wieder versucht wurde, neue Nebenkriegsschauplätze zu erörtern und nicht einmal im Ansatz das Grundthema, die Verbreitung einer Anklageschrift gegen einen Jugendlichen von einem bereits abgeschlossenen, eingestellten Verfahren, zur Sprache kam. Ich bin ja inzwischen schon einiges gewohnt, was in Gerichtssälen so alles möglich ist, die anwesenden Zuhörer hingegen schüttelten nach diesem Verfahren den Kopf und fragten sich, ob sie nicht in einer falschen Veranstal-

tung gewesen wären. »Der Ton macht die Musik« ist ein altes Sprichwort, aber es gibt auch Mißtöne, die man nicht überhören sollte, besonders nicht, wenn sie von einem sogenannten unabhängigen Richter kommen in einer solch entscheidenden Verhandlung, wo es um das Persönlichkeitsrecht eines Jugendlichen geht.

Die Richterkammer zog sich zur Beratung zurück, nach wenigen Minuten erschien sie wieder und der Vorsitzende Richter Heiss verkündete sofort das Urteil:

Der einstweilige Verfügungsantrag gegen den Inhalt der Flugblätter der Scientology, in denen der Jugendliche Thorsten Hartwig übelst angegriffen und diffamiert wird, wurde zurückgewiesen, genau wie es im Antrag der Scientology stand. Die Flugblätter dürfen weiterhin verbreitet werden. Es folgte der Satz – die Begründung werde schriftlich zugestellt.

Die Richterkammer unter Vorsitz von Richter Heiss und dem Richter Schott und der Richterin Kurzweil (ob die Dame oder einer der Herren wohl Kinder hat?) hat den Antrag meines Mannes zurückgewiesen und damit bewirkt, daß die Organisation Scientology weiterhin ihre Schmutzkübelaktion gegen unseren minderjährigen Sohn fahren kann.

Was das heißt, lieber Leser?

Der Scientology Organisation ist, durch diese Entscheidung am 25. 9. 1995 von der Pressekammer des Landgerichts München I, weiterhin möglich, das Persönlichkeitsrecht eines Jugendlichen mit Füßen zu treten. Ob mich das wundert?

Nein, mich wundert überhaupt nichts mehr, denn ich habe interessanterweise gerade bei dieser Kammer schon mehr Dinge erlebt, die nicht nachvollziehbar sind, wenn man immer noch glaubt, in Gerichten gehe es um Recht und Gerechtigkeit.

Der gleiche Vorsitzende Richter führte zum Beispiel eine Verhandlung, in der Scientology gegen mich klagte; in einer Diskussion um eine Terminfestlegung sagte RA Blümel, der die Scientology-Organisation gegen mich vertrat, unter anderem wortwörtlich »... wenn sie bis dahin noch lebt«. Er handelte sich zwar daraufhin eine kurze Rüge ein, aber damit war der Fall vom Tisch. Ein Zuhörer meldete diesen für ihn ungeheuerlichen Vorfall der Rechtsanwaltskammer, und ich bekam wegen dessen Schreiben, das ich gar nicht geschrieben hatte, bei der nächsten Verhandlung eine Anpfiff von Richter Heiss.
Am 5. Juli 1995 fand in erster Instanz ein Prozeß statt, in dem ebenfalls von dieser Kammer der OSA-Mann (Geheimdienst der Scientology) Rainer Weber als Zeuge von Scientology in die Sitzung bestellt wurde. Die Richterkammer hörte sich gut eine Stunde seine Aussagen an. Danach wollten unsere Anwälte den vor dem Sitzungszimmer wartenden Zeugen aufrufen lassen – »abgelehnt« sagte das Gericht.
Auch eine schriftliche Stellungnahme zu den Zeugenaussagen des OSA-Mannes wurde uns als Beklagte nicht gestattet – ein paar Stunden nach dieser Verhandlung verkündete der Vorsitzende Richter Heiss im Namen des Volkes das Urteil – ganz so wie es Scientology anstrebte.
Daß der Münchner RA Dr. Michael Scheele, ein Standeskollege von Herrn RA Blümel, bereits Wochen vorher in einer Verhandlung beim LG Hamburg (in einer ganz anderen Sache) bereits angab, daß ich diesen Prozeß am 5. Juli verlieren würde, ist sicher nur reiner Zufall!
Ob alles, was ich mit meiner Familie erlebe, nur auf Zufällen beruht?
Ob es Ignoranz ist?
Oder ob es einfach das Thema Scientology ist?
Diese Antwort, lieber Leser, muß ich Ihnen schuldig bleiben. Nur eins habe ich erlebt: das Kind eines Kritikers von

Scientology hat in diesem Land nur noch bedingt Rechte; das, was bei Scientology »vogelfrei« heißt, findet sich nicht nur theoretisch in Richtlinien der Scientology – es bezieht sich inzwischen ganz konkret auch auf Kinder, wenn sie Kinder von Kritikern von Scientology sind.
Bis zum heutigen Tag, dem 25. 9. 1995, ist weder geklärt, noch wird ernsthaft darüber ermittelt, wie eine Organisation Scientology an die Unterlagen einer Staatsanwaltschaft kommt, über ein Verfahren, das nie öffentlich stattgefunden hat, das unter dem Schutz des Jugendstrafrechts steht und das noch dazu eingestellt wurde. Bis zum heutigen Tag ist nicht geklärt, wie RA Blümel zu den Aussagen in seinem Schriftsatz kommt, die eindeutig aus den Akten einer Staatsanwaltschaft Neu-Ulm/Amtsgericht Neu-Ulm stammen. Der zuständige Oberstaatsanwalt Dr. Wolf sagte mir und Journalisten, die recherchierten, er könne sich das nicht erklären, zumal die Akte von ihm zum Amtsgericht gegangen sei, und dort würde sie nach der Einstellung – wie alle Akten – sicher verwahrt!
Scientology hat – warum und wieso auch immer – die Anklageschrift und kann ungeniert verteilen. – Und warum verteilt Scientology die Einstellungsverfügung nicht? Weil das nicht paßt in die Strategie der Scientology, wie man Kritiker und deren Umfeld fertig macht.

Justiz als Kampfmittel der Zermürbung

Wir klagen nicht, um zu gewinnen, sondern um den Gegner zu zermürben – so heißt es bei Scientology. Inzwischen wurde wieder Anzeige gegen unseren jüngsten Sohn (inzwischen 16) gestellt. Ein Scientologe, der Schmähschriften über mich in den Briefkästen verteilte, stellte sie: Unser Sohn soll – laut Aussage dieses Scientologen – ihm Flugblätter weggenommen haben, als er sie verteilte;

unser Sohn sei dann mit seinem Mountain Bike geflüchtet (Aussage RA Blümel bei der Verhandlung am 25. 9. 1995, einer dieser Nebenkriegsschauplätze, von denen ich vorhin berichtete). Daß unser Sohn gar kein Mountain Bike hat, ich glaube das interessiert niemand, auch nicht die Staatsanwaltschaft Neu-Ulm, die unter Leitung von Oberstaatsanwalt Wolf inzwischen Anklage gegen unseren minderjährigen Sohn erstattet hat, der gleiche Oberstaatsanwalt, der sich nicht erklären kann, wie seine Anklageschrift von 1993 zu Scientology kam. Diesmal lautet die Anklage schlicht – Diebstahl. Diebstahl von Flugblättern der Scientology, in denen Renate Hartwig auf das übelste denunziert wird.
Der Ausgang dieses Verfahrens ist offen. Die Mitteilung, daß Anklage erhoben wurde, ist uns am 23. 9. 1995 per Post zugestellt worden – unser Sohn wurde übrigens vorher nicht zu dieser Anklage befragt. Mal sehen, ob wir diese Anklageschrift der Staatsanwaltschaft auch wieder auf Flugblättern der Scientology finden.
RA Blümel braucht in diesem Fall auch gar keine Unterstützung Dritter, um an die Gerichtsakten zu kommen, er kann Akteneinsicht verlangen, und er wird sie bekommen, wie schon so oft. Daß Kopien aus diesen Akteneinsichten dann wieder in Flugblättern gegen mich auftauchen, hat schon Tradition. Wen kümmert es, lieber Leser? Es ist zu hoffen, daß es irgendwann einmal einen Richter oder Staatsanwalt kümmert!
Im Gegenteil: RA Blümel bekommt auch Akteneinsicht in Verfahren, in denen er laut Juristenmeinung gar keine Einsicht bekommen dürfte. Sie wundern sich? Tun Sie es nicht, lieber Leser. Ich hoffe, Ihnen ist jetzt mein Kampf gegen Scientology verständlicher. Denn bei einer Durchsetzung »Clear Deutschland« oder Weltclearing würden auch gegen Sie nur noch Scientology-Rechte angewendet.

Schlußwort: Der Motor, der mich treibt

Vielleicht fragt sich der eine oder andere Leser, was es ist, was mich da treibt? Zu einem Kampf, den viele als einen Kampf zwischen David und Goliath bezeichnen. Zu einer Aktivität in der Öffentlichkeit, die für ein sogenanntes Privatleben nur noch wenig Spielraum läßt. Und zu einem Leben, das eben auch im privaten Bereich durch leider notwendige Sicherheitsmaßnahmen eingeschränkt wird. Was ist der Motor, der mich treibt?

Wenn ich auf mein bisheriges Leben zurückblicke, zeigt sich, daß ich immer wieder ähnliche Situationen durchlebt habe, freilich mit jeweils verschiedenen Menschen. Sobald ich irgendwo gespürt habe, hier wird Freiheit eingeschränkt, war ich nicht mehr zu halten. Es ist diese Leidenschaft für die Freiheit, die mich auch heute dazu bewegt, mich mit aller Kraft gegen Ideologien und Mechanismen zu wehren, die wie ein Schlachtermesser in das Herz der menschlichen Freiheit stoßen.

Es ist diese Leidenschaft für die Freiheit, die mich empfindsam für den drohenden Verlust der Individualität macht, und die mich antreibt, gegen menschenverachtende Ideologien Widerstand zu leisten. Und es ist diese Leidenschaft für die Freiheit, die mich erkennen läßt, daß es der Tod unserer Individualiät und unserer Gesellschaft

wäre, wenn Scientology ihre Ziele erreicht und dann statt einem freiheitlichen, menschlichen Miteinander nur noch gelten würde: Wir alle sind gleich, wir alle sind stark, wir alle sind machtvoll. Und wer nicht wie wir alle ist, der ist »unwertes Leben«. Schließlich sagte L. Ron Hubbard in seinem Buch »Dianetik«: *»Vielleicht werden in ferner Zukunft nur dem Nichtaberrierten* (demjenigen, der das Scientology-Programm durchlaufen hat – Anm. d. Verfasserin) *die Bürgerrechte verliehen. Vielleicht ist das Ziel irgendwann in der Zukunft erreicht, wenn nur der Nichtaberrierte die Staatsbürgerschaft erlangen und davon profitieren kann.«*
So weit darf es unter keinen Umständen kommen!

Der größte Kumpan der Scientology heißt Gleichgültigkeit, der zweitgrößte heißt Geld und der drittgrößte Machtgier.

Der größte Feind der Scientology heißt Zivilcourage.

Namensregister